DAL CATALOGO

Julie Schwartz Gottman, John Gottman
Dieci principi per una terapia di coppia efficace

Sue Johnson
Stringimi forte
Sette passi per una vita piena d'amore

Peter Fraenkel
Coppie da salvare
La terapia come ultima occasione

Richard C. Schwartz
Sei tu la persona che stai aspettando
Relazioni d'amore e sistemi familiari interni

Otto F. Kernberg
Relazioni d'amore
Normalità e patologia

Massimo Recalcati
Non è più come prima
Elogio del perdono nella vita amorosa

Stephen A. Mitchell
L'amore può durare?
Il destino dell'amore romantico

Julie Schwartz Gottman
John Gottman

D'amore e non d'accordo

Quando litigare rafforza la coppia

Raffaello Cortina Editore

www.raffaelloccortina.it

Titolo originale
Fight Right: How Successful Couples Turn Conflict into Connection

Traduzione di
Tullia Romanelli

Copertina
mara scanavino project | Alberto Lameri

ISBN 978-88-3285-717-7

Milano, via Rossini 4

Prima edizione: 2025

Stampato da
Italgrafica S.r.l., Novara
per conto di Raffaello Cortina Editore

Ristampe

0	1	2	3	4	5
2025	2026	2027	2028	2029	

Indice

Prefazione all'edizione italiana

Che cosa fa sì che alcune coppie abbiano successo mentre altre falliscono? Qual è il segreto per cui un matrimonio procura soddisfazione, intimità e fiducia reciproca ai partner, mentre un altro si schianta in un divorzio a volte anche sanguinoso, o, ancora, si trascina dolorosamente in una quieta disperazione? Julie e John Gottman cercano risposte a queste domande attraverso le loro decennali ricerche e il costante lavoro clinico. In *D'amore e non d'accordo* la loro proposta per vivere relazioni solide e soddisfacenti e per evitare delusioni, ferite e fallimenti è, in estrema sintesi, questa: *imparate a litigare bene!*

Il testo dei Gottman è una duplice sfida. La prima ha a che fare con il concetto di conflitto interpersonale, componente pressoché inevitabile di ogni relazione. Che si tratti di divergenze di opinioni, incomprensioni o emozioni contrastanti, i conflitti sono onnipresenti. Il libro ne offre una rivisitazione molto argomentata che ne mette in luce le varie caratteristiche e i livelli di pericolosità che minacciano la stabilità della relazione, ma anche gli aspetti positivi e costruttivi. Il punto centrale dell'argomentazione è che non è tanto la presenza di conflitti entro la coppia a essere dannosa, quanto il *modo* in cui vengono affrontati e gestiti dai partner.

I Gottman scandagliano minuziosamente l'affermazione secondo cui il conflitto è, come sostengono, "una cosa buona, normale, e sana" e come, una volta spento il suo potenziale distruttivo risanando le reciproche ferite emotive, possa favorire la crescita, l'intimità e il benessere tra i partner. Una sorta di elogio del conflitto, ma solo se ben compreso e governato.

Il filo rosso sotteso a tutto il libro è quello della *riparabilità*, anzi addirittura del potenziale positivo del conflitto per creare relazioni più autentiche e sane. Questo approccio, che possiamo definire ottimistico, ricorda la definizione che Henry V. Dicks (in *Marital Tension*, Routledge, 1967), tra i primi a studiare le dinamiche di coppia, diede del matrimonio come "relazione terapeutica naturale", dove entrambi i partner sono ingaggiati in un processo (inconscio in questo approccio) di mutuo aiuto che aiuta a risolvere le difficoltà personali e che rende la relazione un'esperienza di crescita e appagamento.

Il libro è anche, e questa è la seconda sfida, un connubio riuscito tra divulgazione e ricerca scientifica: da una parte, è una lettura agevole e coinvolgente per lettori non esperti di temi psicologici, anche grazie alla traduzione che ben restituisce il tono colloquiale seppur rigoroso dell'originale; dall'altra parte, e questo interesserà soprattutto i ricercatori e gli psicoterapeuti, è un modello scientifico della psicologia delle relazioni, che individua con precisione gli indicatori predittivi del successo o del fallimento delle relazioni. Questo modello è basato sia sull'intervento clinico sia sull'osservazione diretta di migliaia di coppie in interazione (con l'analisi dei comportamenti verbali e non verbali dei partner durante un litigio, ma anche le loro reazioni corporee come la frequenza cardiaca e la conduttanza della pelle). È una microanalisi delle interazioni quotidiane condotta con studi rigorosi e metodologicamente solidi, con la creazione originale di originali sistemi e dispositivi di analisi dei dati. Il libro ne è una testimonianza agile e vivace.

Del lavoro al contempo di ricerca e clinico sono testimoni sia i molti libri pubblicati dai Gottman, di cui due tradotti in italiano per i tipi di Raffaello Cortina (*Dieci principi per una terapia di coppia efficace*, 2017 e *La scienza della terapia di coppia e della famiglia*, 2021), sia le innumerevoli pubblicazioni apparse su riviste scientifiche a partire dagli anni Settanta che esaminano le dinamiche di coppia anche in relazione agli effetti sui figli e ai comportamenti violenti di uno dei partner. *D'amore e non d'accordo* è la sintesi di questa immensa mole di dati di ricerca e pratica clinica, in un circolo virtuoso in cui una è nutrimento dell'altra e viceversa.

Il modello teorico proposto dai Gottman è un modello interpersonale cognitivo-comportamentale che, allontanandosi dai modelli intrapersonali o socioculturali, enfatizza le dinamiche relazionali, vale a dire gli scambi reciproci di comportamenti e di affetti tra i partner. Così, il successo o il fallimento del legame, nonché la soddisfazione o l'insoddisfazione che ne conseguono, sono spiegati più dalla specifica configurazione e dinamica che la *relazione* tra i due partner assume che non dalle loro caratteristiche personologiche individuali o dalle influenze del contesto sociale. Delle origini delle difficoltà dei partner si tratta il portato esplicito nella relazione attuale e i modi in cui la relazione stessa può concretamente aiutare a contenerne il potenziale distruttivo.

I riferimenti ai molti concetti che si ritrovano nell'ampia letteratura scientifica sul conflitto (solo un paio di esempi: il concetto del *messaggio-Io* di Thomas Gordon, dove il comunicare il proprio stato d'animo al partner sostituisce la critica, e alcuni spunti tratti dai lavori sul negoziato di Roger Fisher, che è stato direttore dell'Harvard Negotiation Project) sono riformulati all'interno del modello articolato e originale dei Gottman.

D'amore e non d'accordo offre strumenti pratici per applicare i concetti illustrati. Il lettore troverà molti consigli, corredati da esempi tratti da interazioni concrete e da dettagliate schede e liste di azioni e comunicazioni suggerite: consigli su come affrontare le divergenze, su come discutere in modo produttivo anche a fronte di conflitti apparentemente velenosi e su come evitare i "I quattro cavalieri dell'Apocalisse" – la *critica*, che è un attacco al carattere del partner; il *disprezzo*, che utilizza la derisione, il sarcasmo e l'insulto; la *difensiva*, che può manifestarsi con un contrattacco o con il vittimismo; l'*ostruzionismo*, che è il ritiro dalla relazione: tutti fattori che, se non affrontati, portano al fallimento della relazione con una previsione che, nelle indagini dei Gottman, raggiunge il 90% di accuratezza. Anche se per identificare e trattare questi pericolosi e dolorosi Cavalieri dell'Apocalisse è certamente utile l'intervento di un professionista, *D'amore e non d'accordo* intende prestarsi anche a essere utilizzato direttamente dalle coppie: propone strategie comportamentali per imparare ad ascoltarsi con rispetto, a porsi reciprocamente domande, a riconoscere le emozioni proprie e del partner, e a evitare di squalificarsi e di aggredirsi.

Uno tra i molti riconoscimenti tributati al lavoro dei coniugi Gottman proviene dall'esponente di un territorio teorico e metodologico differente da quello a cui loro appartengono: alla domanda "Potrebbe indicare qualche terapeuta che ammira particolarmente?", lo psicoanalista Otto Kernberg risponde: "Più di uno, per esempio Julie e John Gottman, ottimi terapeuti cognitivo-comportamentali per la coppia, da cui ho imparato molto". Kernberg di loro apprezza che abbiano "fatto molta buona ricerca" e che non si siano "limitati alla semplice idea che un buona vita di coppia si fondi su schiettezza e tolleranza reciproche". E aggiunge: "Mi ha molto colpito come il metodo terapeutico venga messo in pratica con molta intelligenza, semplicità e tatto" (M. Lutz, *Dottor Kernberg, a cosa serve la psicoterapia? Riflessioni e ricordi di un grande clinico*, tr. it. Raffaello Cortina, Milano 2021, p. 74). Un esempio di proficuo "contagio" tra orizzonti disciplinari differenti.

D'amore e non d'accordo è rivolto a psicologi, psicoterapeuti, a chiunque sia interessato a comprendere le dinamiche conflittuali delle relazioni interpersonali e provare a migliorarle, ma anche a coloro che sono convinti che nella coppia tutte le divergenze e i litigi dovrebbero essere risolti, in quanto sarebbero spie di "qualcosa che non va" e di frustrazione e dolore. Dovranno ricredersi. "La maggior parte dei vostri conflitti non sarà mai completamente risolta, e va bene così", scrivono i Gottman, nella convinzione che il loro metodo estragga dai conflitti una miglior vita di coppia.

Gabriella Gilli

Introduzione

A che scopo stiamo litigando?

Erano perfettamente assortiti sotto molti punti di vista. Lei era una giovane avvocata (diritto del territorio) e lo era anche lui (diritto dei media). Si erano entrambi trasferiti a Seattle dal Midwest. Erano impegnati, ambiziosi, e amavano dedicare il loro tempo libero a nuove esperienze. Agli inizi della loro frequentazione, si avventuravano in un posto nuovo ogni fine settimana. Saltavano in macchina e guidavano fino a Vancouver per gironzolare al mercato all'aperto o per andare a mangiare sushi a tarda sera. Si dirigevano verso le montagne per un campeggio notturno, oppure compravano biglietti last minute per uno spettacolo teatrale. Entrambi lavoravano per molte ore al giorno, ma nel tempo libero amavano improvvisare.

C'era solo un piccolo problema. Lei voleva un cagnolino. Lui no. Un anno dopo, aveva effettivamente fatto la sua comparsa un cucciolo, che era cresciuto diventando un cane grande, felice e giocoso. Ma il matrimonio era alla fine. Furono firmati i documenti per il divorzio. I due se ne andarono dalla casa che avevano comprato insieme prima di sposarsi, quella stessa casa in cui, la sera del matrimonio, erano tornati ridendo e scuotendo via dai capelli e dai vestiti i coriandoli scintillanti lanciati dagli invitati. Si divisero tutti i mobili, i libri, i piatti e le pentole. Lei, ovviamente, si prese il cane. Come ha fatto un cagnolino a distruggere questo matrimonio?

Il litigio era iniziato in maniera semplice: per una divergenza di opinioni. Lui riteneva che i cani comportassero una responsabilità troppo grande, troppo lavoro, troppo impegno. Un cane non poteva essere lasciato a casa da solo troppo a lungo, non si poteva nemmeno andare via per la giornata. E i cani potevano diventare costosi. Non volevano utilizzare i soldi extra in altri modi? Non avevano parlato di viaggiare?

Ma il lavoro di lui richiedeva frequenti viaggi d'affari e quindi era spesso via, lasciando lei a casa, dove lavorava per molte ore. Si sentiva sola e quando lui si assentava per una notte si spaventava. Non avevano realmente viaggiato come un tempo avevano detto che avrebbero fatto: perché non prendere un cagnolino, un amico che le tenesse compagnia? Immaginava il cane che li accompagnava nelle escursioni del fine settimana, che viaggiava in macchina con la testa fuori dal finestrino. Era bello immaginarseli come un terzetto: una coppia con il proprio cane.

Non stavano andando da nessuna parte. Stavano solo continuando a ripetere in loop la stessa discussione, senza risoluzione. Le preoccupazioni di lui per il tempo, il denaro e l'impegno sembravano esagerate: se solo ci avesse provato, lei ne era sicura, si sarebbe reso conto che un cane non richiedeva poi così tante responsabilità! Così aveva deciso: avrebbe semplicemente preso un cucciolo e glielo avrebbe regalato. Una volta che si fosse ritrovato in braccio una palla di pelo vera, viva e adorabile, come avrebbe potuto resistere? Si sarebbe convinto.

Non si convinse.

Il conflitto si inasprì. Lui era arrabbiato perché lei lo aveva ignorato e aveva fatto di testa sua. Lei era arrabbiata perché lui continuava a impuntarsi, anche dopo che gli aveva detto quanto questo fosse importante per lei. Per lui, il cucciolo in casa era un promemoria costante di come lei avesse completamente ignorato i suoi sentimenti e quello che per lui era importante.

Lei invece viveva il rifiuto di lui di accettare il cane come un rifiuto nei confronti suoi e dei suoi bisogni. Ogni minima cosa che riguardava il cane scatenava un litigio: chi lo avrebbe portato fuori, il conto del veterinario, il fatto di dover aggiungere il suo cibo alla lista della spesa. Peggio ancora, adesso litigavano anche per altre cose, *molto più di quanto avessero mai fatto in passato.*

Lei iniziò a notare quanto poco lui facesse in casa. Okay, va bene, pensò, avrebbe svolto lei la maggior parte delle mansioni che riguardavano il cane. D'altra parte era stata una sua idea. Ma lui sembrava lasciare a lei anche il resto delle faccende domestiche. O non gli importava, o semplicemente se lo aspettava. È così che sarebbe stato, si domandò lei, se avessero avuto un bambino?

Da parte di lui, il modo in cui lei tirava fuori le cose lo irritava. Non chiedeva mai semplicemente aiuto, ma diceva: “Immagino che stasera laverò di nuovo io i piatti”, e un guizzo di rabbia lo faceva scattare: “Sì, credo di sì”. Più tardi, sentendosi in colpa, avrebbe cercato di fare di più; faceva qualche lavatrice, puliva il bagno. Ma lei non lo notava mai.

Trascorrevano sempre meno tempo insieme. E un venerdì pomeriggio, quando lui le ricordò che sarebbe stato via per il fine settimana per un campeggio con un vecchio amico del liceo, lei si sentì sopraffatta dalla rabbia e dalla tristezza.

“Oh, quindi te ne stai semplicemente andando”, disse lei, improvvisamente sull'orlo delle lacrime, “e io posso stare a casa con questo cane che non hai mai voluto”.

Lui, preso alla sprovvista, esplose: “Che cosa ti prende?”, gridò. “Erano mesi che avevo programmato questo viaggio! Non ha niente a che vedere con lo stupido cane!”

Dietro a quel litigio c'era del combustibile, appena sotto la superficie, come gas sotterraneo che alimenta un fuoco: ognuno di loro aveva uno scopo nascosto. Lo scopo nascosto di lui: voleva libertà e avventura. Lo scopo nascosto di lei: voleva una famiglia. Ma a malapena riconoscevano queste verità più profonde con se stessi, ancor meno l'uno con l'altra.

Si allontanarono sempre di più, ognuno scavando la propria trincea, dalla quale scagliavano accuse e critiche come granate. Un giorno lei si prese un brutto raffreddore e non poté portare fuori il cane. Dovette farlo lui. Era pieno di risentimento ogni volta che doveva smettere di fare qualcosa di importante per agganciare il guinzaglio: non lo aveva previsto! Un altro giorno, il cucciolo mostrò il proprio personale segno di protesta: fece i suoi bisogni proprio sotto la scrivania del marito, dove lavorava quando era a casa.

Lui disse che non avrebbe pulito.

Lei disse che non avrebbe pulito.

Quel mucchietto di cacca segnava la linea che nessuno avrebbe oltrepassato: farlo avrebbe significato ammettere la sconfitta, lasciar vincere l'altra parte.

Quando, durante il divorzio, decisero di vendere la casa, chiamarono un'impresa di pulizie. Gli addetti si spostarono da una stanza all'altra lavando via tutte le prove della loro vita insieme, le loro impronte digitali e le spezie per cucinare, la polvere e i fogli lasciati in giro, per rendere lo spazio immacolato per i potenziali acquirenti che sarebbero passati di lì immaginando di viverci. E poi arrivarono alla scrivania.

Sapete cosa accade quando si lascia lì la cacca del cane per molto tempo?

Si trasforma in una palla dura e bianca.

Sì, la battuta finale di questa storia è… *cacca di cane mummificata*. E ci dispiace! Ma vi stiamo raccontando questa storia perché è universale: ogni coppia ha qualche piccola divergenza che inizia come una palla di neve e si trasforma in un gigantesco blocco di ghiaccio. E sembra così insignificante! È facile ascoltare questa storia e pensare che rompere un buon matrimonio per un cagnolino sia un pessimo motivo!

Ebbene, il litigio non riguardava il cagnolino, in realtà. O la cacca. Il cucciolo rappresentava le principali filosofie di vita di ognuno. Quando litigavano su chi dovesse portare fuori il cane, sul conto del veterinario o su chi dovesse comprare il cibo del cane, non stavano realmente litigando per quelle cose. Stavano litigando sui loro valori, sui loro sogni, sulla loro visione di quello che volevano dal matrimonio e dalla vita. Stavano litigando riguardo alle cose davvero fondanti, cose che avrebbero fatto bene ad approfondire e che avrebbero potuto persino salvare il loro matrimonio. Ma non sono mai arrivati a quel punto. Non hanno mai davvero compreso per che cosa stessero effettivamente litigando e in che modo fosse opportuno parlarne. I loro litigi sono diventati distruttivi e alla fine quella relazione forte che avevano una volta si è frantumata.

Questo accadde molto tempo fa, prima che John iniziasse il suo studio sulle coppie. Avrebbe compreso fino in fondo quanto fossero profondi i conflitti di questa coppia solo diversi anni dopo, quando le sue ricerche gli insegnarono più cose circa la scienza delle relazioni. Alla fine, non fu in grado di aiutarli. Purtroppo si separarono. Ma da allora abbiamo aiutato migliaia di altre coppie altrettanto bloccate, altrettanto incartate, altrettanto disperatamente fuori sincrono.

Nello scrivere questo libro, abbiamo ripensato molto a quella coppia di tanto tempo fa. Avremmo voluto sapere allora quello che sappiamo oggi, con cinquant'anni di ricerche svolte alle spalle. Se potessimo tornare indietro nel tempo, questo è il libro che scriveremmo per loro.

Dobbiamo aggiustare il modo in cui litighiamo

Non è mai stato facile stare in coppia nel lungo periodo e far fronte con grazia a tutti gli alti e bassi che questo tipo di impegno comporta. Lavoriamo con le coppie da decenni e vi diremo questo: le persone hanno sempre cercato aiuto in questo campo. Ma gli ultimi anni sono stati insolitamente strazianti per molte coppie con cui abbiamo avuto a che fare.

Le coppie sono state sottoposte ad altissimi livelli e intensità di stress. Per un lungo periodo della pandemia di Covid-19, molte persone sono state costrette a stare in casa o comunque sono state tagliate fuori dalle normali routine, dagli sfoghi ricreativi e dai legami sociali che prima le sostenevano. I confini tra lavoro e casa si sono dissolti nel momento in cui la camera da letto è diventata il luogo di lavoro. Abbiamo studiato per lungo tempo le modalità con cui le coppie portano a casa lo stress derivante dal lavoro: in quel periodo la distanza da percorrere era ancora minore. Tutto era lì, e si sovrapponeva nello stesso spazio. Le coppie facevano fatica a organizzare le finanze, la cura dei figli, gli orari di lavoro. Molte si scontravano su come gestire le raccomandazioni di sicurezza legate alla pandemia. Era necessario includere famiglia e amici nella propria bolla? O non valeva la pena di rischiare? Un coniuge con un disperato bisogno di comunità e di connessione, unito a un coniuge che sperimentava un'ansia profonda per l'esposizione, era spesso una ricetta per un conflitto distruttivo e polarizzante.

Per molti, la casa, che un tempo aveva rappresentato un rifugio, era diventata una sorta di crogiolo dove ogni piccolo problema veniva ingigantito e ogni microfrattura si allargava fino a diventare una crepa dolorosa.

I dati di questo periodo stanno ancora emergendo, ma le osservazioni preliminari suggeriscono che la pandemia di Covid-19 ha spinto le coppie agli estremi: quelle che stavano bene prima della pandemia se la sono cavata per lo più bene. Ma per le coppie che avevano problemi che stavano cercando di risolvere e, siamo sinceri, siamo in molti, è andata molto peggio (Estlein, Gewirtz-Meydan, Opuda, 2022). I punti di rottura nella relazione, che in circostanze normali si sarebbero potuti aggiustare più facilmente, si sono aggravati.

Probabilmente non possediamo neanche un quadro completo di quanto le persone stiano soffrendo. I ricercatori in questo campo spesso conducono indagini per valutare la soddisfazione coniugale, ma questi sondaggi possono essere parziali. Quando le persone hanno davvero problemi, buttano giù il telefono quando l'intervistatore chiama. Non ne vogliono parlare. Quindi potrebbero mancarci delle informazioni sulle coppie in crisi.

Per molti di noi, gli ultimi anni sono stati un periodo di turbamento e di interrogativi. Le persone hanno rivalutato le loro priorità e il modo in cui distribuiscono il proprio tempo e le proprie risorse. Le coppie potrebbero domandarsi: Condividiamo ancora gli stessi obiettivi? Tutto questo attrito è un segno che non eravamo fatti per stare insieme? Siamo in effetti compatibili?

Ma ecco il punto. Pandemia o non pandemia, le coppie hanno sempre attraversato questo tipo di momenti "sotto pressione". Momenti in cui le cose, per qualsivoglia motivo, diventano particolarmente difficili. Quando ogni minima cosa sembra generare un contrasto. Quando i litigi vengono vissuti come terribili. Quando vengono dette parole di cui ci si pente. Quando si desidera poter avere una seconda possibilità per ricominciare.

Non importa in quale fase vi troviate con il vostro partner, sia che siate in un brutto o in un ottimo periodo, sia che il vostro amore sia giovane o duri da decenni, una cosa è certa: non volete lasciare alcuna "cacca sotto la scrivania" nella vostra relazione.

L'assenza di conflitto non è la risposta

Chiariamo una cosa: non vi insegneremo *in che modo non litigare*, mai. Potrebbe sembrare bello. Una vita senza conflitto? Beatitudine! Ma probabilmente non è nel vostro interesse. L'intimità crea inevitabilmente conflitto.

Consideriamo un'altra coppia con cui abbiamo lavorato. Secondo loro, non litigavano mai. Tendevano a evitare le questioni scottanti: non volevano ferire i sentimenti dell'altro o rimanere invischiati in una discussione difficile. A che scopo, pensavano, quando queste discussioni non sembravano mai concludersi con alcun tipo di soluzione al problema? A loro sembrava meglio aggirare questioni che probabilmente non sarebbero stati in ogni caso in grado di risolvere ed evitare lo stress e il dramma.

Sembra sensato. Ma quando arrivarono nel nostro ufficio, seduti fianco a fianco sul divano, notammo che dal punto di vista emotivo erano a chilometri di distanza l'uno dall'altra. Sì, erano educati tra di loro, in casa non c'erano voci che si alzavano. Non c'erano porte sbattute, scatti di frustrazione, né un mucchietto di cacca di cane che si stava pietrificando sotto una scrivania. Ma anche loro a un certo punto avevano perso le tracce l'uno dell'altra.

Quando arrivarono da noi, proponemmo loro un'attività che facciamo spesso con le coppie, in cui ciascuno fa il punto su ciò che sa del proprio partner. Domande quali: *Chi sono i migliori amici del vostro partner? Quali sono le principali situazioni problematiche che il vostro partner sta affrontando in questo momento? Quali sono alcuni dei sogni di vita del vostro partner?* E così via.

A mano a mano che ognuno di loro avanzava nella lista, divenne tutto velocemente chiaro: ad alcune delle domande a malapena riuscivano a rispondere. E all'interno di una conversazione facilitata, le tensioni e il risentimento lentamente trapelarono. A un certo punto, il marito confessò una cosa che lo preoccupava da mesi, ma che non aveva mai sollevato con la moglie: il fatto che lei avesse preso l'abitudine di uscire a bere con un collega dell'ufficio ogni venerdì sera dopo il lavoro, invece di rientrare subito a casa. La cosa gli dava fastidio perché loro stessi non uscivano per nessun tipo di appuntamento da... be', non riusciva a ricordare l'ultima volta.

Lei rimase scioccata. "Ma io ti ho domandato se ti dava fastidio e tu hai detto 'no!'", disse. "Perché non me lo hai semplicemente detto?"

"Be'", rispose lui, "non volevo litigare".

Il conflitto è una parte naturale di ogni relazione umana. Ed è una parte *necessaria*. Tendiamo a far corrispondere bassi livelli di conflitto alla felicità, ma questo semplicemente non è vero. L'assenza di conflitto non è indice di una relazione forte, in realtà può portare esattamente al contrario.

Uno studio condotto dal Divorce Mediation Research Project ha rilevato che la stragrande maggioranza delle coppie divorziate (l'80%) descrive il fatto di allontanarsi l'uno dall'altro e di perdere il senso di vicinanza come una delle principali motivazioni alla base della separazione (Gigy, Kelly, 2008). E la nostra stessa ricerca ha notato che le coppie possono avere unioni felici, durature, con molteplici tipi di "stili conflittuali". La questione non è *se* ci siano dei conflitti nella vostra relazione che la fortificano o la distruggono. Persino le coppie più felici litigano. *È come si litiga ad avere importanza* (Gottman, 1993).

Il conflitto è connessione. È il modo in cui comprendiamo chi siamo, che cosa vogliamo, chi sono i nostri partner e chi stanno diventando, e che cosa desiderano. È il modo in cui appianiamo le nostre differenze e individuiamo le nostre somiglianze, i nostri punti di contatto. Il problema è che non ci è stato insegnato a litigare nel modo giusto. A scuola non ci viene erogato il corso "Litigare Parte 1" prima che ci lanciamo nella nostra prima relazione. Ci avventuriamo alla cieca. Le nostre credenze riguardo al conflitto e il nostro approccio a esso derivano dalla nostra infanzia, dal modo in cui siamo cresciuti, dalla cultura e dalle relazioni passate, e danno forma alla modalità con la quale litighiamo in modi di cui potremmo non essere nemmeno consapevoli. Non ha importanza quante relazioni possiamo aver avuto, o per quanti anni siamo stati in coppia: molti di noi stanno ancora cercando la strada a tentoni, tentando di comprenderla via via. E commettiamo molti errori.

- Rimuginiamo sui risentimenti per troppo tempo prima di far emergere un problema.
- Iniziamo in maniera aggressiva, criticando.
- Non sappiamo come autoconsolarci e ci sentiamo sopraffatti e sommersi dalle emozioni.
- Ci poniamo sulla difensiva.
- Non ci fermiamo a comprendere la ragione effettiva dietro al litigio.
- Non notiamo o rifiutiamo i tentativi del nostro partner di riparare la situazione e di incontrarsi a metà strada.
- Non siamo in grado di trovare un compromesso senza la sensazione di aver rinunciato a troppo.
- Ci scusiamo troppo velocemente perché vogliamo solamente che il litigio termini.

Ed ecco una cosa enorme: ignoriamo i litigi passati o, come ci piace chiamarli, "gli incidenti spiacevoli". Non ne parliamo, non guariamo né impariamo da essi, vogliamo soltanto *superarli*.

Il risultato finale: ci feriamo a vicenda. Finiamo per essere feriti dai nostri conflitti e ancora più distanti dal nostro partner di quanto non fossimo all'inizio. O, temendo di venire feriti, evitiamo del tutto il conflitto, e quel divario diventa ancora più ampio.

Stiamo litigando in modo totalmente sbagliato e abbiamo bisogno urgente di un intervento.

Svelare la scienza di aiutare le persone a "litigare nel modo giusto"

È da tempo ormai che stiamo studiando la scienza dell'amore: da cinque decenni! John in qualità di ricercatore e, in origine, come matematico, Julie come psicoterapeuta clinica. Il lavoro della nostra vita è stato quello di delineare degli interventi per le coppie che si amano e che vogliono far funzionare le cose, ma necessitano di strumenti efficaci affinché la relazione abbia successo e si mantenga sul giusto binario. Spesso non è la relazione in sé il problema, è semplicemente che non vi sono stati dati gli strumenti di cui avete bisogno. Ogni relazione è diversa, è un unico, irripetibile progetto chimico di amore e attrazione, conflitto e connessione, personalità e passato che si mischiano, si scontrano e generano qualcosa di nuovo. La nostra relazione non è esattamente come la vostra né come quella di chiunque altro. Ma abbiamo scoperto che *esistono* degli interventi universali che funzionano in tutti i casi. E ciò che più vogliamo è diffonderli nel mondo. Tutti ne abbiamo bisogno.

Sono passati cinquant'anni da quando John, insieme al suo partner di ricerca Robert Levenson, ha condotto i suoi primi studi sulle coppie, applicando per la prima volta il metodo scientifico all'amore. Sono passati trent'anni da quando noi (John e Julie) abbiamo iniziato a collaborare, inaugurando il nostro "Love Lab" nel campus dell'Università di Washington a Seattle, dove noi stessi ci siamo conosciuti e innamorati. Come tutte le coppie, anche noi abbiamo dovuto comprendere la nostra cultura del conflitto mentre univamo le nostre vite, ci sposavamo e diventavamo genitori. Abbiamo dovuto superare i litigi iniziati male, quelli che spuntavano fuori dal nulla, quelli che sembravano ripetersi sui medesimi argomenti. E li abbiamo risolti, siamo diventati abbastanza bravi a litigare! Abbiamo scoperto che è possibile litigare con gentilezza, con amore e facendo pace alla fine. Ma noi abbiamo avuto un vantaggio: abbiamo avuto i dati provenienti dal Love Lab.

Più di tremila coppie sono passate per il Love Lab, nel quale il nostro obiettivo come ricercatori è di ottenere quante più informazioni dettagliate possibili riguardo a quegli specifici comportamenti che portano all'amore duraturo e alla felicità. Abbiamo seguito delle coppie che sono state, per un fine settimana, in un confortevole appartamento tipo Airbnb dove abbiamo videoregistrato e analizzato le loro interazioni. Le abbiamo poi seguite per anni, persino per decenni, per tracciare lo stato della loro relazione e della loro soddisfazione e felicità. E, dato che è così importante per la salute della relazione, ci siamo focalizzati sul conflitto e sul modo in cui i partner interagiscono prima, durante e dopo un litigio. In uno studio, abbiamo fatto accomodare le coppie e abbiamo chiesto loro di parlarci di uno dei loro conflitti, qualcosa che ancora non avevano risolto. Abbiamo registrato le interazioni così da poter analizzare quei nastri fino al centesimo di secondo. Abbiamo codificato ogni gesto, ogni sospiro, ogni sorriso e ogni pausa: abbiamo analizzato il linguaggio corporeo, il tono della voce. Niente era considerato troppo piccolo o insignificante. Abbiamo collegato i partecipanti a strumenti di biofeedback per poter tracciare simultaneamente il battito cardiaco e la respirazione, quei marker fisiologici che ci possono dire così tante cose sulla modalità e sulla ragione per cui un conflitto si sviluppa in un determinato modo.

Abbiamo fatto tutto ciò con coppie etero, coppie omosessuali, coppie con e senza bambini, ricche e povere, coppie provenienti da fasce demografiche diverse per etnia e cultura. E successivamente, dopo aver ottenuto questo quadro incredibilmente profondo e dettagliato dell'interazione di ogni coppia durante uno specifico momento, abbiamo fatto tornare queste coppie, anno dopo anno, e abbiamo fatto far loro tutto daccapo. Sarebbero cambiate? Sarebbero rimaste insieme? La loro sarebbe stata un'unione felice? E quando si trattava del conflitto, volevamo urgentemente sapere: perché alcune coppie erano state distrutte dai propri conflitti? E in che modo altri avevano trovato la pace? Dunque, che cosa abbiamo scoperto?

Abbiamo scoperto che, tramite l'osservazione e la codifica dei comportamenti, eravamo in grado di predire con un grado di accuratezza superiore al 90% quali coppie sarebbero rimaste insieme anche con alti e bassi (Gottman, Levenson, 2000), sentendosi globalmente soddisfatte della loro unione (li denominammo "i maestri dell'amore") e quali coppie avrebbero divorziato, si sarebbero separate o sarebbero rimaste insieme infelicemente (le relazioni che sfortunatamente finirono per essere dei "disastri").

Abbiamo scoperto che i primi *tre minuti* di un litigio possono predire lo status della relazione sei anni dopo (Gottman, Driver, Tabares, 2015).

Abbiamo scoperto che le coppie avevano bisogno di raggiungere un certo rapporto tra interazioni positive e negative durante il conflitto perché i loro membri rimanessero innamorati nel lungo termine, e che, *al di fuori* del conflitto, questo rapporto aumentava (Gottman, Gottman, 2017).

Abbiamo scoperto che le coppie che durante un conflitto mostravano quattro comportamenti chiave da noi denominati "I quattro cavalieri dell'Apocalisse" (critica, disprezzo, ostruzionismo e difensiva) avevano un'alta probabilità di separarsi in media a cinque anni dal matrimonio (Gottman, Levenson, 2000).

Ma abbiamo anche scoperto che "l'assenza di conflitto" non era la soluzione, perché c'era un'altra ondata di divorzi circa un decennio dopo il traguardo dei cinque anni. Queste coppie non avevano i Quattro cavalieri dell'Apocalisse. Ciò che avevano era il nulla. Certo, nessun conflitto significativo. Ma anche nessun umorismo. Nessuna domanda. Nessun interesse l'uno nei confronti dell'altro.

Abbiamo scoperto che i maestri dell'amore non evitavano il conflitto, ma erano dotati di un certo set di abilità interattive che consentiva loro di approcciarsi al conflitto come a una cooperazione, non come a una guerra; e quando qualcuno rimaneva ferito (come può accadere in un conflitto anche ai migliori di noi) sapevano come aggiustare la situazione (Gottman, Driver, Tabares, 2015).

Abbiamo scoperto tutto questo, e *molto* di più. E lo esporremo per voi in questo libro. Inizieremo parlando del contesto dei nostri conflitti, il loro "setting", se volete, che fondamentalmente si riduce a tutto ciò che porta a un litigio, a partire dal modo in cui siamo stati cresciuti, dalla cultura dalla quale proveniamo, e dalle nostre metaemozioni o "i sentimenti riguardo ai sentimenti", che danno forma in modi sorprendenti alle nostre relazioni. Parleremo di come le interazioni casuali, quotidiane con i nostri partner ci predispongano a determinate dinamiche all'interno del conflitto. Parleremo di quanto sconcertante possa essere scoprire per che cosa si sta *effettivamente* litigando sotto la superficie (in altre parole, non state davvero litigando per un cagnolino!). E successivamente vi guideremo attraverso cinque litigi che mostrano chiaramente dove sbagliamo durante il conflitto e come litigare invece nel modo giusto. Infatti, abbiamo anche scoperto che le persone possono dare una svolta alle relazioni, litigare bene, amare meglio e connettersi più profondamente, quando vengono dati loro interventi pratici, basati scientificamente, da utilizzare nel conflitto.

Quando nostra figlia era piccola, disse qualcosa che ci chiarì quale fosse la nostra missione, pensando al come e al perché lavoravamo con le coppie. Ci stava facendo delle domande circa il nostro lavoro al Love Lab, forse era irritata per il fatto che saremmo stati via per il weekend a gestire un ritiro per coppie, quando lei avrebbe preferito che la portassimo a fare un giro alle giostre e a prendere un gelato. In ogni caso, ci incalzò riguardo a che cosa esattamente avremmo fatto lì con tutta questa "scienza dell'amore". Spiegammo che lavoravamo per individuare gli interventi più potenti che le coppie avrebbero potuto mettere in atto per rimanere innamorate e felici, se era questo che volevano, così da poterli condividere con le persone. Le dicemmo che molte coppie, noi compresi, in alcuni momenti attraversano un periodo in cui sembrano non riuscire proprio ad andare d'accordo.

"Che cosa pensi succeda", le domandammo, "se le mamme e i papà litigano tutto il tempo?"

"Be'", rispose, "penso che non ci siano arcobaleni in casa".

Rimanemmo entrambi in silenzio. *Niente arcobaleni in casa*. Quella piccola quattrenne aveva appena articolato il modo perfetto di considerare la missione del nostro lavoro. Le tempeste arriveranno, arrivano inevitabilmente. Ma all'indomani, ci può essere qualcosa di bello. Ma si raggiunge l'arcobaleno solo attraversando una tempesta.

Il conflitto è una costante umana

Abbiamo scritto molto sull'amore: che cosa lo crea, che cosa lo distrugge, che cosa lo mantiene vivo. Ma di recente abbiamo percepito una forte urgenza di concentrarci *sul modo in cui affrontiamo i conflitti*. Una delle ragioni principali è il fatto che i conflitti non progrediscono: i dati ci dicono che su qualunque cosa si stia litigando, è molto probabile che si litighi sempre. Nella grande maggioranza, i conflitti che abbiamo con i nostri partner non sono situazioni passeggere, o di facile risoluzione: sono *perpetui*.

Esistono due tipologie fondamentali di litigio che le coppie intrattengono: **risolvibili** e **perpetue**. Le liti risolvibili sono quelle per cui si ha un qualche tipo di soluzione. Poniamo che vi sentiate sfruttati perché dovete sempre fare il lavapiatti dopo che il vostro partner ha fatto un disastro preparando la cena. Potreste litigare una volta che siete definitivamente arrivati al limite (nota a margine: parlare di questo genere di cose *prima* di raggiungere il punto di rottura è sicuramente qualcosa che faremo), ma alla fine probabilmente trovereste una qualche soluzione: per esempio vi scambiereste la preparazione della cena e la pulizia, oppure l'altro potrebbe fare anche le pulizie mentre voi vi occupate di altre faccende domestiche. Si tratta di un problema logistico, al quale si può trovare una soluzione se tutti ragionano a mente fredda.

I litigi perpetui sono diversi: sono i problemi che non se ne vanno. Sono le cose sulle quali si finisce per litigare una e un'altra volta perché attingono ad alcune delle nostre differenze più profonde: differenze di personalità, nelle priorità, nei valori e nelle credenze. E non importa quanto qualcuno sia perfetto per voi, *queste differenze ci saranno sempre*. Non ci innamoriamo dei nostri cloni. In effetti, siamo spesso attratti da persone che sotto qualche aspetto sono molto diverse da noi: persone che non ci replicano, ma ci completano.

Si riduce tutto a questo: la stragrande maggioranza dei nostri problemi, il 69% per essere precisi, è perpetua, non risolvibile. È tanto! Ciò significa che la maggior parte delle volte per ciò su cui voi e il vostro partner litigate non ci sarà una soluzione semplice o un rimedio facile. E di questi litigi perpetui, il 16% diviene *impasse*: i partner girano intorno ancora e ancora agli stessi argomenti, non solo non arrivando da nessuna parte, ma causando sempre più dolore, rabbia e distanza. E questa è la ragione per cui aggiustare il modo in cui si litiga è una questione urgente. Il modo in cui litighiamo è, come abbiamo precedentemente detto, il modo in cui comunichiamo e ci relazioniamo. Ma (e ci sentiamo a nostro agio nel dirlo, visto il gran numero di coppie che abbiamo studiato e tracciato nel corso degli anni) *lo stiamo facendo in maniera sbagliata*. Siamo affrettati, ci feriamo a vicenda, perdiamo opportunità, e poi ripetiamo il ciclo la volta successiva in cui litighiamo sulla stessa, vecchia questione.

Questo particolare momento nella storia dell'umanità richiede inoltre un approccio differente al conflitto. Le coppie sono molto più in difficoltà adesso, nell'era Covid, di quanto non lo siano mai state. I tassi di violenza domestica sono in aumento: nel nostro studio internazionale con oltre quarantamila coppie, abbiamo scoperto che, di quelle in terapia, il 60% stava sperimentando una qualche forma di violenza domestica. E c'erano altre statistiche preoccupanti: nelle coppie dello studio abbiamo riscontrato alti tassi di ansia (27%), di depressione (46%) di suicidalità (29%). Quasi un terzo di tutte le coppie stava lottando con problematiche connesse all'abuso di sostanze. E il 35% stava gestendo la fine di una storia (Gottman, Gottman, Cole et al., 2020).

Il nostro mondo sembra diventare sempre più incerto e così spesso finiamo per scaricare il nostro stress e la nostra ansia sulle persone a noi più care. Quando litighiamo con un partner, non stiamo litigando nel vuoto: il mondo entra in gioco. Nel momento in cui arriviamo a un punto di conflitto con un partner, spesso ci siamo già portati dietro tante cose, l'ampiezza della nostra banda emotiva è corta, siamo cognitivamente sovraccarichi e ciò diminuisce la nostra capacità di essere gentili l'uno con l'altro. Quando interagiamo, ci trasciniamo dietro il residuo della giornata: le preoccupazioni e le pressioni che abbiamo sperimentato e che ci pesano in modi di cui potremmo non essere consapevoli. E al di là dei muri delle nostre case, il conflitto abbonda. Prolifera nel mondo virtuale, dove il formato dell'interazione rende la reale comprensione infinitamente rara. Il nostro mondo non è mai stato così polarizzato.

Ci troviamo a un punto critico della storia dell'umanità, un punto nel quale in generale, in ogni ambito, dobbiamo imparare a mettere da parte le nostre difese, aprirci e combattere per la pace e la comprensione. E dobbiamo farlo a partire da dentro le quattro mura domestiche. Le nostre relazioni romantiche sono gli elementi costitutivi delle nostre comunità più ampie. Hanno effetti a catena sui nostri figli, sulle nostre amicizie, e sulle famiglie allargate, sulle collaborazioni sul posto di lavoro. Influenzano la nostra capacità di restituire qualcosa al mondo e di generare un cambiamento. Influenzano il modo in cui ci uniamo come società. Mentre impariamo a litigare in modo migliore nelle nostre case, possiamo imparare a litigare meglio nelle nostre comunità, tra schieramenti politici, nella nostra società, e persino come umanità. È *umano* avere dei conflitti. È persino umano averne spesso, è proprio la cosa giusta da fare.

Ma nei conflitti dobbiamo portare la nostra migliore umanità.

Quando litighiamo, dovremmo cercare di creare qualcosa di migliore. Questo è l'obiettivo finale del conflitto: creare qualcosa di migliore per noi stessi, per noi e per il nostro partner come coppia e per il mondo. Il conflitto non deve dividerci. Il conflitto e la pace non si escludono a vicenda. Possiamo giungere alla pace attraverso il conflitto. Possiamo combinare la gentilezza e la delicatezza con il conflitto. Possiamo avvicinarci l'uno all'altro *grazie* al conflitto. Ma per fare ciò, abbiamo bisogno di arrivare al cuore dei nostri conflitti.

Come esseri umani siamo molto profondi. Non siamo solo ciò che si vede in superficie, i capelli, la pelle e i vestiti. Non siamo nemmeno le personalità che proiettiamo. Siamo sotterranei. Abbiamo fiumi e cascate e pareti rocciose dentro di noi, valli profonde che forse nemmeno noi abbiamo completamente esplorato. E spesso abbiamo paura di mostrare queste parti di noi stessi nelle relazioni. Ci sentiamo come se dovessimo "comportarci al nostro meglio" per conquistare il cuore di un altro, e così teniamo la porta chiusa su quel mondo interiore complesso. Poi, una volta che ci troviamo nel vivo di una relazione, queste parti iniziano a emergere. E il più delle volte emergono attraverso il conflitto, sorprendendo non solo il nostro partner, ma anche noi stessi. Queste parti di noi a lungo sepolte o represse, questi bisogni e sogni ed emozioni che abbiamo frenato, divampano nell'impeto del momento. E possono radere la casa al suolo.

Ma ciò non deve accadere per forza.

I litigi possono diventare intensi e disordinati. Tutti noi riviviamo vecchi dolori e traumi. Ricadiamo facilmente in vecchi schemi, ci lasciamo deviare dalle nostre emozioni, dal passato, dalle vecchie sofferenze. Ma se riusciamo ad arrivare a ciò che c'è sotto la superficie, troveremo tanta compassione e comprensione.

La nostra speranza per voi e per il vostro partner, mentre leggete questo libro, è che possiate arrivare a considerare i vostri conflitti come una profonda opportunità. Che acquisiate una comprensione più profonda della vostra cultura del conflitto e della sua provenienza. Che impariate a scoprire ciò per cui state *effettivamente* litigando, così da poter giungere al cuore della questione e comprendervi meglio l'un l'altro attraverso i vostri litigi. Speriamo che alla fine di questo percorso avrete una comprensione chiara dei cinque principali modi in cui sbagliamo quando litighiamo con la persona che amiamo di più, e di come modificare rotta, *anche nell'impeto del momento*, e farlo nel modo giusto. E speriamo che riuscirete a infondere un po' di umorismo e di leggerezza nei vostri litigi: può essere di grande aiuto.

I conflitti non sempre sono divertenti, ma speriamo che questo libro lo sia.

Parte prima

Il conflitto. Le basi

Perché litighiamo

"Che succede?", dice lui, mentre lei, simultaneamente: "Allora, di cosa vuoi parlare?".

Entrambi ridono.

Sono seduti vicini, appoggiati su freschi cuscini bianchi sul loro comodo letto, rivolti verso la telecamera. Sono inclinati l'uno verso l'altra; fino a questo momento entrambi sono apparsi accoglienti e rilassati, forse un po' nervosi soltanto per il fatto di essere ripresi. Abbiamo chiesto loro di accendere la telecamera del computer portatile, di iniziare a registrare e poi di parlare semplicemente di come stesse andando la loro giornata. Tutto qui.

Nel frattempo, il nostro sistema di intelligenza artificiale li sta guardando. Questo sistema è stato costruito per assistere i nostri terapeuti formati sul metodo Gottman e le coppie che vogliono valutare la propria relazione a casa, per raccogliere dati illuminanti sulla modalità con la quale i partner si rispondono l'un l'altro nel corso di interazioni occasionali e durante i conflitti. L'intelligenza artificiale può leggere la loro frequenza cardiaca dal video senza nessun altro strumento. Utilizzando il *machine learning* (l'apprendimento automatico), esegue la codifica delle emozioni localizzando ciascun partner secondo per secondo all'interno di un'ampia gamma di categorie emotive possibili. E valuta il livello di fiducia di ognuno nel proprio partner su una scala da zero a cento.

L'intelligenza artificiale, progettata dai nostri brillanti colleghi Rafael Lisitsa e Vladimir Brayman, è in grado di valutare il livello di fiducia reciproca su una scala da 0 a 100, e di raccogliere tutti questi dati mentre la nostra coppia chiacchiera brevemente della propria settimana lavorativa, di come entrambi non vedano l'ora che arrivi il fine settimana e di avere la possibilità di rilassarsi. Fino a questo momento, l'intelligenza artificiale ha codificato la loro interazione come in progressione da "neutrale" a "interessata". Sono entrambi rilassati, la frequenza cardiaca è intorno a ottanta. Il grado di fiducia è abbastanza alto.

C'è una pausa.

"Glielo hai già detto?", chiede lui.

"Be', sì" dice lei in modo un po' dimesso, "sono i miei genitori. Io...".

"Sai che dormo male sul divano."

"Oh, andiamo." (*Occhi al cielo*) "È solo per il fine settimana. Qual è il problema?"

"Be', voglio essere al mio meglio con i tuoi genitori. Non voglio essere scorbutico perché non ho..."

"Come se tu fossi sempre al tuo meglio con i miei genitori in ogni caso, quindi..."

"Wow." La sua voce è intrisa di dolore e sarcasmo. "Okay."

"Perché fai quella faccia? Sai che è vero!"

"Ehi, sto cercando di fare uno sforzo per i tuoi genitori e..."

"Oh sì? Be', perché ti ci sono voluti tre anni per farlo? Perché proprio *questo* fine settimana?"

"Tre anni? Tu non pensi che abbia fatto uno sforzo per tre anni?"

Da qui l'atmosfera dell'interazione si accende rapidamente. Si interrompono, parlano uno sopra l'altra. Lei lo accusa di aver fatto piangere suo padre durante una recente conversazione telefonica; lui prova a difendersi.

"Dovevi proprio infilarci quel piccolo commento sprezzante, vero?" dice lei, "mentre io stavo soltanto cercando di dirgli 'Buon compleanno'".

"Stavo solo cercando di essere divertente!" urla lui.

L'intelligenza artificiale registra l'incremento della frequenza cardiaca di entrambi i partner, quella di lui in modo più significativo, fino a 107 battiti al minuto. L'indice di fiducia precipita per entrambi; quello di lui arriva a livelli criticamente bassi, sotto il 30%. La valutazione delle emozioni è in picchiata per entrambi. L'interazione diventa rapidamente negativa: lei attacca, lui si difende, entrambi si rivolgono all'altro con disprezzo. Meno di trenta secondi dopo, si allontanano l'uno dall'altra, esausti e arrabbiati, rinunciando completamente alla conversazione. Mentre il video catturato dall'intelligenza artificiale si interrompe, ognuno guarda in direzioni opposte.

"Codificare" il conflitto

La coppia presentata nel paragrafo precedente è una vera coppia che ha accettato di partecipare a un esperimento su una nuova piattaforma che abbiamo deciso di costruire, realizzata per aiutare altre coppie come loro: coppie normali che erano incappate in un periodo difficile (o in un anno difficile, o in un decennio difficile) e che avevano bisogno di un po' di supporto e di una guida.

Negli ultimi anni, accelerata dalla pandemia di Covid-19, la domanda di terapeuti esperti ha sopraffatto la rete di aiuto esistente. Inoltre, per le coppie impegnate, che lavorano a tempo pieno e magari si occupano di bambini piccoli o di altri familiari, trovare il tempo per andare da uno specialista può essere difficile. Molte coppie che avrebbero davvero bisogno di una guida professionale ne fanno a meno per svariati motivi e quindi volevamo trovare un modo per dare alle coppie in difficoltà un sollievo immediato. Dopo aver notato che queste erano *molte*, ci siamo messi al lavoro su una piattaforma a cui le coppie potessero accedere attraverso un telefono, un laptop o un tablet, un posto dove potessero trovare una guida e degli strumenti. E affinché questo potesse funzionare, avevamo bisogno di un'intelligenza artificiale in grado di osservare le coppie interagire e che, al pari del più abile ed esperto professionista, identificasse i segni e i segnali di una conversazione in procinto di entrare in un territorio tossico. I terapeuti sono addestrati a cercare questi segni: indizi sottili nel linguaggio del corpo e nella fisiologia, nel tono della voce, nelle scelte linguistiche e altro ancora. Può un computer essere programmato a essere così sensibile?

In breve: sì. E quando si tratta di codificare il conflitto, non solo l'intelligenza artificiale ha eguagliato le sue controparti umane, ma le ha in realtà superate. La gran parte dei dati e delle osservazioni sulle coppie in conflitto contenuti in questo libro deriva dal nostro lavoro decennale all'interno del Love Lab e da altri importanti e rivoluzionari studi osservazionali condotti da noi e da altri ricercatori. Ma ora stiamo ottenendo informazioni ancora più sofisticate e dettagliate dall'intelligenza artificiale che abbiamo addestrato con il sistema di codifica emozionale di John, chiamato SPAFF, abbreviazione di Specific Affect Coding System (Coan, Gottman, 2007).

Quando John aveva appena iniziato la sua ricerca sulle coppie, il campo della psicologia stava faticando a definire con precisione schemi coerenti per quanto riguarda la personalità e il comportamento di *un singolo* individuo, a maggior ragione di due. L'opinione generale era che gli studi sulle coppie fossero troppo inaffidabili per essere scientificamente utili. Studiare un singolo individuo era già così poco attendibile, si pensava che studiarne due avrebbe semplicemente raddoppiato questa inaffidabilità, peggiorandola in modo esponenziale. John, da matematico qual era, si mise all'opera per dimostrare che tale assunto era falso.

Iniziò a cercare schemi di comportamento negli individui e nelle coppie, in particolare, *sequenze di interazioni* che fossero indicative della felicità generale della coppia e del successo (o meno) della loro relazione (Gottman, 1979). Tramite una serie di studi di ricerca osservazionali, lui e i suoi colleghi realizzarono un sistema di codifica che misurava ogni possibile sfumatura di un'interazione tra due persone: espressioni facciali, tono di voce, linguaggio e retorica, indizi fisici e altro ancora.

Lui e il suo collega di ricerca Robert Levenson svilupparono alcuni metodi per far sì che le coppie che stavano partecipando agli studi valutassero effettivamente le proprie esperienze durante le conversazioni sul conflitto, offrendo dati ancora più importanti sul modo in cui le persone avevano sperimentato il conflitto e se ci fosse stata, oppure no, una corrispondenza tra le intenzioni e l'impatto. Seguendo le coppie nel corso del tempo sono stati in grado di seguire come queste sequenze codificate di interazioni tra le coppie si allineavano con l'esito della loro relazione: Si erano lasciati? Erano rimasti insieme? Se erano rimasti insieme, erano felici o disperati?

John studiò tutti e tre i gruppi, raccogliendo dati da coppie che avevano divorziato, da coppie che erano rimaste insieme felicemente e da coppie che erano rimaste insieme infelicemente. I dati risultarono tutt'altro che inaffidabili.

Scoprì così che le interazioni tra le coppie erano incredibilmente stabili nel tempo e altamente predittive del futuro della loro relazione. Usando SPAFF per codificare le interazioni di una coppia, John fu in grado di prevedere, *con oltre il 90% di accuratezza*, il futuro relazionale di quella coppia (Gottman, Levenson, 2002). E una parte significativa di questa previsione era data dal modo in cui queste coppie si comportavano nel conflitto.

Uno dei punti chiave degli studi di John sulle relazioni era il "compito del conflitto", nel quale alle coppie veniva chiesto di scegliere un argomento su cui stavano attualmente litigando e di discuterne. Il loro litigio sarebbe stato registrato e un team di ricercatori avrebbe successivamente studiato con cura il filmato, lavorando per codificare ogni espressione e interazione, fino al centesimo di secondo. È un lavoro impegnativo e i nostri ricercatori dovevano essere altamente formati per poterlo fare in modo accurato. Prima di SPAFF, gli altri sistemi di codifica per analizzare il comportamento e le interazioni erano basati sugli *indizi*: si concentravano sulle azioni e sulle espressioni, elementi del comportamento umano che era possibile notare visivamente. Il problema è che ciò non teneva conto di una tonnellata di elementi contestuali essenziali. Che dire del tono della voce? In musica, una tonalità maggiore suggerisce un'emozione positiva, mentre una tonalità minore indica il contrario. Che dire dell'enfasi su certe parole anziché su altre? Chiamiamo questo un *indizio paralinguistico*: la stessa frase letta con l'enfasi su parole diverse potrebbe comunicare frustrazione o flessibilità, e di ciò occorre tenere conto. E che dire delle differenze culturali nell'uso del linguaggio e della fisicità? Il nostro sistema di codifica accetta che l'emozione venga veicolata in un modo interattivo attraverso tutti i canali di comunicazione.

Siamo così complessi come esseri umani che qualsiasi sistema per codificare il nostro comportamento deve essere ugualmente complesso. Per codificare le emozioni durante un litigio, bisogna essere incredibilmente sensibili. Bisogna conoscere il significato delle parole, capire le parole nel contesto, comprendere la cultura all'interno della quale si sta operando. Bisogna ascoltare la musica delle parole: tono, intensità, intonazione, tempo, enfasi. Si tratta di molte cose! Ma, incredibilmente, l'intelligenza artificiale, addestrata con il sistema di codifica di John, è in grado di duplicare esattamente quello che i ricercatori osservazionali culturalmente preparati sanno rilevare. Fin dall'inizio, l'intelligenza artificiale è stata all'altezza di ciò che i codificatori umani erano in grado di fare. E col tempo, tramite il *machine learning*, è migliorata sempre di più, fino a essere all'altezza dei migliori umani.

Tutto questo per dire che: la nostra intelligenza artificiale *è estremamente brava in questo*. Quando abbiamo una coppia seduta lì, come la nostra giovane coppia di prima che sta litigando con il portatile in grembo e la videocamera accesa, l'intelligenza artificiale sta raccogliendo dati insostituibili e lo sta facendo meglio della maggior parte dei professionisti esperti. Sincronizza persino la codifica dei sentimenti con la fisiologia di ciascun partner. L'analisi dettagliata di questo conflitto, ottenuto dall'intelligenza artificiale, era molto accurata. E questo litigio in particolare è ottimo da esaminare, dato che riesce a condensare praticamente tutto ciò che tendiamo a fare in un conflitto.

Un litigio "da manuale"

Abbiamo scelto di presentare questo litigio all'inizio del libro per una semplice ragione: è un classico. Illustra tutte le caratteristiche principali del tipico conflitto di coppia:

- *Si tratta di qualcosa di poco importante*. Un attimo prima conversiamo piacevolmente della nostra settimana; quello dopo siamo in piena guerra.
- *Passa molto rapidamente a un conflitto difficile (escalation)*. L'intelligenza artificiale ha registrato la trasformazione dell'interazione in conflitto aggravato in meno di un minuto.
- *Non c'è ascolto*. In questo dialogo, non vediamo assolutamente alcuno spazio per la comprensione È tutto un attaccare e difendere. Sembra più un duello con le spade che una conversazione.
- *Contiene tutti i Quattro cavalieri dell'Apocalisse*: i modelli di comunicazione negativa che, con il tempo, predicono la fine di una relazione:
  - Critica (Perché ci sono voluti tre anni perché facessi uno sforzo con i miei genitori?).
  - Disprezzo (Dovevi proprio infilarci un commento sprezzante, vero?).

– Difensiva (Stavo solo cercando di essere divertente!).
– Ostruzionismo (Al termine del litigio, il partner maschile si chiude, si disconnette completamente e smette di rispondere).

■ *C'è "l'inondazione"*. Questo è il dirottamento emotivo del sistema nervoso durante il conflitto che porta allo sconvolgimento e infine all'ostruzionismo che abbiamo visto sopra. L'intelligenza artificiale ha cronometrato una risposta fisiologica rapida e intensa nel partner maschile, in particolare al degenerare del conflitto: in media, negli uomini, ciò si manifesta con un aumento da circa 80 battiti al minuto (bpm) a circa 107 bpm (e può andare anche oltre), un significativo indicatore di inondazione.

■ *Le interazioni negative superano rapidamente quelle positive*. Affinché le coppie possano avere successo a lungo termine, è necessario che mantengano una determinata proporzione tra interazioni positive e negative all'interno del conflitto. Quella proporzione è di 5:1, cinque interazioni positive per ogni interazione negativa. In questo litigio, l'interazione diventa al 100% negativa quasi subito.

■ *Ci sono pochissimi, se non nulli, tentativi di riparare*. Una delle modalità principali con cui i maestri dell'amore tengono il conflitto in carreggiata è attraverso *la riparazione*, non solo dopo ma anche durante un litigio. Così come per tanti di noi, quando le cose degenerano e le emozioni si accendono, questi due partner non sono disposti o non sono in grado di tentare una riparazione. È tutto un danneggiarsi.

■ *E infine... riguarda i suoceri!* Probabilmente tutti possiamo comprenderlo.

Per fornirvi un'immagine visiva di questa coppia: sono vicini ai trent'anni. Relativamente parlando, la loro è una relazione giovane, sono sposati da circa due anni. Lei ha lunghi capelli biondi, tipo Joni Mitchell, e un sottile anello d'oro rosa al naso. Lui ha i capelli scuri, lunghi fino alle spalle, tra i quali fa scorrere le mani, dapprima in maniera calma mentre si sdraia sul letto all'inizio della loro chiacchierata, poi sempre più velocemente via via che si agita. Quando lei si arrabbia, si sporge verso di lui. Il suo linguaggio del corpo è aggressivo. Lo guarda intensamente, focalizzando l'attenzione in maniera specifica sul suo viso mentre lancia critiche e riesce a malapena ad attendere la sua risposta prima di muovere l'accusa successiva: lei sta facendo *kitchen sinking*,[1] riversando risentimenti repressi che non ha trovato la maniera di esprimere in precedenza. Lui, sulla difensiva, passa al sarcasmo. Sembra che si senta intrappolato dalla conversazione e pare quasi di vedere gli ingranaggi della sua mente girare mentre pensa: "Non c'è modo di uscire da questa cosa".

Al termine di questo litigio, non hanno concluso nulla.

Entrambi diventano silenziosi, scuotendo la testa in segno di sconfitta.

Ma si trovano qui, sulla nostra applicazione, perché non sono davvero sconfitti. Sanno che c'è qualcosa che non va e stanno cercando di risolverlo. Non vogliono rinunciare all'altra persona o alla loro vita insieme. Vogliono che questa migliori. Ma sono afflitti dalla domanda con la quale molte coppie giungono da noi: *Perché siamo così?*

Potremmo fornirvi centinaia di ragioni per le quali litighiamo. Ma diamo un'occhiata a quelle significative.

"Gli opposti si attraggono" e altre ragioni per cui siamo condannati a litigare

È una frase famosa: *gli opposti si attraggono*. E risulta essere scientificamente accurata.

Nelle coppie c'è davvero una "chimica", come dimostrò uno zoologo svizzero in uno studio sul senso dell'olfatto, sull'attrazione e sulle differenze genetiche (Wedekind, Seebeck, Bettens et al., 1995). Claus Wedekind reclutò un centinaio di partecipanti eterosessuali, metà uomini, metà donne, selezionati specificatamente affinché avessero una diversità genetica. Agli uomini vennero date delle magliette pulite e furono mandati a casa; dopo averle indossate per due notti per dormire, riportarono le magliette al laboratorio. Quando le donne arrivarono in laboratorio, venne consegnata a ciascuna di loro una fila di magliette da annusare (voi parteciperete a questo studio?). Mentre passavano da una maglietta all'altra, annusandole, fu chiesto loro

1. Modo di dire utilizzato per descrivere una forma di conflitto nella quale uno dei due partner riesuma ed elenca, durante il litigio, ogni errore compiuto dall'altra persona nel passato e ogni sua lamentela al riguardo. Come i piatti che si accumulano nel lavandino. [NdT]

di descrivere ciascuna di esse in termini di "intensità, piacevolezza e sensualità" e di riferire quale odore tra le magliette avessero trovato nel complesso più attrattivo.

I risultati furono interessanti. Prevalentemente, le donne preferivano l'odore delle magliette indossate dagli uomini con la specifica sequenza genica che era *maggiormente diversa dalla loro*. Il particolare gene che Wedekind studiò è chiamato gene MHC, o Major Histocompatibility Locus.[2] Perché è importante? È una parte fondamentale del sistema immunitario. Quando i genitori hanno geni MHC molto diversi, la loro prole possiede un vantaggio nel contrastare virus e malattie. Ciò fornisce loro una protezione aggiuntiva. In altre parole, accoppiarsi con qualcuno geneticamente *diverso* è un meccanismo biologico di sopravvivenza umana profondamente consolidato.

Perciò, ci possiamo trovare spesso in conflitto con i nostri partner perché abbiamo scelto qualcuno di molto diverso da noi: siamo programmati per farlo! Infatti, **le differenze di personalità** sono la ragione della maggior parte dei conflitti di coppia. Come abbiamo detto nell'Introduzione, la maggior parte dei nostri conflitti (il 69%) è *perpetua*, non risolvibile; li dovremo gestire per tutta la durata della relazione (Gottman, 1994). I problemi perpetui tra i partner scaturiscono tipicamente da differenze di personalità e preferenze nello stile di vita. Più le coppie sono in grado di accettare le reciproche differenze, meglio è, ma spesso commettiamo l'errore di cercare di trasformare il partner in noi stessi e poi lo critichiamo quando ciò non funziona. Quelle differenze che una volta erano così attrattive e magnetiche diventano duraturi punti di attrito.

"Sono stata attratta da lui per la sua spontaneità" si trasforma in "Perché non riesci a fare un piano e a rispettarlo?".

"Mi sono innamorato della sua personalità estroversa e del suo grande senso dell'umorismo" si trasforma in "Devi davvero parlare con ogni singola persona alla festa? E stavi flirtando con quel ragazzo?".

Anche se non siete la classica coppia "gli opposti si attraggono", non siete immuni da questa categoria di conflitti. Vediamo tanti esempi di quelli che chiameremo "opposti scoperti": voi e il vostro partner sembrate così simili che ci vuole molto più tempo per scontrarsi sulle

2. Si tratta del complesso maggiore di istocompatibilità, un insieme di geni polimorfici formato da 30 unità localizzate sul braccio corto del cromosoma 6.

differenze. Ma sono lì. Prendete una coppia con cui abbiamo lavorato: erano entrambi artisti, lui un pittore e lei una cantante, e hanno legato sul tema del fare arte e del processo creativo. Ma lei era un'estroversa che traeva un sacco di energia e la scintilla creativa dall'interazione con le altre persone; lui era un introverso che aveva bisogno di molta solitudine e tempo libero. Si sono legati l'uno all'altra per via di interessi, background e stili di vita comuni, però avevano personalità e necessità opposte: uno scenario estremamente comune.

Un altro fattore predittivo di conflitto che osserviamo è rappresentato dai **grandi cambiamenti di vita**, per esempio il diventare genitori. L'arrivo di un bambino dovrebbe essere un evento gioioso, ma la nostra ricerca sui neosposi ha rilevato che, a tre anni dalla nascita di un bambino, un impressionante 67% delle coppie aveva sperimentato un crollo della felicità globale e un picco di ostilità reciproca (Shapiro, Gottman, Carrère, 2000). In altre parole: molti più litigi. Un bambino è un qualcosa di importante, ma qualunque tipologia di cambiamento di vita può accendere un conflitto con il partner, specialmente se questo cambiamento è qualcosa che riguarda i vostri bisogni, sogni, credenze, valori. Cose come: portare un genitore anziano a vivere con voi; accettare un nuovo, impegnativo lavoro; trasferirsi; un grande cambiamento nella situazione finanziaria. Di tutte queste cose è fatta chiaramente la vita, il che rende ancora più essenziale imparare a gestire i conflitti nel modo giusto.

E non litighiamo nel vuoto. **Lo stress della vita** è un fattore significativo per determinare la frequenza e lo svilupparsi dei conflitti. Che ci rechiamo in un ufficio, che facciamo riunioni su Zoom da una scrivania in camera da letto o che passiamo tutto il giorno a prenderci cura dei bambini, portiamo lo stress e le preoccupazioni della giornata all'interno delle interazioni con il nostro partner. Nel 2001, il nostro collega Robert Levenson condusse uno studio che chiamò "The remains of the workday" ["I resti della giornata lavorativa"], che analizzava come "il residuo" della giornata si infiltri nelle interazioni tra coniugi (Roberts, Levenson, 2001). Lo studio si è concentrato su coppie di poliziotti: gli agenti e i loro coniugi. Il lavoro in polizia, in quanto lavoro ad alto stress, offriva una finestra particolarmente illuminante sul modo nel quale lo stress lavorativo e lo sfinimento possono influenzare sia gli aspetti *fisiologici* sia quelli *soggettivi* delle interazioni matrimoniali. In altre parole, si è studiato come il corpo rispondesse in modo misurabile al conflitto e come i partecipanti valutassero le proprie esperienze durante e a seguito di quel conflitto. Levenson ha fatto tenere per un mese alle coppie che partecipavano allo studio dei "diari giornalieri dello stress"; nel frattempo, una volta alla settimana, venivano in laboratorio e interagivano normalmente, per esempio, conversando delle rispettive giornate, mentre Levenson e i ricercatori osservavano.

Ecco ciò che hanno scoperto: nei giorni di maggiore stress, le interazioni tra i partner erano più pesantemente venate di discordia. Entrambi i coniugi erano fisiologicamente più attivati (o "inondati", con un innalzamento della frequenza cardiaca, della pressione sanguigna, dei livelli di ormoni dello stress e con più segni di sovraccarico del sistema nervoso) e nella loro autovalutazione riferivano più emozioni negative e meno positive. Gli uomini, in particolare, erano colpiti da un esaurimento fisico e sperimentavano un picco ancora più significativo di inondazione quando erano più distrutti. Tutto questo indica piuttosto chiaramente che le nostre esperienze quotidiane là fuori nel mondo (o all'interno delle nostre camere da letto e dei nostri uffici mentre lavoriamo da remoto) si ripercuotono senza dubbio sulle nostre relazioni. Quando siamo stressati al lavoro (o a fare i genitori, se è questo il lavoro che fate), è più probabile che accadano conflitti con i nostri partner *e* all'interno di quel conflitto abbiamo più probabilità di subire "inondazioni", essere sopraffatti dal punto di vista fisiologico e di faticare a gestire le emozioni.

Per tutte queste ragioni, e per altre ancora, siamo configurati per avere un conflitto. Ma uno dei motivi principali per cui i conflitti degenerano, a prescindere dalla causa o dall'argomento, è un unico fattore comune: facciamo fatica ad affrontare le emozioni negative. Soprattutto quelle del nostro partner. Ci sentiamo attaccati, ci poniamo sulla difensiva; reprimiamo le emozioni negative fino a quando non generano un'esplosione. Il conflitto è una parte della vita, è vero, e una enorme parte del litigare bene consisterà nell'imparare a gestire e trattare le emozioni negative, sia quelle del nostro partner sia le nostre.

Non abbiate paura della rabbia e del conflitto

Quando John iniziò per la prima volta a condurre i suoi studi del Love Lab con le coppie appena sposate, a metà degli anni Ottanta, non era sicuro di ciò che i dati avrebbero mostrato. Credeva che avrebbe effettivamente trovato schemi nei comportamenti e nelle interazioni tra le coppie che avrebbero fatto luce sul come e sul perché alcune coppie stanno insieme e rimangono felici e sul perché altre non ci riescono. E aveva ragione. Li trovò. Ma un aspetto affascinante degli studi scientifici è che piuttosto di frequente si inizia un esperimento con delle ipotesi su ciò che si scoprirà, e la metà delle volte o più ci si sbaglia completamente. Nel Love Lab, John scoprì che si sbagliava circa il 60% delle volte! Ma la cosa straordinaria della scienza è questa: si possono ottenere informazioni altrettanto utili dall'avere torto quanto dall'avere ragione.

Ecco un paio di cose che John pensava avrebbe potuto scoprire e che finirono invece per non essere supportate dai dati:

1. Che la rabbia è un'emozione pericolosa.
2. Che molti litigi all'inizio di una relazione sono un brutto segno.

Affrontiamo prima il secondo punto. Un conflitto precoce in una relazione potrebbe sembrare un predittore di risultati negativi per quella coppia: ma non è così. In effetti, era esattamente il contrario.

Quando abbiamo seguito le coppie nel corso degli anni, abbiamo scoperto che molte di quelle che mostravano una conflittualità più elevata nei primi anni di matrimonio con il passare del tempo hanno avuto relazioni più forti e più felici rispetto a molte delle loro controparti a bassa conflittualità.

Perché?

È emerso che in queste coppie (tutte eterosessuali, in questo studio) le donne si sentivano abbastanza sicure da potersi aprire con i propri mariti riguardo ai problemi, al contrario delle donne delle altre relazioni, che avevano paura di farlo. Questo succedeva solo in una direzione: da moglie a marito. Quando il conflitto era guidato dalla partner femminile che sollevava i problemi, la relazione finiva per essere più forte e di maggior successo. I ricercatori l'hanno chiamato "l'effetto negativo della moglie". Sembra qualcosa di brutto, ma significa cose buone più avanti per la relazione (Krokoff, 1987). I neosposi senza conflitti potevano apparire inizialmente migliori, ma quando abbiamo intervistato queste coppie in seguito, è emerso che molte delle donne stavano reprimendo i bisogni invece di esprimerli, portando a una sorta di facciata di bassa conflittualità che mascherava problematiche più profonde; le donne che avevano paura di uno scoppio d'ira o che temevano l'abbandono semplicemente non sollevavano alcuna questione. Le relazioni a bassa conflittualità erano in effetti più fragili; ciò che inizialmente era apparso come un indicatore positivo, era in realtà negativo.

Il che ci porta a un aspetto del nostro sistema di codifica che ci conduce a una interessante rivelazione circa la *rabbia*.

Il sistema di codifica SPAFF richiede che tutto quello che i nostri ricercatori (o adesso la nostra intelligenza artificiale!) osservano venga codificato come *positivo* o *negativo*. È in questo modo che abbiamo scoperto la proporzione di 5:1 tra interazioni positive e negative nei conflitti. Ma via via che analizzavamo i dati che stavamo ottenendo dai nostri studi, iniziammo a raccogliere informazioni sempre più dettagliate sulla natura della negatività. Diventò chiaro: *non tutte le cose che erano state codificate come negative sul momento erano negative anche a lungo termine*. Per esempio: la rabbia. La rabbia non era negativa! Seduti lì a osservare le coppie in laboratorio, avevamo visto la rabbia e pensato: "Questo è dannoso". Si scoprì invece che erano i Quattro cavalieri a essere dannosi. Quando le coppie esprimevano la propria rabbia con il disprezzo, con le critiche, con la difensiva, con l'ostruzionismo, *questo* era tossico. Era veleno per la relazione. Ma la rabbia in sé e per sé non era una cosa negativa o un indicatore di esiti futuri negativi (Gottman, Krokoff, 1989).

Dal punto di vista delle neuroscienze attuali, in effetti, *la rabbia* potrebbe essere più in linea con le emozioni positive come la gioia e l'eccitazione, perché è ciò che il neuroscienziato Richard Davidson chiama "emozione di approccio". Davidson era interessato a studiare i processi cerebrali e le emozioni tra l'emisfero destro e il sinistro, così prese un gruppo di partecipanti, collegò ciascuna persona a uno di quei buffi cappucci con gli elettrodi che si appoggiano proprio sullo scalpo permettendo di ottenere un'immagine dell'attività elettrica nel cervello (un elettroencefalogramma), e chiese loro di pensare a una tipica giornata che avevano vissuto di recente. Mappò l'attività cerebrale, cercando di comprendere quale lato del cervello si "accendesse", e successivamente fece fare un resoconto ai partecipanti circa ciò che avevano sperimentato a livello emotivo mentre immaginavano la loro giornata: emisfero destro o emisfero sinistro? Consideriamo "l'emisfero destro" come riguardante i processi creativi e artistici e "l'emisfero sinistro" come la nostra parte lineare, logica. Ma questo non è ciò che Davidson scoprì. Notò che quando le persone sperimentavano emozioni che le portavano a ritirarsi dal mondo (tristezza, paura, disgusto), presentavano un'asimmetria frontale destra (più attività in quell'area), mentre quando sperimentavano o elaboravano emozioni come l'interesse, la curiosità, la gioia e la rabbia, presentavano un'asimmetria frontale sinistra (Davidson, Ekman, Saron et al., 1990). Una maggiore attività a sinistra significava che volevano affrontare tutto quello che stavano provando anziché ritirarsi. Erano entusiasti, curiosi o arrabbiati, e questa è la ragione per la quale oggi consideriamo la rabbia una emozione *di approccio*. Ciò non è esattamente in linea con la contrapposizione tra "positivo" e "negativo" e per noi questo è affascinante quando si tratta della scienza dell'amore. Significa che la rabbia, seppur spiacevole da sperimentare, vi spinge ad approcciare il partner: a connettersi e a entrare in relazione, a esprimere qualcosa che necessita di essere espresso.

In molte culture, e soprattutto in quella americana odierna, tendiamo a credere di avere un certo grado di scelta su come ci sentiamo. Perciò quando sperimentiamo emozioni spiacevoli (rabbia, tristezza), possiamo diventare estremamente impazienti verso questi sentimenti, verso noi stessi perché li stiamo vivendo e verso i nostri partner perché li stanno esprimendo. Pensiamo: perché mai dovremmo scegliere di essere arrabbiati, o disgustati, o tristi? Ci vergogniamo di essere arrabbiati. Consideriamo la rabbia come negativa. Consideriamo il conflitto negativo. Invece, vogliamo suggerire che nessuna di queste cose sia vera. La rabbia è in realtà utile e dovrebbe essere rispettata. La rabbia è un'emozione naturale e deriva da un obiettivo frustrato. Contiene un'informazione molto buona e produttiva, ma è essenziale che venga espressa senza disprezzo o critica.

La nostra codifica SPAFF era chiara: la rabbia *non* è predittiva di negatività o di esiti relazionali cattivi. A condizione che non si coinvolgano nella relazione i Quattro cavalieri, la rabbia può essere una cosa positiva! Mettendo in risalto le lamentele, può portare voi e il vostro partner ad avere conversazioni necessarie. Nelle nostre rispettive pratiche con le coppie, abbiamo notato che la rabbia è sempre stata la cosa di cui più si vergognavano le persone, da cui temevano di venire sommerse. Ma non c'è nulla di cui vergognarsi nel provare rabbia.

La rabbia, in particolare la rabbia femminile, che è stata storicamente maggiormente repressa, non va evitata e può essere una strada verso una maggiore conoscenza. Sfortunatamente, le persone sono terrorizzate dalla rabbia. Ma più ne siamo terrorizzati, più diventiamo polarizzati. In linea di massima, nella nostra cultura agli uomini è consentita la rabbia, ma non le emozioni vulnerabili.

Alle donne sono concesse invece le emozioni più passive (tristezza, paura, preoccupazione), ma non quelle più attive, come la rabbia. Fortunatamente per John, lui ha sposato Julie, che è a suo agio nell'esprimere la rabbia! Non ha avuto scelta se non quella di accettarla come parte del processo. Scherziamo sulla natura passionale di Julie, ma a parte le battute è stato meraviglioso vivere un matrimonio in cui tutte le emozioni vengono allo scoperto. Non si deve nascondere nulla. Naturalmente, sono importanti il modo in cui si *dà voce* alla rabbia e il modo in cui la *si ascolta*.

Il conflitto è "la via regia" verso la comprensione

Perciò, all'inizio di questo libro, ecco un paio di traguardi per tutti noi. Uno è quello di riconoscere la rabbia come un'emozione di approccio e di non considerarla come un male. La rabbia non è un male, così come non è un male litigare.

Ma ecco il secondo: non vogliamo accostarci al nostro partner con una rabbia che si manifesta come disprezzo, critica, difensiva.

Cercheremo di capovolgerla.

Vogliamo avvicinarci l'uno all'altra con *curiosità*.

Il conflitto ha un obiettivo: la comprensione reciproca. Senza conflitti, senza litigi, non saremmo in grado di comprenderci appieno e di amarci appieno. Spesso chiamiamo il conflitto la "via regia" verso la comprensione. Nell'antichità, la Via Reale era una strada costruita nel V secolo a.C. dal re persiano Dario il Grande per facilitare comunicazioni più rapide attraverso il suo enorme regno. Questo è esattamente ciò che possono fare i nostri litigi. Il conflitto affina la nostra abilità di amare, è come l'affilacoltelli per la lama dell'amore. Le emozioni sono informazioni: *ascoltate le vostre emozioni*. Sono lì per guidarvi. Tutte le nostre emozioni ci forniscono un insight utile, compresa la rabbia.

Perciò, il nostro primo obiettivo, mentre intraprendiamo questo viaggio per "litigare meglio", è capire che la rabbia va bene. Il conflitto va bene. Non c'è alcun motivo di vergognarsi di nessuno dei due, sono fili normali, naturali, necessari nella tessitura di una relazione. Ed entrambi possono essere forze positive.

Abbiamo iniziato questo capitolo con una fondamentale (e tuttavia enorme) domanda: *Perché litighiamo?* La risposta è semplice. **Litighiamo perché in una relazione ci sono due cervelli, non uno**. Durante il corso delle nostre relazioni di coppia, a prescindere da quanto durino (per molti, la gran parte della vita adulta), ci muoveremo nella tensione tra l'individuale e il collettivo, tra l'*io* e il *noi*. Questo è vero in particolare con i nostri compagni di vita, ma si applica a tutte le nostre relazioni strette e collaborative.

Come esseri umani, tutti vogliamo avere libero arbitrio e autonomia. È un bisogno profondo e duraturo. Abbiamo sempre dovuto prendere le nostre decisioni personali per poter sopravvivere: è stato così per tutto il corso dell'evoluzione umana. Come specie, abbiamo dovuto affrontare tanti ostacoli alla nostra sopravvivenza: guerre, malattie, carestie. Ogni individuo ha questi istinti contrastanti: da un lato, ognuno di noi pensa di saperne di più, dall'altro, abbiamo la sensazione che gli altri potrebbero saperne più di noi. Così creiamo sistemi che sono gerarchici, con l'idea che tutti abbiano uno specifico dono o abilità con cui contribuire, e che tutti abbiano aree problematiche e deficit. Se si è in una tribù che cerca di sopravvivere nella foresta, c'è bisogno di qualcuno che sia forte, di qualcun altro che capisca la caccia cooperativa e di qualcun altro ancora che stia all'erta. La questione diventa quindi: Come si organizzano tutte le problematiche, i punti di forza e le differenze individuali in livelli di competenza e conoscenza allo scopo di creare una unità affiatata con la migliore possibilità di sopravvivenza? E come si fa nel caso di gruppi sempre più grandi?

Per certi aspetti, una volta la sopravvivenza era abbastanza semplice: dovevi mangiare, avevi una lancia, avevi degli strumenti da poter usare per cacciare e preparare il cibo. Nella storia recente dell'umanità, il progresso si è svolto a una velocità mozzafiato e oggi ci sono migliaia di scelte che le persone devono compiere ogni singolo giorno su ogni singolo aspetto della vita: A che ora dovrei alzarmi? Chi fa la doccia per primo? Chi usa il lavandino per primo? Chi fa alzare i bambini? Chi li veste? Chi pulisce i resti della colazione? Chi resta a casa quando il bambino è malato? Chi si occupa di questa o quella bolletta, di questo o di quel compito? Ci conformiamo ai ruoli di genere tradizionali o li respingiamo? Alla carriera di chi di noi due dovremmo dare priorità? E così via. Contate quante decisioni prendete in un giorno e moltiplicatele per una dozzina (ogni scelta ha almeno altrettante sotto-opzioni tra cui scegliere, come un menu a tendina che continua a espandersi spaventosamente): come si può non avere conflitti?

Una relazione è una negoziazione costante tra *individuale* e *collettivo*. Ogni persona ha le proprie personali consapevolezza e coscienza, le proprie preferenze, i propri interessi, le proprie emozioni, il proprio intelletto e persino la propria spiritualità, tutte cose che fondamentalmente la rendono la persona che è. E tutte queste parti dell'individuale reclamano espressione. Gli esseri umani hanno questo bisogno individuale di esprimere e di incarnare ciò che sono. Ma la collettività, che sia una tribù, una città, un paese o una coppia, esige qualcosa di molto diverso. Esige cooperazione. Collaborazione. Coesione. Compromesso. E gentilezza, compassione e sensibilità verso le preferenze e i bisogni individuali di ciascuno. E sarà sempre presente questa tensione tra il tentativo di essere fedeli a se stessi nella propria anima, nel proprio nucleo, e l'essere fedeli alla collettività. Questo diventa il lavoro a lungo termine dell'amore, del fatto di essere partner nel lungo periodo.

Perciò, per affrontare questa tensione, dobbiamo iniziare da un aspetto fondativo che fa inciampare molte coppie: chi siete, qual è la vostra "cultura del conflitto" che ha enormi implicazioni sul modo in cui voi e il vostro partner vi relazionate e interpretate i comportamenti dell'altro durante un litigio. Per "cultura del conflitto" intendiamo le "regole" del litigio secondo le quali ciascuno di voi agisce e che sono di frequente invisibili o non riconosciute, eppure profondamente radicate. E per ogni persona che fa parte di una coppia, queste tacite regole possono essere molto, molto diverse.

Perché litighiamo in un certo modo

Perché litigate in un certo modo? Da dove provengono le vostre credenze sul conflitto? Qual è il vostro "stile di litigio" e come si concilia (o no) con quello del vostro partner? Molte coppie che giungono da noi per avere un aiuto nelle loro relazioni arrivano senza che siano mai state fatte loro queste domande, o loro stessi non se le sono mai poste. Non hanno analizzato da vicino le credenze circa il conflitto ereditate dai genitori, o dalla cultura in cui sono stati cresciuti. Non hanno valutato l'impatto delle relazioni passate e di come queste abbiano plasmato il loro modo di accostarsi e di reagire al conflitto.

Prendiamo Tyler e Noah: urbanisti sulla trentina, condividono i medesimi interessi per l'arte, il cinema e il cibo. Al di fuori del lavoro, trascorrono molto tempo insieme visitando musei e gallerie d'arte e provando nuovi ristoranti; recentemente hanno vissuto un'esperienza fantastica partecipando a un corso di cucina per coppie. Quando sono in giro a fare qualcosa insieme, tutto sembra scorrere senza intoppi. Ma ogniqualvolta tentano di avere una semplice conversazione su un qualsiasi problema nel frattempo sopraggiunto, Tyler rapidamente finisce per alzare la voce; ciò accade quando si sente frustrato o persino quando vuole soltanto enfatizzare una propria opinione. Per tutta risposta, Noah si chiude in se stesso, smette di parlare o addirittura va via: sopraffatto dall'interazione, esce semplicemente dalla stanza nel bel mezzo della conversazione, lasciando Tyler attonito e profondamente ferito. Chiaramente, Tyler pensa che a Noah non importi davvero dei suoi bisogni o dei suoi sentimenti. La sua freddezza e il suo egoismo sono come uno schiaffo in pieno viso.

Nel frattempo, Noah si sente fatalista: è impossibile comunicare con Tyler; non c'è modo di rispondergli che non porti a ulteriori urla. Ogni litigio sembra una stanza senza porte: non c'è via d'uscita.

Nel caso di questa coppia, non è presente un singolo specifico problema che stia causando conflittualità. I loro litigi recenti hanno spaziato dal dove andare fuori a cena al fatto se abbiano (o avranno mai) la capacità finanziaria per avere un figlio tramite maternità surrogata. Non si tratta dell'argomento in sé: ciò che sta causando uno strappo crescente tra Tyler e Noah, che si amano e vogliono stare insieme, è il fatto di avere convinzioni profondamente divergenti sul conflitto, convinzioni che danno per scontate e di cui sono a malapena consapevoli. Hanno *stili di conflitto* diversi.

I tre principali stili conflittuali: voi quale tipo siete?

Esistono tre possibili "stili di conflitto" all'interno di un sano (enfasi su *sano*) rapporto di coppia (Gottman, 1993): **evitante**, **validante** ed **esplosivo**. Ciascuno di questi esiste all'interno di uno spettro e non come un assoluto: non siamo al 100% nessuno di questi tre ma potremmo posizionarci da qualche parte tra due, tendendo in una direzione o in un'altra. Mentre leggete i tratti e le tendenze di ciascuno di essi, sarete probabilmente in grado di collocarvi lungo questo spettro e il fatto di comprendere in quale stile vi identificate maggiormente vi aiuterà a definire come e perché tendete a comportarvi in un certo modo nel conflitto.

Per fornirvi una panoramica veloce di ciascuno stile: le coppie evitanti tendono a non avere discussioni conflittuali, preferendo "rassegnarsi a non essere d'accordo" e mantenendo la pace anziché andare a impantanarsi in una conversazione potenzialmente sconvolgente. Le coppie validanti litigano, ma litigano educatamente, trattano i problemi in modo collaborativo e vogliono trovare un compromesso (ma se ci riescano effettivamente è un'altra storia, qualcosa di cui parleremo più avanti). Infine, le coppie esplosive arrivano a esplodere in un conflitto più di frequente, si scaldano di più, e sono generalmente più intense e drammatiche.

Potreste riconoscere immediatamente voi stessi e il vostro partner semplicemente da una di queste frasi, ma esaminiamo più da vicino le tendenze e i comportamenti propri di ciascuno.

La coppia evitante

Gli evitanti rifuggono dal conflitto attivo. Semplicemente non ne vedono il senso. Tendono a focalizzarsi su ciò che sta funzionando bene nella loro relazione e scelgono di non sollevare questioni che potrebbero minacciare quella stabilità e quell'equilibrio. Nei nostri studi in laboratorio, lo schema che abbiamo visto nelle coppie evitanti consisteva nel fatto che era difficile anche solo portarle a iniziare una discussione sul conflitto; si spostavano rapidamente a enfatizzare le loro aree di accordo e a parlare di tutti gli aspetti positivi della loro relazione. Le coppie evitanti tendono ad affermare: "Stiamo bene insieme, andiamo d'accordo per la maggior parte del tempo, perciò cosa importa se facciamo alcune cose in maniera diversa? Perché creare problemi?".

Tuttavia, all'interno delle coppie evitanti si osservano due tipi distinti. Il primo tipo raramente affronta in qualche modo i punti di disaccordo. Pensano: "Okay, non siamo affatto d'accordo su questa cosa perciò non perdiamo tempo a parlarne" e lasciano immediatamente cadere l'argomento. Queste coppie hanno la difficoltà maggiore con il "compito sul conflitto" all'interno del Love Lab. Le istruzioni per questo compito sono abbastanza semplici: portiamo una coppia in laboratorio, colleghiamo i partner ai nostri monitor così da poter tracciare la loro fisiologia (battito cardiaco ecc.), accendiamo l'apparecchiatura di registrazione in modo da poter codificare ogni cosa in seguito, e poi diamo loro le istruzioni: "Scegliete un conflitto recente o ricorrente nella vostra relazione e discutetene. Avete quindici minuti".

Le coppie esplosive non hanno problemi a farlo. Neanche i validanti, di solito. Ma la coppia evitante fa davvero fatica a farsi venire in mente qualunque cosa. Dobbiamo spingerli a trovare "un'area di stress" in modo da poterli aiutare a trovare un argomento. A quel punto, anche se riescono a selezionare un argomento, non sono in grado di riempire i quindici minuti! Dobbiamo intrometterci, esortarli e spronarli a essere più specifici. E con il nostro incitamento, si sentono subito a disagio e successivamente sommersi (fisiologicamente sopraffatti). Non sono abituati a litigare; la cosa sembra loro molto artificiosa.

Questo tipo di coppia ha spesso un po' più di separazione all'interno delle proprie esistenze: alcune stanze o aree in casa diventano il "territorio" dell'uno o dell'altro partner; possono tendere ad assumere ruoli più definiti a livello domestico, che spesso (ma non sempre) si riducono a tradizionali stereotipi di genere: lui prende le decisioni e lei le accetta; lui si occupa delle finanze e lei si occupa dei bambini. I genitori di Julie erano un classico esempio di questo tipo di coppia. Lui era un medico, cardiologo, era fuori tutto il giorno a salvare vite umane. La madre di Julie lavorava part-time, ma principalmente stava a casa con i tre figli. Ogni coniuge aveva i propri ambiti. Quando lui rientrava a casa, leggeva il giornale, e lei cucinava la cena. A tavola la famiglia parlava animatamente di politica e guardava il telegiornale; la discussione ruotava attorno a eventi mondiali come la guerra del Vietnam. Julie non li ha visti litigare nemmeno una volta. Si amavano, ma non interagivano molto e le tensioni rimanevano inespresse e irrisolte, presenti nell'aria come fumo.

In questa coppia evitante si può rischiare la solitudine e l'isolamento reciproco, ma al tempo stesso avere una vita molto stabile. Tendono a non correre rischi, appagati da ciò che hanno.

Il secondo tipo di coppia evitante si presenta in modo un po' diverso. Sono molto interessati l'uno all'altra. Passano del tempo insieme. Parlano *davvero* di sentimenti. Ma poi... lasciano semplicemente le cose così come stanno. Uno dei due la pensa in un certo modo rispetto a una situazione, l'altro la pensa in modo del tutto diverso; entrambi esprimono come si sentono e poi: be', questo è quanto! Vanno avanti.

Questo tipo di coppia evitante in realtà tende a essere la più felice, tra tutti i tipi di coppie che vediamo in laboratorio. Non sono così stereotipate, in termini di ruoli di genere, come l'altro tipo; c'è più mescolanza in termini di ruoli domestici. Tuttavia non sanno ancora davvero come accettare l'influenza reciproca. Se sperimentano differenze significative, semplicemente ci convivono.

Per quanto riguarda gli evitanti in linea di massima, se non c'è nulla che agita la loro barca, potrebbero navigare in acque calme sentendosi benissimo senza alcun effettivo problema.

La coppia validante

I validatori possono assomigliare al secondo tipo di evitanti di cui sopra; la differenza è che loro *effettivamente* sono in disaccordo e non hanno paura di affrontarlo. Discuteranno. Accetteranno l'influenza reciproca. Lavoreranno sul compromesso. Cercheranno di persuadersi a vicenda del proprio punto di vista (cosa che agli evitanti non interessa affatto). Faranno *problem solving* e lavoreranno per elaborare un nuovo modo per andare avanti. Tendono a essere più calmi nel conflitto, ma non si accontentano di "rassegnarsi a non essere d'accordo". Vogliono giungere da qualche parte.

Abbiamo alcuni amici intimi che sono dei validatori classici ed è affascinante osservarli litigare: esprimeranno *una qualche* emozione, ma sono molto razionali. Entrambi, nel bel mezzo del litigio, faranno un brainstorming per trovare un qualche tipo di compromesso logico o di soluzione che consideri entrambi i punti di vista. A volte arrivano a una soluzione; altre volte fanno a turno (per esempio, *l'ultima volta hai vinto tu, io lascerò perdere questa volta*). Non alzano la voce. La situazione può diventare tesa, ma la ridimensionano riportandola rapidamente a un approccio più collaborativo. Nel complesso, sembrano compagni di squadra, non rivali.

Sembra una buona idea, ma persino i validatori si scontrano con dei problemi durante il conflitto e devono affrontare l'*escalation*: il momento in cui il litigio inizia a farsi acceso. I validatori tendono a gestire l'escalation facendo delle pause. Non vogliono essere esplosivi. Istintivamente, passano ad avere un atteggiamento più positivo o di *validazione* per calmare l'interazione. Riformuleranno ciò che ha detto il partner: "Quindi stai dicendo che vuoi che pianifichi in anticipo con i miei genitori invece di organizzarmi all'ultimo minuto...". Un tratto distintivo classico dei validatori è il fatto che siano disposti ad abbandonare la propria posizione pur di evitare di incorrere in emozioni forti, esplosive. Preferirebbero rinunciare a qualcosa piuttosto che rischiare un litigio acceso. Spesso, ciò è dovuto al fatto che sono cresciuti con un genitore o un tutore esplosivo e ora vogliono evitare quella dinamica a ogni costo. Perciò, alcune delle domande che spesso rivolgiamo alle coppie validanti includono: State rinunciando a troppe cose per mantenere la pace? C'è spazio per l'emozione e l'esplorazione nei vostri litigi?

La coppia esplosiva

Una coppia esplosiva non ha alcun problema a esprimere le emozioni, è una cosa che viene naturale. I loro litigi si trasformano immediatamente in un'accesa discussione, con emozioni forti e voci alte, ma allo stesso tempo spesso con molto umorismo e positività. Al contrario delle coppie evitanti, queste coppie tendono ad avere molte sovrapposizioni nei ruoli e nelle responsabilità in ambito domestico e all'interno delle relazioni, e di frequente discutono e si scontrano verbalmente su questi aspetti. Potrebbe addirittura sembrare che si divertano a discutere: per gli esplosivi questo è, in parte, il modo in cui si legano.

Nel primo studio longitudinale in assoluto che abbiamo condotto al Love Lab, abbiamo avuto una coppia particolarmente carismatica e *molto* esplosiva, che abbiamo soprannominato "il duca e la duchessa di Windsor". Sembrava che il duca e la duchessa traessero piacere dal litigare. Non hanno avuto alcun problema con il compito sul conflitto: hanno ottenuto un 10+ sullo scegliere un argomento e sul lanciarsi a capofitto in un conflitto acceso. Non hanno avuto alcun problema ad affrontare di petto argomenti conflittuali: durante un litigio in particolare, mentre discutevano se il loro fosse stato o meno un "buon" matrimonio nei trent'anni in cui erano stati insieme, il duca chiese alla moglie: "Avremmo avuto un matrimonio migliore senza i figli?".

"Come puoi dire questo?", gridò lei. "*Ma certo!* Quei ragazzini mi hanno trasformato in una bestia da soma!"

Lui scoppiò a ridere e allora anche lei. Successivamente hanno ripreso a litigare sugli alti e bassi del loro matrimonio, criticandosi e dibattendo con entusiasmo. A una persona che evita il conflitto, il solo guardarli interagire avrebbe fatto venire la tachicardia.

Il duca e la duchessa erano nel complesso una coppia felice: i loro litigi potevano essere esplosivi, ma come per molte coppie esplosive di successo il loro conflitto era definito dall'umorismo, che manteneva le cose abbastanza positive. Avevano capito come riparare e rimanere connessi e lo avevano fatto sul lungo periodo, riferendo alti livelli di soddisfazione durante i follow-up.

Le coppie esplosive possono avere successo, ma sono a rischio di quella che chiamiamo la corsa agli armamenti di Richardson. Lewis Fry Richardson fu il matematico che ipotizzò l'escalation che precedette la Prima guerra mondiale (Ashford, Charnock, Drazin et al., 2009): in sintesi, è il fenomeno per cui due nazioni aumentano i preparativi per la guerra in risposta alla percezione che l'altra parte stia aumentando i propri preparativi per la guerra, portando a un aumento esponenziale dell'aggressività. Una coppia esplosiva che perde l'umorismo e la positività e aumenta la negatività e l'aggressività può arrivare a questa dinamica di corsa al riarmo. Ed ecco urla, grida, inondazioni da parte di uno o di entrambi i partner; in un secondo momento, la coppia esplosiva potrebbe descrivere il litigio come "fuori controllo". Nel caso di due persone in una relazione, le "armi" sono metaforiche, ma il crescendo esponenziale in battaglia è reale e può causare danni consistenti.

Qual è il miglior stile conflittuale?

Osservando questi profili conflittuali, sarebbe naturale concludere che lo stile di conflitto validante sia il più sano e che le coppie che tendono a essere esplosive o evitanti abbiano minori probabilità di successo. E in effetti, nel campo della terapia di coppia, questo è stato a lungo ritenuto vero.

Lo è?

Negli anni Sessanta, Harold Raush, un biologo che insegnava all'Università del Massachusetts Amherst, lanciò il primo studio in assoluto sulla transizione alla genitorialità (Spanier, 1975). Reclutò novantasei coppie e le seguì, tramite metodi di ricerca osservazionale, nel corso della gravidanza e all'arrivo del primo figlio. Non si sentiva a suo agio a farli parlare dei propri conflitti, forse gli sembrava troppo intimo e questa tipologia di studio non era mai stata condotta prima d'allora. Li fece quindi parlare di un conflitto simulato. La tecnica che utilizzò fu la seguente: ogni coppia avrebbe ricevuto una breve vignetta scritta da una coppia in conflitto. Il marito (erano tutte coppie eterosessuali) ricevette una vignetta che prendeva le parti del marito fittizio; la moglie ne ricevette una che prendeva le parti della moglie fittizia. Ognuno lesse la propria e poi venne chiesto loro di discutere su chi fosse maggiormente in torto. Sostanzialmente, Raush li stava impostando al conflitto, orientando intenzionalmente ciascuno di loro verso la propria controparte fittizia. Lo chiamò "L'inventario dei conflitti coniugali".

Quando analizzò le conversazioni sul conflitto emerse da questo esercizio, Raush fece qualcosa che non era mai stato fatto prima: analizzò *sequenze* di conversazioni. Non osservò solamente la frequenza con la quale le persone facevano una cosa in particolare, ma quanto frequentemente apparisse uno schema di frequenze a due fasi. Questo accadeva prima che John iniziasse la sua ricerca e si trattava della più dettagliata analisi del comportamento di coppia che fosse mai stata realizzata fino a quel momento. Dai dati provenienti dalle sue novantasei coppie, grazie ai quali scrisse un libro, Raush concluse che l'unico modello relazionale veramente di successo era quello dei validatori, in cui i partner potevano rimanere insieme a lungo termine *ed* essere soddisfatti della propria unione. Gli evitanti erano in difficoltà perché non parlavano mai di nulla. Gli esplosivi erano in difficoltà perché erano troppo emotivi. Decise che i validatori erano i "Riccioli d'oro" delle relazioni: assolutamente perfetti.

Quando John iniziò la propria ricerca nello stesso ambito, ritenne che Raush potesse avere ragione. E John effettivamente identificò gli stessi tre profili di evitanti, validanti ed esplosivi: tutto filava. Ma quando iniziò ad analizzare i dati di Raush utilizzando il sistema di codifica SPAFF, un sistema maggiormente sofisticato rispetto al rivoluzionario processo di identificazione dello schema a due fasi di Raush, scoprì che non era affatto vero che i validatori fossero le uniche coppie riuscite. Secondo i dati di John, *ciascuno* dei tre stili aveva le stesse possibilità di essere maestro dell'amore a patto di avere *la proporzione di 5:1 tra interazioni positive e negative nel conflitto*. Sembrava che il successo o il fallimento in una relazione avesse più a che fare con la proporzione che con lo stile conflittuale, e questo era in diretta contrapposizione con i risultati di Raush.

La reazione di John? Chiamò Harold Raush. Raush, incuriosito, da scienziato di larghe vedute quale era, accettò di inviargli tutte le audiocassette dello studio originale. John analizzò nuovamente i dati grezzi di Raush con il nuovo sistema di codifica e scoprì che il risultato rimaneva valido anche per le coppie di Raush. Il sistema usato nello studio precedente semplicemente non era stato affinato abbastanza da cogliere una verità fondamentale sepolta nei dati: non aveva nulla a che vedere con lo "stile" a cui si apparteneva (Gottman, 1979).

Tutto dipendeva dalla proporzione.

Lezioni dal museo dei litigi: la proporzione è reale!

L'Exploratorium, il rinomato museo della scienza di San Francisco, si trova in cima a un molo che si affaccia sulla baia. Al suo interno lo spazio è enorme, simile a un magazzino, illuminato in modo creativo e suddiviso in una serie di mostre indipendenti, temporanee. Una mostra molto popolare fu una sorta di "museo dei litigi" basato su uno studio condotto dal collega ricercatore di John, Robert Levenson (Gottman, Levenson, 1992). La mostra era interattiva con schermi che mostravano al visitatore una mezza dozzina di registrazioni di tre minuti di coppie sposate, ognuna delle quali stava litigando o, più precisamente, stava *iniziando* a litigare. Il compito era quello di guardare ogni video e successivamente darne una valutazione: la coppia avrebbe divorziato o sarebbe rimasta insieme? E quanto era soddisfatta la coppia della sua unione nel complesso? Al limite, tirando a indovinare alla cieca, si aveva un 50% di probabilità di avere ragione: esattamente la metà delle coppie si era lasciata, e l'altra metà era rimasta insieme ed era soddisfatta del proprio matrimonio.

Cosa ne pensate? *Voi* sapreste rispondere?

La risposta è probabilmente no, a meno che non vi siate sposati molto di recente... o che abbiate divorziato di recente.

Quando Levenson condusse lo studio, avevamo già effettuato la codifica SPAFF e grazie a essa sapevamo di poter prevedere, con più del 90% di accuratezza, il futuro di queste relazioni. SPAFF era in grado di discernere facilmente chi avrebbe divorziato e chi no. Ma in che modo la codifica SPAFF era paragonabile ai terapeuti, ai ricercatori e alle coppie stesse? Questi erano in grado di intuire il futuro di una relazione altrettanto bene?

Neanche lontanamente! Levenson coinvolse dei terapeuti di coppia e chiese loro di fare delle previsioni in modo casuale: le loro ipotesi non erano affatto migliori del lancio di una moneta. Successivamente coinvolse dei ricercatori del settore e non ottenne nulla di meglio. In seguito, coinvolse delle coppie, e il risultato fu ancora lo stesso. Ma un gruppo era notevolmente migliore degli altri nel predire la soddisfazione: i neosposi e i neodivorziati. Una teoria: coloro che avevano divorziato di recente *erano maggiormente sintonizzati sulle interazioni negative*. Coglievano persino quelle più impercettibili, quelle che a tutti gli altri erano sfuggite. Siamo tornati alla proporzione. Le persone che si erano appena separate erano come un bastone da rabdomante per quella proporzione di 5:1, molto inclini alla negatività, e si focalizzavano proprio su questa (Ebling, Levenson, 2003). Abbiamo parlato brevemente di questa "proporzione magica" nell'ultimo capitolo e di come molti dei nostri litigi che prendono una brutta piega lo facciano di solito perché sono finiti dal lato sbagliato di questa semplice equazione. Vediamo più da vicino cosa ciò significhi esattamente.

La proporzione magica: il segreto del successo per (quasi) ogni stile conflittuale

I dati hanno dimostrato ripetutamente che non esiste uno stile di conflitto "giusto". Ognuna delle tipologie di coppia che abbiamo descritto qui può prosperare, a patto che abbia la giusta matematica del conflitto. Se avete quella proporzione di 5:1 tra interazioni positive e negative, probabilmente andrete alla grande, indipendentemente dal tipo di coppia che siete. Questo precisamente significa: per *ogni* interazione negativa che voi e il vostro partner avete durante un litigio (come un commento pungente, gli occhi al cielo, un urlo, un tono o un gesto sprezzante, uno sbeffeggiamento o una risata canzonatoria), avete bisogno di cinque interazioni positive per bilanciare questa negatività. E questo *all'interno del conflitto stesso*! Al di fuori del conflitto, la proporzione sale a 20:1: per ogni singola interazione o commento negativo, sono necessarie *venti* interazioni positive (apprezzamento, connessione, avvicinamento, complimenti ecc.) per bilanciare la negatività nel corso del tempo. Naturalmente, la positività è più difficile durante il conflitto. Ovvio, stiamo litigando! Ma i dati provenienti dal Love Lab sono chiari: dobbiamo riuscire a gestirla. Le coppie che non hanno raggiunto la proporzione 5:1 non sono durate nel lungo periodo (Gottman, Levenson, 1999).

Aggiungete positività ai vostri litigi!

Le interazioni positive includono:

- Delle scuse.
- Un sorriso.
- Un cenno.
- Empatizzare.
- Un tocco rassicurante.
- Dare valore a qualcosa che ha detto il partner.
- Enfatizzare ciò che voi e il vostro partner avete in comune.
- Assumersi la propria parte di responsabilità per un problema.
- Dire "Ben detto" o "Mi sembra giusto".
- Sottolineare ciò che entrambi fate bene.
- Ricordare i vostri successi passati all'interno del conflitto.
- Una battuta, una risata.

La semplice verità è che, all'interno del conflitto, la componente negativa pesa molto di più di quella positiva. C'è una ragione per cui la proporzione è 5:1 e non 1:1: queste interazioni non sono uguali tra loro e non si equilibrano così facilmente. La negatività è una bomba. E non c'è bisogno di sedersi in un laboratorio di ricerca e di codificare i litigi per sapere che se voi e il vostro partner vi trovate dal lato sbagliato di questa proporzione, se sembra che i vostri litigi si siano diretti in un territorio dove ci sono più aspetti negativi che positivi (una situazione comune a molte coppie), allora probabilmente avete ragione. La vostra matematica del conflitto è errata. Perciò, uno degli aspetti su cui lavoreremo in questo libro, mentre tratteremo delle strategie per litigare con successo, sarà quello di infondere un maggior numero di interazioni positive nei vostri conflitti. Questo sarà il filo conduttore in tutte le interazioni svolte in laboratorio che vi mostreremo, e le strategie di conflitto su cui lavoriamo sono quasi tutte progettate per aiutarvi a incrementare gli aspetti positivi e ad arrestare quelli negativi, persino nel bel mezzo di un litigio. È talmente importante, sia per la salute della vostra relazione in generale sia per il successo dei vostri litigi, raggiungere la proporzione magica; ed è possibile, quasi da qualunque punto di partenza, risolvere le cose e arrivarci.

Qui una nota: non vi stiamo suggerendo di far saltar fuori un taccuino e una matita nel bel mezzo di un litigio e di iniziare a contare il numero di interazioni negative e positive! Siete voi a essere *nella* conversazione conflittuale con il vostro partner, non un ricercatore con un migliaio di ore di video e un tasto "pausa". Qualsiasi tipo di conteggio palese vi porterà direttamente fuori dalla conversazione. Non conoscerete la matematica precisa per ogni conversazione conflittuale tra voi e il vostro partner, ma ciò che sappiamo sulle coppie è questo: siete in grado di percepire da che parte della proporzione vi trovate. Confrontatevi con voi stessi. Anche se siete turbati per il problema, vi sentite ascoltati? Ci sono stati dei momenti in cui vi siete sentiti sollevati, compresi? C'è stata una risata o un po' di leggerezza nella conversazione?

Quando le cose inizieranno a prendere una piega negativa, ve ne accorgerete. Il conflitto non è piacevole nemmeno quando sta andando bene. Può essere stressante e spiacevole essere in disaccordo con il partner, persino quando la proporzione è corretta. Ma quando la proporzione è sbagliata, la situazione inizia a farsi davvero pesante. C'è l'escalation e arrivano i Quattro cavalieri; si può iniziare a sentirsi in trappola e senza speranza; ci si può sentire furiosi o fuori controllo. Quando si percepisce questo picco di negatività, si può fare qualcosa al riguardo. Potete sforzarvi di rallentare le cose, di inserire nella conversazione un po' di empatia o di validazione, o una qualsiasi delle altre idee riportate nell'elenco a p. 46. Potete anche chiamare apertamente in causa la questione e dire: "Sento che si sta procedendo nella direzione sbagliata. Possiamo azzerare e ricominciare?" (torneremo più avanti su questo argomento).

Ora, nella pratica la proporzione magica verrà considerata e percepita in modo un po' diverso a seconda del vostro stile conflittuale. Se voi e il vostro partner tendete per la maggior parte **a evitare i conflitti**, inizialmente potrebbe sembrare che stiate facendo un ottimo lavoro. Sulla carta, la vostra proporzione sembra incredibile: siete a 10:1, forse persino a 15:1. Siete interamente positività, non c'è alcuna negatività! A prova di bomba, giusto? Be', no, la vostra proporzione sembra così grandiosa solamente perché non state sollevando lamentele o problemi. State aggirando i punti di conflitto, che potrebbero successivamente ripresentarsi. Le coppie evitanti possono stare benissimo *finché non c'è una crisi.*

I ricercatori e professori Rand Conger e Glen Elder hanno condotto un'approfondita indagine sociologica sulle dinamiche delle famiglie di agricoltori in America durante la crisi agricola degli anni Ottanta, quando il Midwest rurale subì un improvviso e forte declino economico. Migliaia di agricoltori persero le proprie fattorie e i propri affari, e le ricche città si svuotarono diventando gusci vuoti di ciò che erano state. Conger e Elder esaminarono gli effetti di queste pressioni e stress estremi sugli individui e sulle relazioni all'interno delle famiglie. Molte di queste coppie di agricoltori del Midwest, cresciute in una specifica cultura, erano rappresentative di uno stile di conflitto evitante. I due studiosi notarono una cosa: queste coppie, ora costrette ad affrontare forse per la prima volta nella propria vita conversazioni ad alta conflittualità, dovendo discutere per esempio su che cosa fare nel momento in cui la banca stava incassando un prestito in sospeso, andarono in due direzioni. Quelle che erano riuscite a mantenere la proporzione di 5:1 nelle discussioni diventarono in realtà più felici, anche durante la profonda crisi finanziaria. La famiglia si era unita, aveva ribadito tutti gli aspetti positivi presenti, aveva per la gran parte evitato il conflitto, e aveva affrontato bene la crisi. Al contrario, le coppie che non erano state in grado di mantenere la proporzione faticarono molto, diventando rapidamente distanti e disconnesse. I ricercatori osservarono come il marito ogni sera effettivamente spostasse il proprio posto a tavola sempre un po' più in là, allontanandosi ogni volta un po' di più dalla moglie. *Lui si allontanava fisicamente*, mentre i due si allontanavano anche emotivamente (Conger, Elder, Lorenz et al., 1994).

Questo rispecchia ciò che abbiamo notato clinicamente nell'era Covid-19: le coppie (di tutti gli stili conflittuali) che si sono trovate in pandemia con delle basi solide, con un fondamento di amicizia e di affetto, se la sono cavata bene, forse anche meglio del solito. Invece, le coppie con dei problemi di fondo hanno sofferto molto. C'è stata questa netta divergenza, dove le coppie all'interno di relazioni stabili hanno cooperato in maniera ancora più sinergica, mentre le coppie che stavano attraversando un periodo difficile improvvisamente se la sono cavata malissimo. Immaginate un minimo di pressione aggiuntiva su una crepa nelle fondamenta: quel punto di fragilità, che avrebbe potuto altrimenti reggere, causerà il crollo.

Il pericolo con le **coppie evitanti** è che ciò è meno evidente: non hanno litigi dirompenti (esplosivi) o tesi (validanti) come le altre coppie, perciò l'allontanamento emotivo può avvenire in modo silenzioso, senza che nessuno si accorga della crescente crisi. Improvvisamente, queste coppie evitanti si trovano in una situazione in cui non hanno la proporzione 5:1; sono distaccate e non sanno che cosa fare al riguardo. Sono quelle coppie che si vedono al ristorante e che non si parlano per tutto il pasto. Anche se volessero ritrovarsi, non sanno come fare.

Se voi e il vostro partner tendete allo stile evitante, sappiatelo: i nostri dati mostrano che potete andare alla grande. E probabilmente raggiungere quella proporzione magica sarà relativamente facile per voi, dal momento che è meno probabile che la negatività venga espressa: un po' di positività intenzionale può fare tanto. Ma imparare a sentirvi un po' più a vostro agio con il conflitto vi aiuterà molto. Vi permetterà di conoscervi meglio e di avvicinarvi, il che è davvero una cosa meravigliosa, e vi proteggerà dalla deriva e dalla disconnessione che possono minacciarvi. Diventare più esperti sul conflitto aiuterà la vostra relazione a essere più resiliente e a galleggiare sulle onde più agitate della vita che inevitabilmente arriveranno.

Invece, i **validatori** dovranno assicurarsi che i propri gesti di conferma, di amore e di calore continuino a superare la tensione e la negatività che certamente si presenteranno in un litigio. Ammettiamolo: il conflitto ha uno scopo e può portare a grandi cose, ma la strada per arrivarci non sarà tutta rose e fiori. I validatori, che possono essere abbastanza razionali e calmi durante il conflitto, possono ciononostante concentrarsi sulla logistica e perdere di vista la parte positiva. Non diventate così ossessionati dal raggiungimento del compromesso da dimenticarvi che *il modo in cui ci arrivate* è una parte fondamentale del processo. Ricordate di mantenere alta la positività in ogni momento con i suggerimenti dell'elenco presentato precedentemente. Non ci vuole molto, ma ci vuole intenzionalità.

A che cosa prestare attenzione...

- **Gli evitanti:** l'allontanamento e la distanza emotiva; la focalizzazione sugli aspetti positivi diventa eccessiva al punto che il problema non viene preso in considerazione.
- **I validatori:** la crescente negatività; non focalizzatevi così tanto sul trovare una soluzione da dimenticarvi degli aspetti positivi, dell'umorismo e della connessione.
- **Gli esplosivi:** non lasciate che il vostro umorismo diventi cupo, sarcastico o critico.

Al contrario, le **coppie esplosive** avranno bisogno di *molta* positività per continuare a far pendere l'ago della bilancia dalla parte giusta! Abbiamo recentemente osservato un esempio riuscito con il caso del "duca e della duchessa di Windsor" che avevano molti bisticci verbali palesi nella propria relazione, ricordando sotto molti punti di vista due schermidori professionisti, ma avevano anche grande umorismo ed empatia. I loro litigi degeneravano in appassionati dibattiti in cui si parlavano addosso e persino urlavano l'uno contro l'altra, ma si udivano anche scoppi di risate genuine seguite da: "Questa è una buona considerazione!". Tuttavia, gli esplosivi devono effettivamente tenere d'occhio il proprio umorismo; quando queste coppie iniziano a diventare infelici, l'umorismo può farsi cupo. Se l'umorismo si fa meschino, velato di sarcasmo, non è più una forza positiva nell'interazione.

Ora, esistono due ultimi stili conflittuali che abbiamo identificato e che non abbiamo incluso nella lista di stili sani e potenzialmente riusciti presentata precedentemente, per la semplice ragione che questi stili non avranno mai successo. Si tratta degli stili **ostile** e **ostile-distaccato**.

Le coppie ostili assomigliano più ai validatori che agli esplosivi: i partner sono meno espressivi, più neutri. Ma anziché essere collaborativi, sono fortemente sulla difensiva. Ripetono il proprio punto di vista, ma non esprimono curiosità, non ascoltano o non risolvono i problemi. Sono presenti molte accuse tipo "Tu sempre" e "Tu mai". Spesso si disprezzano a vicenda.

Una coppia con cui abbiamo lavorato si era addentrata profondamente in territorio ostile quando arrivò nel nostro ufficio. Si trattava di un uomo e una donna che erano sposati da più di quindici anni. L'uomo, lo chiameremo Bill, era un tipo passivo, tranquillo. Sua moglie, Bobbi, era più impetuosa. Era evidente che in passato, quando avevano una dinamica più sana, era stata lei a inseguirlo, per così dire, ricercando connessione e impegno da parte sua, forse persino stuzzicandolo giocosamente per irritarlo, per scatenare piccoli battibecchi cosicché potessero litigare su qualcosa. Poi quella dinamica era diventata meschina e aggressiva.

Bobbi provocava Bill su ogni minima cosa, punzecchiandolo e stuzzicandolo finché la sua rabbia non schizzava alle stelle e lui all'improvviso esplodeva distruggendo la sua facciata di calma e allora lei lo registrava con il cellulare. Aveva una intera libreria digitale di registrazioni di lui che perdeva le staffe. Giungeva in terapia brandendo questi video affinché li guardassimo, sostenendo che erano una prova di quanto lui fosse terribile. Un giorno arrivarono in piena crisi. La situazione era questa: Bill aveva fatto a Bobbi un regalo di compleanno. Le aveva comprato un enorme barattolo di arachidi gourmet molto speciali, che aveva acquistato da un'azienda con sede dall'altra parte del mondo, nota per la produzione delle migliori arachidi in assoluto.

C'era però un piccolo problema: Bobbi era allergica alle arachidi.

In quel periodo, non stavano più dormendo nella stessa camera da letto, così lei andò in quella di lui, disfece il suo letto, sparse le arachidi sul materasso e lo rifece. Quando lui si coricò, si ritrovò a sdraiarsi su un letto scricchiolante a causa di tutte quelle preziose arachidi che le aveva regalato. E quando lui irruppe nella sua stanza, urlando, lei cosa fece?

Tirò fuori il cellulare per registrarlo.

Durante la seduta si difese, affermando di non essere mai stato a conoscenza della sua allergia, di aver fatto di tutto per procurarsi quello specifico tipo di noccioline che venivano coltivate in un'area remota del mondo e confezionate in modo bellissimo. Lei era furiosa. Un problema di questa coppia era rappresentato dal fatto che, secondo lei, lui sembrava faticare a ricordare qualsiasi cosa lei gli dicesse, mentre al lavoro veniva lodato per la sua incredibile memoria e attenzione ai dettagli. Sapeva che lei era allergica e lo aveva fatto apposta, o davvero non le aveva mai prestato la minima attenzione? Dalla prospettiva di lei, entrambe le opzioni erano terribili.

Questa coppia era arrivata al punto in cui i loro conflitti mostravano tutti i Quattro cavalieri: critica, disprezzo, difensiva e ostruzionismo (da parte del marito, una volta che veniva completamente sopraffatto) *e zero* positività. Le coppie ostili possono avere litigi esplosivi, ma la differenza tra una coppia ostile e una coppia esplosiva è che quella ostile ha poca o nessuna positività. La proporzione è completamente distrutta. Non è 5:1 tra positivo e negativo. Non è neanche metà e metà. È quasi completamente negativa. I loro litigi potrebbero apparire esplosivi, ma in realtà sono sprovvisti di tutte quelle qualità che rendono riuscite le coppie esplosive: l'amore, l'umorismo, la connessione, il coinvolgimento profondo verso i desideri e i bisogni del partner. E non è così tanto evidente come le noccioline nelle lenzuola.

Un'altra coppia con cui abbiamo lavorato era rimasta intrappolata in un ciclo di conflitti su questioni sessuali per così tanto tempo che la loro dinamica era diventata fortemente ostile. Lui era un chirurgo che faceva lunghi turni ed era raramente a casa, ma desiderava una relazione più sensuale e sessuale e ne aveva bisogno per sentirsi vicino a lei; lei era una mamma spesso sola con i bambini e aveva bisogno di sentirsi vicina a lui per poter fare sesso. Questa non è una dinamica insolita tra uomini e donne, ma può essere affrontata con successo attraverso molti confronti e una connessione quotidiana. Questa coppia, però, aveva perso la capacità di connettersi su questo tema e su qualsiasi altro. Da moltissimo tempo i loro bisogni non venivano soddisfatti dal partner; entrambi avevano paura del rifiuto, nessuno dei due si sentiva a proprio agio e reagiva a questi sentimenti cercando di distruggere l'altro. I loro litigi erano certamente esplosivi, ma anche incredibilmente ostili, privi di qualsivoglia interazione positiva e imbevuti di disprezzo, critiche e difensiva.

LUI: Sei fredda come il ghiaccio. Non hai nemmeno più interesse per il sesso. Non sono nemmeno sicuro che tu sia una donna!

LEI: Come osi! Sei via tutto il tempo mentre io cresco i tuoi figli; ti piace che i tuoi pazienti siano incoscienti, non è vero? Scommetto che ti piacerebbe molto se io fossi incosciente, così potresti semplicemente scoparmi!

Ancora una volta, la differenza è la proporzione: questi litigi stanno peggiorando, come può accadere con le coppie esplosive o persino con quelle validanti, ma non hanno nulla della positività, vale a dire i momenti di validazione, di umorismo, di empatia o di riparazione che mostrano le coppie esplosive sane.

Quindi, che cosa *si prova* a stare in una dinamica ostile rispetto a una sana ed esplosiva?

Ebbene, sia con le coppie esplosive sia con quelle validanti, c'è sempre il rischio che il conflitto possa iniziare a degenerare in interazioni prevalentemente negative. Siamo esseri umani! Veniamo sopraffatti e ci arrabbiamo; attacchiamo ingiustamente. La differenza fondamentale è che con gli stili di conflitto sani, *la riparazione funziona ancora*. Una o entrambe le parti rallentano. Disinnescano intenzionalmente ogni crescente ostilità con un'infusione di positività: qualsiasi cosa, delle scuse esplicite, un semplice cenno tipo "Okay, capisco il tuo punto di vista", fino a una battuta che spezza la tensione in aumento. Quando le coppie sono all'interno di una dinamica ostile, sembrano al contrario apprezzare le spirali di negatività. Non se ne chiamano mai fuori e non ci provano nemmeno, non ci sono tentativi di riparazione di alcun genere.

Le coppie esplosive sane esprimono molte emozioni, la rabbia, la tristezza, la frustrazione. A volte i partner possono essere furiosi, possono piangere. Il volume aumenta! Tutto questo può far parte del quadro dell'esplosività. Le coppie ostili stanno *quasi sempre* utilizzando i Quattro cavalieri: soprattutto il disprezzo, in seguito la critica e la difensiva. Il conflitto ostile sembra un incontro di pugilato: chi sferrerà il colpo del KO?

Nel frattempo, le coppie ostili-distaccate si sono allontanate ancora di più. Non si prendono neanche la briga di discutere. Si gettano fango addosso reciprocamente durante il conflitto, ma sono arrivate al punto in cui, per lo più, semplicemente non gliene importa più nulla.

Una coppia sulla cinquantina è venuta da noi in un ultimo disperato tentativo di salvare il matrimonio. Non erano sicuri se ci fosse ancora qualcosa da salvare, ma volevano esplorare ogni possibilità prima di chiudere. Stavano insieme da molto tempo. I loro figli erano ormai cresciuti e andavano all'università; entrambi lavoravano a tempo pieno, lui era un ingegnere, lei una commercialista e sembrava che le loro vite si fossero via via sempre più separate. Quando ne parlarono nel nostro ufficio, la loro conversazione fu pungente e amareggiata, ma non sfociò mai in un effettivo litigio: non c'era sufficiente passione per quello.

"Sai cosa", disse lei, "persino con tutti gli anni che siamo stati insieme, non credo che tu sappia molto di me".

Suo marito era silenzioso, chiuso in se stesso. Aveva l'abitudine di toccarsi la bocca mentre considerava la sua risposta. "Direi che questo è vero per entrambi", rispose alla fine.

"Hai una vaga idea di quanto questo mi faccia sentire sola?"

"Pensi che io non mi senta solo?", disse lui. "Ho semplicemente imparato a conviverci."

"Sei semplicemente una persona insensibile", affermò lei, freddamente. "Lo sei sempre stato. Suppongo che sia così l'uomo che ho sposato: l'ingegnere dal cuore di ghiaccio. Pensi solo a te stesso. Probabilmente avresti semplicemente dovuto vivere da solo e non sposarti mai. Ora eccoci qui: sposati da vent'anni, con due figli, e sta andando tutto a rotoli e a te neanche importa."

"È vero", rispose lui seccamente. "Credo che davvero non mi importi."

Tutte le loro conversazioni andavano in questo modo: ognuno era avvolto nel proprio dolore, avevano pochissima empatia l'uno per l'altra e non gli importava neanche abbastanza da litigare. Quando lei tentò di provocarlo dicendo: "*Non ti importa*", lui non raccolse la provocazione.

Disse semplicemente di sì.

Le coppie ostili-distaccate hanno perso perfino *il conflitto* come ponte verso il legame, la relazione è diventata una guerra d'attrito, con entrambe le parti sempre più esauste. C'è una vasta terra di nessuno tra loro. Occasionalmente si colpiscono a vicenda attraverso la barricata, ma qui non c'è nessun conflitto sano.

Possono queste coppie riemergere dal baratro? Forse. Nei due esempi di dinamica di coppia "ostile", la prima era insalvabile, mentre la seconda fece molti progressi con il supporto in terapia; la coppia "ostile-distaccata" di cui sopra decise di separarsi. Ma con entrambe le dinamiche è necessario un intervento più significativo. L'ostilità continuativa potrebbe aver distrutto quasi del tutto il "matrimonio numero 1". L'unico modo per andare avanti potrebbe essere quello di considerare "finita" quella relazione e di mettersi al lavoro per crearne una nuova. Avrete bisogno di un supporto professionale per ricreare dall'inizio una relazione sana, basata sulla fiducia, sull'impegno e sull'amicizia. Un terapeuta esperto può aiutarvi a ricominciare e a costruire il "matrimonio numero 2" su basi più solide. (Se avete bisogno di aiuto per trovare qualcuno, il Gottman Referral Network, all'indirizzo http:\\gottmanreferralnetwork.com, è un database gratuito che vi mette in contatto direttamente con dei terapeuti presenti nella vostra zona che sono stati formati sul Metodo Gottman e che utilizzano le tecniche di costruzione della relazione Gottman basate sui dati.)

A prescindere da dove ci si trovi all'interno dello spettro dello "stile conflittuale" sano – e alcuni sono un po' un mix (validatori che tendono verso l'esplosivo o viceversa) –, tutti noi dobbiamo prendere l'abitudine di inserire gentilezza e positività nelle nostre discussioni conflittuali ogniqualvolta sia possibile. In conclusione, ciascuno dei tre principali stili di conflitto può essere felice e riuscito, ammesso che quella equazione matematica venga mantenuta sana.

Le cose possono diventare un po' più difficili quando all'interno delle coppie ci sono stili conflittuali differenti – o, per dirla in modo più scientifico, quando c'è *uno sfasamento metaemotivo.*

Lo sfasamento metaemotivo: una ricetta per i malintesi

Come esprimete le emozioni? Come le affrontate? Come pensate che gli altri dovrebbero affrontare le loro?

Il termine "metaemozione" si riferisce fondamentalmente a come *ci sentiamo riguardo ai sentimenti.* Quando le coppie non sono allineate sullo stile conflittuale, spesso hanno quello che noi chiamiamo uno "sfasamento delle metaemozioni", opinioni differenti sul modo in cui le emozioni dovrebbero essere espresse e affrontate. Tyler e Noah, la coppia che abbiamo incontrato precedentemente, sono un esempio perfetto: un partner (Noah, che tende a zittire e a bloccare Tyler durante una discussione accesa) crede che le emozioni negative dovrebbero essere evitate. L'altro (Tyler, che si sente escluso e respinto dal rifiuto del suo partner di dialogare con lui sulle problematiche che emergono) crede che le emozioni negative dovrebbero essere espresse ed esplorate. Questo è uno sfasamento.

È un classico esempio di un evitante con un esplosivo. A un esplosivo, un evitante appare insensibile e distaccato. Interpreta il comportamento dell'evitante come "Questa cosa non è abbastanza importante per me da mettermi in gioco". Gli esplosivi come Tyler sono alla ricerca della passione, vogliono che il proprio partner si renda vulnerabile e lo vogliono immediatamente. Allo stesso tempo, questo è *esattamente* quello che l'evitante sta evitando. Preferisce non parlare delle cose difficili, mantenendosi a distanza dal conflitto.

Tra le quarantamila coppie all'interno del nostro studio internazionale, questo era un dato decisamente significativo: l'83% di tutte le coppie eterosessuali aveva problemi a causa di uno sfasamento delle metaemozioni, seguite da vicino dalle coppie omosessuali maschili (77%) e femminili (73%) (Gottman, Gottman, Cole et al., 2020). La maggior parte delle coppie che veniva da noi per avere un sostegno stava faticando su questo aspetto. Ma è interessante il fatto che John, lavorando nel Love Lab, non abbia riscontrato un tasso di sfasamenti così elevato all'interno della popolazione dei partecipanti allo studio (che non erano in terapia, ma erano stati semplicemente estratti dalla popolazione generale); molti sono risultati allineati sullo stile conflittuale, che forse era parte del motivo per cui si erano innamorati all'inizio: la condivisione di "un linguaggio" emozionale. Mentre Julie, lavorando in campo clinico con coppie che ricercavano una terapia, notava continuamente degli sfasamenti. Una spiegazione plausibile per questo fatto è che le coppie con uno sfasamento metaemotivo si autoselezionino per andare in terapia, perché hanno raggiunto un punto nella relazione in cui hanno serie difficoltà di comunicazione. In sintesi: uno sfasamento delle metaemozioni potrebbe rendere più complesso per i partner riuscire a comunicare nel conflitto.

Ma non tutti gli sfasamenti nascono uguali. Diamo un'occhiata a ciascuno di questi.

Evitante-validatore

Un partner evitante con un validatore o validatrice non avrà probabilmente eccessive difficoltà a causa dello sfasamento, perché questi stili sono abbastanza compatibili in termini di "sentimenti riguardo ai sentimenti".

In questa coppia, Hans era l'evitante, Beth era la validatrice. Lui era nato e cresciuto in Germania; i suoi genitori non avevano mai litigato davanti a lui. C'era una persona nella sua famiglia, il nonno paterno, che era esplosiva: beveva molto, urlava e sbraitava appena i nipoti facevano qualcosa di sbagliato. Hans imparò a evitarlo e imparò anche a evitare i conflitti. In età adulta, nel matrimonio e nella genitorialità, tendeva ad aggirare i punti di attrito. Temeva che persino il più lieve dei conflitti potesse rapidamente diventare incontrollato ed esplodere. Meglio non affrontare del tutto l'argomento.

Beth aveva uno stile validante nei confronti del conflitto, era una risolutrice di problemi. Era cresciuta in una famiglia che tendeva ad approcciarsi ai conflitti con uno stile manageriale, logistico: "Cerchiamo di trovare un sistema per far felici tutti nel modo più efficace possibile". Affrontava le discussioni con calma; e certo, a volte poteva trapelare un po' di emozione. Tuttavia, con il tempo aveva notato che Hans si allarmava anche al minimo accenno di frustrazione o di alzata di voce da parte sua durante una discussione logistica, per esempio sulla scelta della meta delle vacanze; se ne chiamava rapidamente fuori, rimandando a dopo la conversazione. Lei tentava di mantenere le discussioni equilibrate e calme, sapendo che suo marito era più propenso a prendervi parte in modo produttivo se lei teneva fuori le emozioni.

In generale, le cose andarono abbastanza bene fino a quando uno dei loro figli non ebbe dei problemi a scuola. Era distratto e si comportava male in classe. Beth riteneva che l'insegnante stesse adottando un approccio totalmente sbagliato nei suoi confronti, umiliandolo, punendolo e rendendolo ancora più ribelle e provocatorio. Ma non era sicura di cosa fare o di come affrontare la questione. Non apprezzava lo scontro e, al pari di suo marito, preferiva che le discussioni conflittuali rimanessero calme. Temeva che la conversazione con questa insegnante non sarebbe andata bene e che si sarebbe sentita sopraffatta. Ma, allo stesso tempo, non poteva lasciar perdere; il figlio aveva bisogno del loro sostegno.

Hans era totalmente contrario a qualsivoglia intervento. La sua posizione era: "Lascia che il ragazzo se la veda da solo; dovrà semplicemente trovare una soluzione". Nascosta sotto questa facciata, però, c'era una radicata paura del confronto e del conflitto.

Beth era frustrata. Anche lei era intimidita dall'insegnante. Aveva bisogno di supporto dal marito e cogenitore e lui non era disposto in alcun modo ad affrontare la cosa.

Quando sono venuti da noi per questa difficoltà, abbiamo immediatamente fatto l'anamnesi per arrivare alla radice del problema. Abbiamo analizzato le ragioni per cui lui era terrorizzato dalla rabbia e come le sue esperienze familiari da piccolo si erano trasformate ora in evitamento del conflitto. Questa era la prima volta che Beth ne sentiva parlare: ora capiva perché lui reagiva in modo così deciso al suo alzare la voce anche di un solo decibel. Lei parlò della sua paura: che se l'insegnante si fosse arrabbiata sul serio con lei per aver cercato di gestire il modo in cui trattava suo figlio, lei si sarebbe semplicemente zittita o avrebbe capitolato. Essendo una validatrice, veniva sopraffatta facilmente dalle emozioni intense o dall'esplosività.

"Voglio solo che tu sia lì con me, in modo tale che veda che siamo una squadra", spiegò Beth. "Posso farcela, ma non da sola. Due sono meglio di uno."

Persuaso dal suo ragionamento, Hans accettò di andare con lei come riserva: Beth avrebbe preso l'iniziativa e lui avrebbe fatto l'eco, un ruolo in cui si sentiva leggermente più a suo agio, anche se lo rendeva comunque nervoso. Come volevasi dimostrare, l'incontro andò bene, con i due che presentarono un fronte unito: Beth fu diplomatica, l'insegnante fu abbastanza ricettiva, la conversazione fu produttiva. Nessuna delle loro paure di un conflitto esplosivo si avverò.

Questa coppia può aver avuto due stili differenti ma, con un piccolo incoraggiamento da parte nostra, i partner sono stati in grado di avvicinarsi. Gli evitanti e i validatori hanno una buona quantità di punti in comune in termini di approccio al conflitto; con un po' di consapevolezza circa lo stile e la reciproca storia conflittuale, possono fare grandi cose.

Validatore-esplosivo

Se lo sfasamento avviene tra un validatore e un esplosivo, il validatore potrebbe sentirsi sopraffatto e sommerso dallo stile di coinvolgimento ad alta intensità emotiva proprio dell'esplosivo; al contempo, l'esplosivo, frustrato per il fatto di non riuscire a farsi ascoltare, si incaponisce, alza il volume e a volte diventa maligno.

Derek e Tamara, una coppia giovane con un figlio di nove anni, si erano appena trasferiti da Atlanta nel Tennessee rurale. Nella proprietà, sul retro, c'era una catasta di legna dove il figlio amava giocare e costruire fortini. Un giorno entrò in casa urlando: era stato morso da un serpente.

Tamara, che tendeva a essere esplosiva, perse completamente le staffe. Era terrorizzata, persino dopo che il medico ebbe disinfettato il morso e confermato che non si era trattato di un serpente velenoso. La prossima volta *avrebbe potuto* esserlo.

"Probabilmente ci sono serpenti dappertutto là fuori!" urlò al marito praticamente nell'attimo in cui questi entrò dalla porta. "Che cosa hai intenzione di fare al riguardo? Perché non hai ancora spostato quella catasta di legna? Non si sarebbe mai dovuta trovare così vicina alla casa!"

Derek adottò un approccio razionale: non evitante, ma logico.

"Tesoro, è altamente improbabile che accada di nuovo" fece presente. "Capisco che tu sia sconvolta, ma penso che andrà tutto bene. Sposterò la catasta di legna questo fine settimana e, nel frattempo, pensiamo ragionevolmente a una soluzione, magari semplicemente non lasciarlo giocare là fuori finché non me ne sarò occupato."

"Non voglio essere ragionevole!" ribatté lei infuriata. "Stiamo parlando della *vita* di nostro figlio! Sei disposto a lasciare che nostro figlio affronti *la morte*."

"Tamara, non facciamo i drammatici..."

"Oh, questo è essere drammatici? Cercare di proteggere nostro figlio, quando tu non riesci a ritagliarti dieci minuti nella tua fitta agenda per spostare della legna? Quando lo farai?"

"Oh, Gesù, me ne occuperò questo fine settimana."

"Non ci saremmo mai dovuti trasferire qui!"

A questo punto Derek, sopraffatto e a corto di idee su come risponderle, iniziò a disimpegnarsi.

Con alcune combinazioni di validatore-esplosivo, questa dinamica può peggiorare nel corso del tempo. L'esplosivo, non ottenendo la risposta desiderata, ricorre più frequentemente all'ostilità e diventa via via più negativo cercando di farsi ascoltare; per tutta risposta, il validatore diventa sempre più distaccato; nessuno riesce più a raggiungere l'altro. Se si va avanti così, è possibile notare un disprezzo e un ostruzionismo crescenti; ora ci troviamo in territorio ostile.

Tuttavia, questa coppia manteneva nel complesso una forte amicizia, anche se i partner soffrivano un po' per il fatto di non avere ultimamente abbastanza tempo da passare insieme; il nuovo lavoro di Derek lo teneva lontano da casa più del solito e sentivano la mancanza del tempo speso insieme. Un po' meno opportunità di avvicinarsi, un po' più di opportunità per il conflitto e l'incomprensione. Ed essendo esplosiva, Tamara voleva un impegno elevato istantaneo rispetto alla problematica. Quando non lo ottenne da Derek, che aveva adottato l'approccio di cercare di stemperare la situazione, si infuriò.

Per mantenere le cose in carreggiata, abbiamo dovuto lavorare con Derek sul mettersi davvero nei panni di lei, per comprendere che cosa significasse essere una madre e il principale caregiver a casa e cosa si provasse a sentire questa enorme vulnerabilità e paura. Il suo stile validante lo aveva portato a cercare di mitigare la lite come obiettivo primario: si era concentrato meno sul comprendere il punto di vista di lei e di più sul calmarla e aiutarla. Lui era solido e rassicurante, ma lei aveva bisogno di qualcuno che si preoccupasse *insieme* a lei, così non si sarebbe sentita sola. Quando cambiò tattica durante il conflitto per essere maggiormente validante (è ironico, ma sì, il validatore aveva bisogno di imparare come validare veramente!), fu davvero efficace.

Tamara aveva comunque uno stile maggiormente esplosivo e tendeva a essere più emotiva di Derek, ma quando lui riconobbe le preoccupazioni da lei espresse, ciò abbassò significativamente il livello della discussione a un range entro il quale Derek non era più a rischio di venire sopraffatto.

La combinazione validatore-esplosivo ha le sue difficoltà, ma questa coppia è riuscita a prosperare.

Esplosivo-evitante

Lo sfasamento esplosivo-evitante è, a essere completamente sinceri, il più difficile. In questo caso il partner evitante è spesso inizialmente attratto dall'energia vivace del partner esplosivo (vedi anche "Gli opposti si attraggono"), ma quando si fidanzano, emerge il lato oscuro. Non parlano affatto la stessa lingua. Di solito si lasciano velocemente; questa combinazione ha un alto tasso di divorzi (Gottman, 2014). Se rimangono insieme, la probabilità che divengano ostili è alta.

Dave, per esempio, era un esplosivo con una grande propensione al conflitto. Era a proprio agio con il conflitto, persino lo ricercava. Per lui, il conflitto era la sua legittima forma di interazione. Trovava un po' di conflitto divertente, eccitante, persino erotico. Al contrario, sua moglie Lila era più evitante. Profondamente a disagio con il conflitto, tendeva a bloccarsi o a sentirsi attaccata quando lui tentava di relazionarsi con lei in un modo scherzosamente combattivo. Quando lei non reagiva nel modo da lui sperato, Dave iniziava a punzecchiarla. La vedeva come una cosa divertente! Un altro partner esplosivo, in una situazione simile, sarebbe probabilmente stato d'accordo e lo avrebbe a propria volta preso in giro. Ma per Lila questo non funzionava affatto. Trovava questa cosa offensiva, si sentiva messa all'angolo e aggredita. Quando una sera lei aveva pagato più del dovuto per un parcheggio custodito, lui, mentre tornavano a casa, l'aveva presa in giro.

"Hai lasciato semplicemente che ti calpestassero; non essere così pappamolle la prossima volta!" affermò lui. "Questa non dovrebbe essere l'epoca dell'emancipazione femminile? Non mi avevi detto di essere una femminista? Non essere così fifona!"

Lei, sottovoce: "Non dire così".

Lui imperterrito, continuò a punzecchiarla. "Certo che lo sei", proseguì. "Come un topolino piccolo e carino! Sai, sei una fifona anche in camera da letto."

Lei si girò di spalle e guardò fuori dal finestrino. La presa in giro per lei era un attacco; il silenzio di lei per lui era un freddo rifiuto. Essendo un esplosivo, quello che lui voleva era che lei lo colpisse a sua volta con qualcosa del tipo: *"Tu vieni troppo velocemente perché ci si possa divertire!"*. Sarebbe rimasto forse un po' ferito da quel commento, ma quella scintilla di litigio lo avrebbe attratto: *"Aha, ora sì che si ragiona!"*.

Così com'era, questo sfasamento era troppo difficile, non potevano essere buoni partner. Lei trovava il modo di interagire di lui crudele; lui trovava lei fredda e chiusa.

In sintesi, alcuni sfasamenti metaemozionali rappresentano una sfida maggiore di altri ed è utile pensare a dove voi e il vostro partner potreste essere all'interno dello spettro dello stile conflittuale. Quanto più due persone sono distanti in quel range di credenze riguardanti il come, il quando e il se le emozioni debbano essere sperimentate ed espresse, tanto più è probabile che si trovino ad affrontare delle difficoltà durante il conflitto, semplicemente perché, nel profondo, vogliono comunicare in maniera molto diversa e hanno delle convinzioni fondamentalmente opposte su cosa *sia* il conflitto. Per uno, il conflitto è da evitare a tutti i costi, come qualcosa che provoca un senso di straripamento e di estrema sopraffazione, per l'altro, è un modo essenziale per lavorare sui problemi e per avvicinarsi. Si tratta di un problema di scontro culturale: non stanno parlando la stessa lingua.

I dati dimostrano che di solito (a meno che le cose non siano andate alla deriva in territorio "ostile", il che è un'altra storia) non si sta *cercando* di ferirsi a vicenda nel conflitto. In uno dei nostri studi del Love Lab, ci siamo proposti di misurare la correlazione tra *intento* e *impatto* (*ibidem*). Quando le persone erano critiche o sprezzanti, quando ferivano i loro partner e li facevano sentire sopraffatti, avevano l'intenzione di farlo? Stavano cercando di ferirsi a vicenda?

Incredibilmente, la risposta a questo quesito è stata *no*.

Abbiamo filmato le conversazioni conflittuali e successivamente abbiamo chiesto alla coppia partecipante di rivedere il nastro del proprio litigio mentre i partner si trovavano seduti davanti a un pannello di controllo dove potevano girare una manopola per registrare le proprie valutazioni di ogni momento del litigio all'interno delle due categorie di intento e impatto. Dovevano valutare l'impatto che il loro partner aveva avuto su di loro in termini di quanto quel commento o quell'azione li avesse colpiti positivamente o negativamente; contemporaneamente il partner stava valutando la sua intenzione in quel momento.

Ecco ciò che abbiamo scoperto: *l'intenzione non corrispondeva all'impatto*. Le persone in conflitto non avevano quasi mai un intento malevolo. Stavano tutte solo cercando di essere comprese.

Avere una divergenza di sentimenti riguardo ai sentimenti è uno degli "scontri culturali" più fondamentali che si possano sperimentare all'interno di una relazione romantica. Condiziona profondamente ogni cosa, inclusi i vostri litigi. E tutti gli stili di conflitto divergono in un modo specifico e molto importante: la modalità con la quale affrontano *la persuasione*, una delle tre "fasi" di un litigio.

Le fasi di un litigio

Ogni litigio ha la stessa struttura di base, così configurata:

- Innanzitutto, **si costruisce un ordine del giorno**, nel quale uno o entrambi i partner esprimono le proprie preoccupazioni.
- In secondo luogo, si cerca di **convincere** l'altro a passare dalla propria parte.
- Infine, si cerca di raggiungere **un compromesso**.

Ordine del giorno, persuasione e tentativi di raggiungere un compromesso: queste sono le tre fasi di un litigio. Il punto dove tutti i nostri stili di conflitto si differenziano è *la persuasione*.

Il litigante evitante vuole saltare completamente la persuasione, dal suo punto di vista non ha molto senso. Pensa: "È una voragine", "Non riuscirò a convincere il mio partner", "Meglio andare semplicemente avanti". Al contrario, il litigante esplosivo vuole iniziare dalla persuasione, affrontando di sfuggita la parte in cui si ascolta il punto di vista del partner. I validatori attraversano le fasi in modo più metodico, ma spesso arriveranno alla persuasione un po' troppo presto e potrebbero essere troppo preoccupati di mantenere a posto le cose per riuscire ad approfondire. Sono in grado di rimandare la persuasione un po' più a lungo rispetto alle coppie esplosive, ma molto spesso non sono in grado di astenersi per un tempo sufficiente a indagare effettivamente i problemi.

Consideriamo uno scenario classico: un litigio sui soldi. Lui sta spendendo più di quanto a lei stia bene e lei si sta stressando per questo.

Se sono dei validatori, così è come potrebbe apparire.

Anatomia di un litigio

LEI: Ieri sera stavo controllando il conto corrente e prevedo molte spese extra in arrivo. Sembra che anche questo mese saremo praticamente al verde. Era proprio necessario comprare l'attrezzatura da campeggio? **LUI:** Be', sì, avevamo programmato con i Davis di fare quel weekend via, ti ricordi? I bambini avevano bisogno dei sacchi a pelo. **LEI:** Lo so, solo che sembra sempre che ci sia qualcosa. Continuiamo a dire che risparmieremo e poi non lo facciamo mai. **LUI:** Dai, stiamo davvero spendendo così tanto? So che dobbiamo risparmiare un po', ma cosa abbiamo intenzione di fare, non divertirci mai? **LEI:** Mi piacerebbe se potessimo risparmiare un po', ma, tesoro, non stiamo realmente risparmiando proprio nulla.	Costruire un ordine del giorno
LUI: Ti ho mai parlato di mio zio Brody? Nessuno sapeva che fosse un multimilionario. Brody aveva semplicemente risparmiato e risparmiato. Era distante dalla famiglia. Veniva alle riunioni, ma era un tipo silenzioso, che si confondeva con la carta da parati. Alla fine, andò in pensione a cinquant'anni, ma all'improvviso ebbe un infarto e morì! Si scoprì che aveva risparmiato cinque milioni di dollari e non aveva mai speso un centesimo per se stesso. Viveva in un monolocale, non aveva mai viaggiato. Aveva un ottimo lavoro alla Microsoft, un sacco di azioni. Non ha fatto in tempo a godersi nulla!	Persuasione

LEI: Okay, be', e allora mia madre e mio padre? Spendevano per cose frivole e poi, quando avevamo davvero bisogno di qualcosa, come quella volta che il motore della nostra auto si è rotto e dovevamo ripararlo ma non potevamo permettercelo, eravamo sempre indietro con i pagamenti e non avevamo mai abbastanza soldi. Era così stressante. Non posso vivere così. Non ho bisogno di essere come tuo zio Brody, ma voglio risparmiare per viaggiare e per vivere delle avventure. **LUI:** Be', ora ti sei contraddetta, stiamo risparmiando per il futuro o per i viaggi e le avventure? Odio pensare ai soldi tutto il giorno e contare i centesimi. Non voglio vivere così.	
LEI: Okay, okay, ti capisco, ma non puoi semplicemente spendere quello che vuoi ogni volta che vuoi. Questo mese abbiamo speso con la carta più di quanto ci possiamo permettere: lo sai, vero, che c'è un tasso di interesse alto? Pagheremo per i tuoi caffellatte mattutini fino alla morte. Dobbiamo farci venire in mente un piano di spesa a cui ci possiamo attenere. **LUI:** Ci proverò, ma non può essere "Spendere zero dollari questa settimana". Non è ragionevole. **LEI:** E se ci accordassimo su un importo e lo prelevassimo in contanti all'inizio della settimana e, quando lo finisci, smetti di spendere? Puoi farlo?	Tentativo di raggiungere un compromesso

Va notato che tra questi validatori c'è un po' di tensione, ma rimangono abbastanza calmi. Ciascuno espone le proprie preoccupazioni, ma poi nella fase di persuasione non dedicano molto tempo all'esplorazione delle emozioni più profonde che ognuno di loro sta sperimentando riguardo al denaro, alla sicurezza e a ciò che conta nella vita. Sono interessati a raggiungere una soluzione. Ma poiché non parlano dei problemi sottostanti, questa soluzione alla quale sono giunti in maniera abbastanza pacifica potrebbe non durare nel tempo. Potrebbero ritrovarsi ad avere questa identica conversazione tra un mese, quando il conto corrente sarà nuovamente in rosso.

Ora, in che modo le altre coppie all'interno dello spettro dello stile conflittuale potrebbero gestire questa situazione?

■ *Con una coppia evitante*... questo stesso litigio si fermerebbe semplicemente dopo la costruzione dell'ordine del giorno. Non progrediranno mai verso la persuasione. Al contrario, si concentreranno sugli aspetti positivi presenti nella loro vita e si rassicureranno a vicenda sul fatto che non ci sia bisogno di preoccuparsi della questione.

LUI: Non stiamo risparmiando molto in questo momento, ma senti, sta andando a entrambi bene al lavoro, siamo destinati a ottenere promozioni a breve. Probabilmente l'anno prossimo riusciremo a iniziare a risparmiare.
LEI: Sì, è vero. Ce la stiamo cavando bene. La casa è nostra, anche se abbiamo ancora molto da pagare per il mutuo, e pagare un mutuo è un po' come un conto di risparmio.
LUI: I bambini non vedono l'ora di andare in campeggio. Penso che sia una spesa fattibile.

■ *Una coppia esplosiva...* a malapena risparmieranno il fiato per costruire un ordine del giorno: loro *iniziano* con la persuasione!

LEI: Vedo che hai comprato dell'attrezzatura da campeggio anche se ti avevo detto che questo mese eravamo a corto di soldi. Quando inizieremo a risparmiare? Eravamo d'accordo che avremmo messo da parte dei soldi ogni mese! Se non risparmiamo ora, moriremo poveri.
LUI: Ehi, lascia che ti racconti di mio zio Brody! (*racconta la storia*)
LEI: Mi sembra che Brody fosse un idiota! Solo perché lui è stato stupido con i suoi milioni, noi non dovremmo risparmiare per nulla? È una follia.

Gli esplosivi mirano al coinvolgimento e alla discussione immediati. Per loro, la persuasione è l'unica parte importante del litigio.

Due sono gli aspetti importanti da sottolineare.

Il primo: la maggior parte delle persone, in tutti gli stili di conflitto, tende a correre verso la persuasione (fatta eccezione per gli evitanti, che la saltano). O vi si buttano a capofitto (esplosivi) o passano rapidamente ai tentativi di persuasione una volta che le problematiche sono state esposte (validatori). Eppure, tra la costruzione di un ordine del giorno e la persuasione reciproca, deve esserci *molta più* esplorazione del reciproco mondo interiore e si tratta di qualcosa che la maggior parte di noi non sa fare all'interno di un conflitto.

I tre stili di conflitto e la persuasione

- **Evitanti:** Nessun tentativo di persuasione; accettano di essere in disaccordo.
- **Validatori:** Espongono per prima cosa i problemi ("costruire un ordine del giorno") ma passano troppo rapidamente alla persuasione.
- **Esplosivi:** Iniziano con la persuasione; vogliono un coinvolgimento e una discussione immediati con il partner.

Il secondo aspetto da sottolineare: notate in che modo questi diversi approcci alla persuasione possano causare fraintendimenti e litigi. Mentre una persona maggiormente evitante considererà qualunque tentativo di persuasione come un attacco, un partner maggiormente esplosivo potrebbe interpretare un diniego a rispondere alla persuasione come un rifiuto o come un intenzionale e freddo allontanamento.

Uno sfasamento non è una rottura!

Se ciò vi sembra triste, vogliamo fermarci qui e rassicurarvi: se sospettate di avere uno sfasamento metaemozionale con il vostro partner, *non siete spacciati*. Ricordate sempre che siamo esseri umani, non etichette. Potreste avere un solo stile conflittuale, definito e forte, oppure potreste essere un po' un misto di due stili, un gradiente. La stessa cosa vale per il vostro partner. Offriamo questi profili generalizzati non per insinuare che se fosse presente uno sfasamento delle metaemozioni sarebbe la fine, ma al contrario affinché ne siate consapevoli, in modo che possiate riflettere sulle vostre personali convinzioni riguardo alle emozioni e sul vostro approccio al conflitto, pensando a come ciò vi permetta o vi impedisca di connettervi in modo significativo al vostro partner. Consideriamo Tyler e Noah, una coppia che è stata effettivamente in grado di raggiungersi a vicenda attraverso l'abisso delle diverse culture conflittuali, una volta che hanno compreso che l'abisso c'era. Immaginate se due persone si sedessero a giocare a un gioco da tavolo e venissero dati loro due insiemi di regole completamente differenti.

Quindi, da dove arrivano queste convinzioni sulle emozioni?

Nel caso di Tyler e Noah, se si desse un'occhiata al loro passato, questo è quello che si vedrebbe. Tyler, la metà esplosiva della coppia, è cresciuto in una famiglia che riusciva a essere esplosiva durante il conflitto, ma che si riappacificava rapidamente. La casa che condivideva con i genitori e i fratelli era teatro di frequenti battibecchi ed esplosioni nel corso della giornata, ma ogni piccola tempesta passava velocemente. Nella cultura familiare di Tyler, il conflitto era normale, persino ricercato come forma di legame.

Nella famiglia di Noah, le persone tendevano a evitare di sollevare questioni, preferendo semplicemente accettare le cose così come erano piuttosto che dover iniziare una conversazione che avrebbe potuto essere tesa o imprevedibile. I suoi genitori litigavano raramente, ma quando lo facevano, il litigio era brutto. La situazione si aggravava rapidamente e venivano dette cose veramente offensive, difficili da rimangiarsi. Finiva quasi sempre con uno di loro che se ne andava infuriato. Una volta sua madre era stata via per giorni, senza aver lasciato detto dove fosse andata o quando sarebbe tornata. Noah aveva imparato una lezione forte e chiara: il conflitto doveva essere evitato a tutti i costi, perché le conseguenze di un dissapore erano semplicemente troppo gravi.

Ora, non esiste una formula chiara per spiegare esattamente *perché* ognuno di noi finisce per litigare come un esplosivo, come un validante o come un evitante; ognuno di noi è un mix unico della propria neurologia e delle proprie esperienze di vita e ognuno di noi reagirà in maniera differente alle forze che lo hanno plasmato. Per esempio, se una persona è cresciuta con genitori che urlavano durante i litigi, potrebbe imitare questa cosa e diventare anche lei esplosiva, oppure potrebbe andare nella direzione opposta e diventare evitante.

Tutto questo porta alla domanda…

Si può cambiare il proprio stile di conflitto?

La risposta breve: Sì! Richiede un bel po' di lavoro, ma se uno sfasamento dello stile conflittuale sta davvero causando molti problemi a voi e al vostro partner, si può fare. Possiamo imparare a estenderci ad altri stili per incontrare i nostri partner.

Tuttavia, non è necessario cambiare il proprio stile conflittuale: la cosa fondamentale per ora è che voi *comprendiate* il vostro attuale stile conflittuale e quello del vostro partner, soprattutto se sono diversi tra loro. Mentre lavorate per capire lo stile del partner, pensate che è come imparare la sua lingua. E per comprendere il vostro stile, prendete in considerazione questo: il modo in cui ciascuno di noi è stato cresciuto ha creato delle impronte profonde nel nostro cervello, un po' come dei solchi nel cemento fresco. In certe circostanze, le nostre ruote ricadranno semplicemente in quei vecchi solchi. Per cambiare il nostro stile conflittuale, dobbiamo ritagliarci una nuova strada, una via alternativa verso il compromesso. Supponiamo di essere altamente esplosivi, ma di voler diventare maggiormente validanti. Questo richiederà di imparare a fare una pausa e a prendere fiato prima di parlare; successivamente dovremo riflettere a lungo su quello che vogliamo dire e sul suo impatto sul nostro partner, decidendo di dire quello che abbiamo bisogno di esprimere in modo più gentile. La mindfulness e la meditazione sono ottimi strumenti che possono insegnarci a rallentare le cose. Una volta che le nostre risposte sono state ridimensionate, avremo il tempo di considerarle attentamente prima di sputar fuori le parole sbagliate. Ci vuole pratica, ma è fattibile!

Allo stesso tempo, ci sono molti tipi di forze esterne, culturali, sociali, familiari, che influenzeranno i nostri stili conflittuali nel corso del tempo. Vediamo spesso coppie che iniziano decise in un certo modo (evitante, validante o esplosivo) e imparano a includere alcune delle qualità proprie di un altro stile. Sono quindi in grado di aggiungere un po' di **varietà** al proprio stile conflittuale. C'è un contesto culturale in tutto ciò: per esempio, con i progressi del femminismo, le donne hanno iniziato a diventare più assertive e si danno il permesso di esprimere la rabbia, un'emozione che è stata tradizionalmente appannaggio esclusivamente maschile. Le donne che in passato erano state probabilmente scoraggiate dallo sviluppare uno stile esplosivo si stanno autorizzando a incarnare più pienamente queste tendenze.

Morale della storia: Quando vediamo arrivare le persone in terapia, non è perché appartengono a uno stile conflittuale o a un altro. È perché non sono evitanti, validatori o esplosivi *felici*. Il conflitto non sta funzionando bene. Hanno incontrato degli ostacoli, i litigi vengono vissuti davvero molto male e non sanno come risolvere la situazione. Ogni coppia è unica e la sua specifica dinamica è irripetibile, ma alla base c'è di solito una cosa semplice che non va: *non si ascoltano*. Al contrario, quando le coppie hanno una proporzione di almeno 5:1 o superiore, tendono a essere curiose, aperte e interessate. Ma se la positività scompare, tutta quella curiosità si spegne. Si attaccano o si difendono, parlandosi sopra. Sembra un monologo collettivo. C'è una sensazione pervasiva da entrambe le parti di non riuscire a comunicare, come se si stesse parlando in un walkie-talkie e non si ricevesse mai nulla in cambio, nessun riconoscimento, nessuna comprensione, niente. E questa è una sensazione davvero brutta. Perciò, quello che faremo via via che analizziamo i cinque litigi presenti in questo libro, sarà sollevare quella cortina di ferro in modo da riuscire a comunicare, a prescindere da quale sia il nostro stile predefinito.

Considerate noi due. All'inizio eravamo esplosivi. Siamo ancora piuttosto esplosivi. Forse con il tempo abbiamo imparato a essere maggiormente validanti: entrambi usiamo strategie validanti durante il conflitto e riteniamo che ci siano utili. Ma anche dopo tutti questi anni, il nostro stile predefinito tende a essere esplosivo: lì è semplicemente dove andiamo a ricadere.

Se analizziamo il motivo per cui questo accade, si tratta di un turbinio di fattori. Siamo entrambi ebrei e c'è un detto: "Il litigio è l'amore ebraico!". Deriva dalle nostre origini culturali, che considerano il dibattito come un mezzo per comprendere il significato delle nostre sacre scritture. Non esiste un dogma che ci dica cosa pensare: discutiamo e dibattiamo continuamente per comprendere le convinzioni e le interpretazioni principali del testo. È qualcosa di intessuto nel nostro retaggio. In pratica, abbiamo una storia di quattromila anni di discussioni.

Nei primi anni del nostro matrimonio, la nostra esplosività portava a risultati decisamente poco auspicabili: litigavamo, urlavamo, Julie si sentiva sopraffatta, schizzava fuori dalla porta e girovagava per strada (un vecchio schema di comportamento di quando era bambina) e John veniva lasciato nella sua frustrazione, a camminare per casa. Entrambi avevamo queste forti tendenze verso le emozioni intense, a balzare alla persuasione, *a vincere la discussione*. John era cresciuto in una famiglia in cui il dibattito acceso era stato principalmente amorevole, ma questo non era il caso di Julie: nei dibattiti a tavola veniva data priorità alle opinioni degli uomini e alle donne veniva detto di stare zitte. E nelle interazioni quotidiane, compreso il conflitto, Julie aveva un genitore autorevole (sua madre) che era spesso sprezzante e critico. Questo era il modello di comunicazione con cui era cresciuta.

Un fine settimana, quando eravamo appena sposati, Julie era andata a Portland a trovare sua madre. Questo accadeva prima che nascesse nostra figlia, Moriah, e Julie aveva da poco avuto un aborto spontaneo. Fece l'errore di condividere questa notizia con sua madre, che immediatamente la attaccò, insinuando che l'aborto fosse colpa sua.

Julie tornò a Seattle furiosa e sentendosi stupida per esserci andata: si sentiva obbligata e costretta a farle visita, ma tornava sempre dalle visite a sua madre con questa terribile energia dentro.

Avevamo deciso di vederci per cena, dopo il lungo weekend distanti, in un raffinato ristorante di pesce proprio sulle rive del lago Washington. Era un posto molto frequentato, pieno zeppo di tavoli, e quella sera ogni singolo tavolo era occupato. Eravamo gomito a gomito con gli altri commensali. Fin da subito, come se stesse impersonando sua madre, Julie iniziò a criticare John per le sue terribili maniere a tavola e per il fatto di prendere il cibo con le dita. John si mise sulla difensiva; si stava sviluppando un brutto litigio nel bel mezzo del ristorante. "Le tue maniere sono *terribili*", disse Julie virando pericolosamente verso il disprezzo; tutta quella negatività causata dal weekend con sua madre stava venendo fuori. "Mi vergogno di essere con te in pubblico."

John, che si trovava di fronte a una decisione fondamentale, si ricordò improvvisamente di una sala giochi dove era solito andare quando era all'università. Uno dei giochi a gettoni prevedeva che si puntasse una pistola finta contro Wyatt Earp.[1] Se si puntava la pistola più velocemente di Wyatt, lui pronunciava una specifica frase con la sua piccola voce robotica, che ora riapparve nella mente di John, il quale perciò si alzò nel mezzo del ristorante pieno e, afferrandosi in modo teatrale il petto, disse: "Bel colpo, partner! Mi hai colpito!", e si accasciò al suolo.

L'intero ristorante si zittì, scioccato. Un cameriere arrivò di corsa pensando che John avesse avuto un infarto.

Nel frattempo, Julie stava ridendo così tanto da avere le lacrime agli occhi.

E questa è stata la fine di quel litigio; terminato prima ancora di cominciare.

Abbiamo sempre utilizzato l'umorismo nei litigi per riparare la situazione; ma i primi tempi, i peggiori litigi terminavano con Julie che se ne andava sbattendo la porta (era più veloce di me). Eravamo entrambi molto critici e sprezzanti, non rendendoci conto di quanto ciò

1. Wyatt Earp (1848-1929) era un pistolero statunitense. Fu particolarmente noto come sceriffo, cacciatore di bisonti ma anche come giocatore d'azzardo, ladro di cavalli e gestore di saloon nelle città minerarie di frontiera della California e dell'Alaska. [NdT]

fosse dannoso e di quanta più riparazione questo richiedesse. Per fortuna che c'è la ricerca di John! Ci ha davvero aiutato e noi personalmente utilizziamo tutti gli interventi che vi spiegheremo nelle cinque sezioni di questo libro. Siamo ancora una coppia esplosiva ma, nel corso degli anni, siamo diventati degli esplosivi migliori e più gentili. E in fondo questo è l'obiettivo: non cambiare il vostro stile conflittuale (a meno che non lo vogliate davvero), ma litigare meglio. Con più compassione per le permanenti fragilità reciproche, come John fu in grado di fare per Julie quella sera, comprendendo da dove era appena arrivata e come questo stesse plasmando le sue reazioni nei suoi confronti.

Perciò, per concludere: il vostro stile potrebbe certamente cambiare nel corso del tempo. Potete imparare ad "allungarvi" per raggiungere il vostro partner. Ma è importante ricordare che tutti abbiamo questi stili di partenza profondamente radicati, ai quali ricorreremo sempre automaticamente, soprattutto sotto pressione. Quindi, sia che siate in coppia con qualcuno che condivide il vostro stesso stile o che sospettiate ci sia uno sfasamento... parlatene!

Prendetevi ora qualche minuto per parlare con il vostro partner:

- Qual è stata la mia cultura conflittuale durante la crescita? Che cosa ho imparato sul conflitto dalla mia famiglia di origine? Quali convinzioni sul conflitto mi porto dietro?
- Quale dei tre stili conflittuali è il mio? Qual è "la mia modalità metaemozionale"? Come mi sento riguardo ai sentimenti? Ci sono alcuni sentimenti che mi è più facile esprimere rispetto ad altri?
- Come interagiscono i nostri stili conflittuali? Abbiamo lo stesso stile o sono diversi? In che modo questo influenza le nostre discussioni conflittuali?

Costruirsi una consapevolezza di questi fattori fondamentali che danno forma ai nostri litigi ci permette di affrontare meglio tutti i nostri conflitti in futuro. Comprendere il proprio stile e quello del partner crea empatia e compassione, il che significa che persino un litigio può diventare uno spazio sufficientemente sicuro per affrontare insieme i problemi e fare una cosa fondamentale: capire per che cosa si stia effettivamente litigando, nel profondo.

Su che cosa litighiamo

Una cliente recente venne da noi con un passato di divorzio. Il suo primo matrimonio era finito e ora era al secondo, che aveva contratto con la massima fiducia nel fatto che sarebbe durato. Eppure, sembrava che le cose stessero ancora una volta prendendo la stessa angosciante strada del matrimonio precedente. Questa volta lei voleva un risultato diverso. Amava suo marito. Voleva che rimanessero insieme. Ma a prescindere da quanto si sforzassero, le cose sembravano solamente peggiorare. Si domandava perché lo schema sembrasse ripetersi.

"All'inizio è sempre così meraviglioso" ci disse. "Per mesi, persino per anni, sembra facile, bello e giusto. E poi inizia questo ciclo: semplicemente ci scontriamo su ogni cosa. Voglio dire, sembra un superpotere negativo che possediamo, riusciamo a litigare per *qualsiasi cosa*. Possiamo litigare per la lista della spesa. Possiamo litigare riguardo a qualcosa su cui eravamo già d'accordo!"

Proprio qualche sera prima, ci raccontò, lei e suo marito si erano improvvisamente fermati nel bel mezzo di un orribile litigio, con tanto di epiteti, e si erano resi conto che la causa del loro conflitto era... se mettere le forchette nella lavastoviglie con la punta rivolta verso l'alto o verso il basso.

Si erano guardati, sconvolti. Avevano bisogno di aiuto.

Lei lo ha sintetizzato in questo modo: "Sembra che le relazioni inizino alla grande e poi arrivino a un punto in cui nessuno può dire nulla senza scatenare un litigio. È come... passare dalle stelle alle stalle".

Una domanda che ci viene sempre posta è: Qual è la prima cosa per cui le coppie litigano?

Ci è stato domandato dai pazienti e dai partecipanti agli studi. Dai conduttori di programmi televisivi. Alla radio. Dagli amici e dai nuovi conoscenti. Solitamente è una delle prime cose che le persone ci chiedono quando sentono che lavoro facciamo. Forse le persone pensano che se sono in grado di evitare quel preciso argomento scottante che rende la maggior parte delle coppie inclini al litigio possono preservare meglio la propria relazione; forse ritengono che se sanno quale sia la grande problematica con cui la maggior parte delle coppie ha delle difficoltà, possono dedicare maggiore attenzione a quell'ambito e assicurarsi che non si trasformi in un problema. Ci piacerebbe moltissimo darvi una risposta, ma non possiamo, perché la prima cosa per la quale le coppie litigano è *il nulla*.

Dalle stelle alle stalle: per cosa stiamo litigando?

SCENA: Matt e Sophie, una coppia di trentenni, si danno da fare nella loro disordinata cucina, cercando di dare da mangiare ai loro tre rumorosi e affamati bambini, e Matt di lì a poco deve andare a una riunione serale. Per cena c'è la pizza; è stata consegnata dal fattorino e Sophie ha messo le scatole nel forno per tenerle in caldo mentre tira fuori i piatti, le forchette e i tovaglioli. I bambini girano in mezzo ai piedi. Sophie alza lo sguardo e nota che Matt, appoggiato al bancone della cucina, sta già mangiando una fetta. Okay, va bene, pensa lei, deve schizzare fuori dalla porta da un momento all'altro e questa è la sua unica possibilità di mangiare. Ma poggiate dietro di lui sul bancone ci sono le scatole di pizza che lei stava cercando di tenere in caldo. Fa sempre così: lui si serve per primo e poi lascia il cibo fuori a raffreddarsi.

"Esiste un motivo per cui quelle scatole di pizza sono sul bancone?", dice.

Matt nota il suo tono sarcastico e lo adotta a propria volta: "Non lo so. Suppongo sia perché la sto mangiando?".

"Be', nessun altro è ancora pronto."

"Perciò, all'interno di quale metro quadro vuoi i cartoni della pizza? Per favore, illuminami."

"Hmm, questa è una domanda difficile. Che cosa ne dici del forno, che è stato ovviamente preriscaldato?" Persino i bambini stanno cogliendo il sarcasmo che trapela da ogni parola. La pizza non è l'unica cosa nella stanza a raffreddarsi rapidamente: l'interazione è assolutamente gelida, ogni commento è tagliente come una stalattite.

Questo è un litigio sulla pizza?

SCENA: Nina e Rohan, novelli sposi, hanno appena acquistato la loro prima casa e stanno decidendo dove piantare un cespuglio di mirtilli. Nina vuole tenerlo in un vaso così da poterlo spostare più facilmente; Rohan vuole piantarlo in giardino.

"Non starà bene in un vaso", afferma Rohan iniziando già a scavare, "i mirtilli hanno bisogno di tantissima acqua e di drenaggio".

"Come fai a saperlo?", dice Nina, improvvisamente irritata. "Sei tutto di un colpo diventato un agricoltore? Smettila di scavare! Non voglio piantarlo!"

"Ehi, ehi", dice Rohan. "È solo una pianta."

"È solo una pianta, è solo una casa, sono solo tutti i nostri risparmi, è un prestito enorme che potremmo non ripagare mai; nulla è un problema secondo te, suppongo! Non c'è mai nulla di cui preoccuparsi; tutto semplicemente andrà a finire bene come per magia?"

Lei scoppia in lacrime e corre dentro, lasciando Rohan fermo in piedi e perplesso, con la pala in mano.

Questo è un litigio riguardo a una pianta?

SCENA: Brandon e Todd si frequentano da sei mesi e la relazione sta diventando seria. Sembra il momento giusto per conoscere le rispettive famiglie. Qualche settimana prima hanno cenato con i genitori e le sorelle di Todd, ed è stato un vero spasso: sono una famiglia affettuosa e chiassosa e hanno accettato Brandon immediatamente. Brandon non è così sicuro che la cena a casa dei suoi genitori sarà altrettanto tranquilla. Sua madre e suo padre sono stati scostanti e rigidi con i suoi precedenti fidanzati.

Sulla strada per la cena, si fermano al supermercato per prendere dei fiori e una bottiglia di vino. Todd ne sceglie una.

"A mia madre non piace lo Chardonnay", dice Brandon e strappa la bottiglia dalle mani di Todd.

"Okay", dice Todd amabilmente. "Che ne dici di un rosé?"

Brandon ispeziona l'etichetta. "Questo sembra scadente."

"È buono. L'ho già bevuto in passato."

"Non mi interessa se *tu* pensi che sia buono. Voglio portare qualcosa che *lei* pensi che sia buono!"

Brandon è mogio, visibilmente ferito. "Be', non credo ci sia bisogno di spendere molti soldi per fare un bel gesto."

"Non mi stai ascoltando."

"Certo che ti sto ascoltando. Ma che diavolo stai dicendo? Scegli il vino che vuoi. Lo pagherò io."

Brandon risbatte la bottiglia sullo scaffale e se ne va infuriato dal reparto dei vini, dicendo senza girarsi: "Lascia stare. Non andiamoci nemmeno".

Questo è un litigio sul vino?

Quando diciamo che la prima cosa per cui si litiga è *il nulla*, quello che intendiamo dire è che praticamente tutto può scatenare un conflitto tra partner se ce ne sono le condizioni.

Una pizza, una pianta, una bottiglia di vino: questi sono certamente gli argomenti che hanno scatenato i litigi di cui sopra, ma è piuttosto chiaro che in tutti questi esempi ci siano in ballo problematiche più profonde.

Quando si vedono due partner impegnati in un'accesa discussione per qualcosa che sembra banale, di solito non lo è affatto. I nostri conflitti hanno un carburante sotterraneo, delle cose sotto la superficie che stanno guidando quel litigio sulla divisione delle faccende di casa o su come spendere i soldi o il tempo libero nel fine settimana. Più in profondità, spesso si litiga riguardo a:

- *Valori:* Che cos'è l'amore? Che cos'è una casa? Che cosa significa essere una famiglia?
- *Bisogni non riconosciuti:* Ce ne sono molti, ma tra i più importanti ci sono i bisogni di gioco, di connessione e di romanticismo: l'80% delle coppie che iniziano la terapia dice: "Non c'è più romanticismo".
- *Sogni nascosti:* Quali sono le mie speranze e i miei sogni, sia attuali sia futuri? Qual è lo scopo della mia vita, la mia ragione di esistere?

Una parte considerevole di un amore soddisfacente a lungo termine consiste nello sviluppare la capacità di rendersi conto del fatto che ciò per cui si sta effettivamente litigando non è una pizza fredda ma un desiderio che gli sforzi vengano apprezzati; non una pianta ma lo stress di un nuovo impegno e il fatto di non aver avuto lo spazio per parlarne; non il prezzo di una bottiglia di vino, ma una profonda paura del rifiuto genitoriale.

Ma la verità è: è difficile da fare! E questo perché, generalmente, non ci si siede insieme a tavola e si dice con calma: "Allora, tesoro, per cosa vuoi litigare oggi?". Invece, il litigio si scatena in momenti come quello descritto sopra: nella frenesia della vita, nei momenti che avevamo pianificato come *bei* momenti, sotto pressione e, come dicono molte coppie, "di punto in bianco".

Una delle ragioni principali è *il fallimento dei tentativi di connessione*.

Tentativi di connessione: un tassello fondamentale nel puzzle del conflitto

Un "tentativo di connessione" è, in parole povere, tutto ciò che voi o il vostro partner fate per cercare di attirare l'attenzione dell'altro e creare una connessione. Può essere un commento o un gesto. Può essere discreto o palese. Può essere positivo o negativo. Dire al partner: "Guarda questo meme divertente!" porgendogli il telefono è un evidente tentativo di connessione. Sospirare tristemente potrebbe essere un tentativo più discreto. La cosa principale da notare, però, è che non stiamo in questo caso parlando di conversazioni significative e profonde o di incontri del tipo "Dobbiamo parlare". Sono i piccoli, fugaci momenti nel corso della giornata: le piccole attenzioni e interazioni che possono sfuggire facilmente se si è impegnati o stressati. Ma quello che abbiamo notato con le nostre tremila coppie al Love Lab è che queste cose sono davvero importanti. Quando abbiamo osservato quelle coppie, abbiamo constatato che abitualmente esistono tre possibili modi in cui i partner tendono a rispondere ai reciproci tentativi di connessione:

1. *Voltarsi verso* il partner indica una reazione positiva al tentativo di connessione. Perciò nel caso dell'esempio citato precedentemente, risulterebbe così: voi dite al vostro partner: "Guarda questo meme divertente!" e lui lo guarda, ride e magari commenta con: "Oh sì, l'ho visto, è perfetto". O nell'altro esempio: il vostro partner sospira tristemente e voi dite: "Cosa c'è che non va, tesoro?".

2. *Girarsi dall'altra parte* significa che il tentativo di connessione del partner viene ignorato. Voi porgete il telefono ma il vostro partner è troppo occupato per guardare. "Un secondo" borbotta e continua a scrivere una email. Oppure: il vostro partner sospira ma voi non rispondete affatto. Fate finta di non averlo sentito: è sempre giù di morale per qualcosa e voi in questo momento non avete voglia di scoperchiare un verminaio.

3. *Opporsi* significa che si reagisce negativamente o bruscamente al tentativo di connessione. Porgete il telefono e il vostro partner sbotta: "Non ti ho appena chiesto di smettere di interrompermi? Sto cercando di finire questa email di lavoro!". Oppure: il vostro partner sospira e voi, in preda alla frustrazione, chiudete violentemente il portatile: "*Adesso* cosa c'è?".

Quando le coppie a elevata conflittualità vengono da noi, una delle prime cose che cerchiamo di capire è: c'è stato un andamento caratterizzato dall'avvicinarsi al partner? O la vita di coppia è stata caratterizzata dal girarsi dall'altra parte e persino dall'opporsi? Nel caso di una coppia in difficoltà con una conflittualità costante o intensa, la risposta può essere incredibilmente illuminante. Nei sette studi longitudinali che abbiamo condotto al Love Lab seguendo coppie anche per vent'anni, abbiamo scoperto che i tentativi di connessione, quei momenti piccoli, ordinari, fugaci che ci riempiono le giornate, erano uno dei maggiori predittori del benessere futuro della relazione: le coppie felici si giravano molto verso il partner, mentre le coppie infelici tendevano a non farlo. E quando, sei anni dopo, abbiamo svolto il follow-up con le nostre coppie, che sono rimaste per ventiquattro ore nel nostro appartamento all'interno del laboratorio, e abbiamo analizzato i dati, abbiamo riscontrato una netta divergenza: i "maestri" dell'amore, le coppie che erano rimaste insieme felici e stabili, si erano "rivolte verso" i reciproci tentativi di connessione l'86% delle volte. Nelle coppie in difficoltà, ciò era avvenuto solo il 33% delle volte (Gottman, 1994).

Perché questo era così importante? Perché i tentativi di connessione che vengono accolti diventano soldi in banca per una relazione. Abbiamo iniziato a chiamare le reciproche reazioni dei partner "il conto in banca delle emozioni". Ogni volta che i partner notano e accolgono un tentativo di connessione, anche quelli sottili e soprattutto quelli negativi, è come se mettessero una moneta in quel salvadanaio metaforico. Le coppie che accolgono molto hanno una riserva profonda piena di buona volontà, connessione e affetto alla quale attingere quando ci sono momenti di attrito per qualsiasi cosa, dalla cena, alle piante in vaso, o al vino economico, fino a questioni di cura e di equità, di casa e costanza, di accettazione e rispetto. Nel frattempo, le coppie che mostrano un comportamento di allontanamento o di opposizione saranno già in rosso. Ciò significa che, quando arrivano a un momento di conflitto, c'è poca o nessuna buona volontà e affetto a cui attingere per impedire che il conflitto si inasprisca.

Ogni litigio può diventare grave quando i partner sono distaccati, quando i tentativi di connessione sono stati regolarmente tralasciati o ignorati. Si è maggiormente propensi a fraintendersi a vicenda e ad aspettarsi il peggio. Si è predisposti ad avere una prospettiva negativa sul partner o sulle sue azioni, invece di avere la capacità di concedersi reciprocamente il beneficio del dubbio. Siamo più propensi a ricorrere ai Quattro cavalieri (critica, disprezzo, difensiva e ostruzionismo) quando il conto corrente delle emozioni è prosciugato.

Se ultimamente voi e il vostro partner vi siete confrontati con un aumento o un peggioramento del conflitto, vale la pena di chiedersi:

- Come sono stati accolti i vostri recenti tentativi di connessione?
- Come avete reagito ai tentativi di connessione del vostro partner?
- C'è stato ultimamente un comportamento ricorrente di allontanamento o persino di rifiuto?
- Quanto è "pieno" in questo momento il vostro conto corrente emotivo? Per fare questa valutazione, chiedetevi quanto siano vere le seguenti affermazioni:
  - Oggi non vedo l'ora di passare del tempo con il mio partner.
  - Tra noi c'è un senso dell'umorismo condiviso: quando passiamo del tempo insieme, ci divertiamo.
  - So a grandi linee cosa sta succedendo al mio partner questa settimana, per cosa è stressato o di cosa è orgoglioso.
  - Quando guardo il mio partner, sono grato per la sua presenza e per il suo apporto alla nostra relazione e alla nostra casa.
  - Mi sveglio al mattino con "un senso del noi"; anche se io e il mio partner abbiamo una giornata impegnativa, mi sento sostenuto e so che sta dalla mia parte. Non mi sveglio sentendomi sola.

Se avete risposto "non proprio" a una qualunque delle domande precedenti, allora il vostro conto in banca emotivo potrebbe essere un po' basso; se non avete sentito come molto vera nessuna delle domande precedenti, allora il vostro conto in banca emotivo potrebbe essere seriamente in rosso. Il che ci riporta all'inizio di questo elenco: *tentativi di connessione*. Potrebbe essere arrivato il momento di fare uno sforzo intenzionale di avvicinamento reciproco nelle piccole cose quotidiane, così da ricostruire quel conto emozionale.

Se attualmente non state ottenendo un 10+ sui tentativi di connessione nella vostra autovalutazione, sappiate che non siete soli. Per favore, non buttatevi giù. Consideriamo le probabilità a vostro sfavore. Secondo voi, quante probabilità ci sono che *sia voi sia il vostro partner* siate emotivamente disponibili a entrare in relazione nello stesso momento? In altre parole, che uno di voi farà un tentativo di connessione e l'altro sarà aperto e disponibile a riceverlo? Spoiler: i calcoli in questo caso non sono a nostro favore. Anche se voi foste emotivamente disponibili a entrare in relazione con il vostro partner circa il 50% delle volte e il vostro partner avesse pressappoco la stessa disponibilità, la probabilità che le vostre due disponibilità si sovrappongano sono pari a 0,50 per 0,50, che equivale a 0,25. Perciò, la probabilità che la vostra disponibilità si sovrapponga è *solo* del 25% (Gottman, 2011). Ciò significa che il 75% delle volte la vostra disponibilità e quella del vostro partner saranno sfasate. Perciò, se state lasciando le cose al caso e non vi state intenzionalmente avvicinando, le probabilità che vi troviate magicamente in una situazione di apertura e disponibilità nello stesso momento sono terribilmente scarse.

Quindi, prima di addentrarci nelle specifiche strategie di conflitto all'interno della prossima parte del manuale, la vostra prima missione è proprio questa: *avvicinarvi*. Le nostre vite non sempre sono impostate in modo tale da rendere questo compito facile. Siamo sottoposti a così tante pressioni: impegni lavorativi, figli, parenti, attività urgenti, tutta l'infinita logistica della vita, e queste pressioni sono reali.

In un innovativo studio osservazionale condotto dallo Sloan Center dell'Università della California, Los Angeles (UCLA), i ricercatori hanno scoperto che le coppie a doppio reddito con figli si parlavano a quattr'occhi in media solo *per trentacinque minuti alla settimana* (Campos, Graesch, Repetti et al., 2009). Non è molto! Dobbiamo volere intenzionalmente questa cosa: mettere giù il telefono, chiudere la pagina della posta elettronica, mettere via il libro o il rapporto urgente che stiamo leggendo, smettere di lavare i piatti o di fare il bucato. Tante cose sul momento sembrano molto più urgenti che chiacchierare con il nostro partner dell'uccello che abbiamo appena avvistato fuori dalla finestra o fermarci a domandare come mai sembri stressato. Ma a lungo termine non lo sono. Decenni di dati lo confermano: queste fugaci opportunità di connessione che sono disseminate ovunque ogni giorno hanno un enorme potere di influenzare lo sviluppo futuro della nostra relazione (Gottman, 1994). Non solo ci tengono legati ma costruiscono la fiducia. E nel conflitto, domandiamo sempre: *Posso fidarmi di te?*

- Posso fidarmi del fatto che tu voglia il meglio per me?
- Posso fidarmi del fatto che tu sia gentile con me in questo momento?
- Posso fidarmi del fatto che tu mi tratterai con rispetto durante questa conversazione?
- Posso fidarmi del fatto che tu faccia squadra con me anche se siamo in disaccordo?

Le risposte a queste domande sono importanti, a prescindere dal fatto che il conflitto in cui ci si trova sia *risolvibile* o *perpetuo*.

I due tipi di litigi: risolvibile *versus* perpetuo

Come abbiamo accennato nell'introduzione di questo volume, tutti i litigi rientrano in una di queste due categorie: risolvibili o perpetui. I litigi risolvibili hanno delle soluzioni. Possono essere risolti. Questo non significa che siano sempre *facili* da risolvere, ne riparleremo a breve. Ma fondamentalmente si tratta di problemi con soluzioni e, una volta risolti, è improbabile che si ripresentino.

Al contrario, i problemi perpetui non se ne andranno. Questi sono i conflitti che non verranno mai risolti, ma con cui si dovrà convivere e che andranno gestiti per tutta la durata della relazione. Sebbene gli specifici motivi dei conflitti perpetui siano differenti per ogni coppia, ogni coppia sperimenta questi tipi di conflitti. E per ogni coppia essi rappresentano la stragrande maggioranza dei conflitti.

Quando portammo le coppie al Love Lab per osservare le loro interazioni e le loro discussioni conflittuali e successivamente continuammo a vederli ogni paio d'anni fino a un massimo di vent'anni, notammo che, anno dopo anno, *continuavano a litigare sempre per le stesse cose* (Gottman, Gottman, 2017). Poteva capitare di osservare una coppia litigare, per esempio, riguardo alla propria vita sociale e alla frequenza con la quale uscire con gli amici o rimanere a casa. Un partner amava vedere gli amici e si sentiva felice e pieno di energia quando era in contatto con la comunità; l'altro sentiva la mancanza del tempo in tranquillità con il partner e si sentiva ignorato e impacciato alle feste. Quando li rivedemmo in laboratorio, questo era ancora un motivo di contrasto! Sei anni dopo, stavano ancora litigando per decidere se andare a una festa il venerdì sera. Le uniche cose che cambiavano erano i loro vestiti e le pettinature.

Perché questo rappresenta un problema perpetuo per questa coppia? Perché ad agitarsi sotto il problema se accettare o rifiutare un semplice invito a una festa c'è tutta una serie di altre cose che hanno a che fare con le differenti personalità dei partner (l'uno estroverso e l'altro introverso), con le loro diverse esigenze all'interno della relazione e con le priorità riguardanti il modo in cui vogliono trascorrere il proprio tempo. Questo conflitto è destinato a separarli? Assolutamente no. Ma questa è un'area in cui sono molto diversi e quindi dovranno trovare ogni volta nel corso della loro vita le modalità per affrontare il conflitto, per esprimere le proprie esigenze, per creare un compromesso e, in una certa misura, per essere accoglienti nei confronti delle reciproche differenze.

Ricordate che il 69% dei nostri conflitti rientra nella categoria "perpetuo": si tratta di bel po' di conflitto con cui convivere! Ma ecco cosa comprendono i maestri dell'amore: il conflitto perpetuo è inevitabile in qualsiasi relazione. Quando scegliamo qualcuno per la vita, oltre a scegliere qualcuno da amare, stiamo scegliendo una serie di conflitti perenni, di punti di attrito che si riaccenderanno sempre e a volte forse daranno vita a un piccolo incendio. Non c'è là fuori una relazione magica, priva di conflitti, semplicemente non esiste. L'obiettivo quindi è quello di vivere *bene* con questi punti di conflitto: accettare che ci siano e affrontarli con compassione e curiosità anziché ponendosi sulla difensiva e con atteggiamento critico.

Perciò, quali tipologie di conflitti tendono a essere risolvibili e quali sono perpetui?

Dipende. Per ogni coppia, qualsiasi argomento, dalle finanze, alle faccende domestiche, all'educazione dei figli, a come caricare la lavastoviglie, può rappresentare un problema risolvibile o perpetuo. La domanda è: il problema è limitato a questo singolo scenario? Oppure si lega a un conflitto più profondo che viene menzionato anche in altri litigi, connesso a una sottostante differenza di fondo tra voi e il vostro partner nelle vostre personalità, nei vostri valori e priorità, nelle vostre credenze rispetto "a come dovrebbero essere le cose"?

A volte un litigio su come mettere le forchette nella lavastoviglie è solo un litigio sulle forchette! Siete entrambi irritabili, ultimamente non avete comunicato molto, e una cosa sciocca si ingrandisce. Succede. Ma se vi ritrovate a urlarvi contro per gli scaffali della cucina con tazze, piatti e argenteria ("Non mi ascolti *mai*! Si fa sempre a modo tuo oppure nulla!"), allora forse avete bisogno di avere una conversazione sul controllo e sull'influenza all'interno della relazione. Se state litigando su quale modello di auto dovreste comprare, questo potrebbe essere un problema risolvibile con una decisione facile da raggiungere… oppure potrebbe far scoppiare la Terza guerra mondiale, con i differenti contesti di provenienza che causano conflitti sul modo in cui ora volete presentarvi al mondo (per esempio, che macchina gli altri vi vedono guidare).

Ora pensate all'ultimo litigio, o agli ultimi due o tre che avete avuto con il vostro partner.

In quale categoria rientravano questi conflitti?

Se erano perpetui: quale pensate possa essere il problema o i problemi di fondo? È qualcosa che era emerso, in una forma o in un'altra, in altri conflitti? Forse ci sono dei bisogni insoddisfatti o degli obiettivi frustrati che si annidano sotto la superficie; forse c'è un modo in cui ritenete che la vita dovrebbe essere affrontata, su cui voi e il vostro partner non siete allineati in questo momento. (Non preoccupatevi di trattare le questioni in questo momento con il vostro partner: non vogliamo che litighiate prima che vi abbiamo fornito dei nuovi strumenti per aiutarvi a discutere con calma del problema.)

E se i conflitti si trovavano nella categoria "risolvibili": come avete vissuto questi litigi? Anche i litigi risolvibili possono essere vissuti piuttosto male, soprattutto quando si commettono alcuni errori conflittuali comuni. Voi e il vostro partner siete riusciti ad arrivare a una soluzione o a un compromesso, oppure vi siete bloccati? Non è un problema se è successo! Questa è una situazione comune.

Però, in definitiva, a prescindere dal fatto che il vostro litigio sia risolvibile o perpetuo, esiste comunque un minimo comune denominatore che determina se il conflitto diventerà dannoso o no.

Il comune denominatore nei litigi che vanno male

Tutti i litigi che vanno a finire male hanno un importante elemento in comune: **il fatto di liquidare le emozioni negative del partner**.

La nostra reazione istintiva a delle emozioni forti indirizzate a noi è spesso quella di minimizzare, di squalificare, di liquidare. Ma se non si ha la capacità di ascoltare le emozioni del proprio partner senza porsi sulla difensiva, il litigio degenererà, a prescindere dal fatto che il problema sia risolvibile o perpetuo. Quando le emozioni negative rimangono inascoltate, si intensificano perché non otteniamo l'attenzione del partner. Perciò peggioriamo la situazione. Ci sentiamo sopraffatti. Compaiono i Quattro cavalieri. Finiamo in un conflitto complesso da riparare e da cui è difficile riprendersi.

Che cosa provoca l'escalation?

- Viene espressa una emozione negativa ("Sono molto arrabbiato per il fatto che tu abbia dimenticato il mio compleanno").
- Il partner reagisce minimizzando o liquidando la questione ("Abbiamo festeggiato la settimana scorsa; non è chissà cosa").
- L'emozione si intensifica.
- Probabilmente ci si sente sopraffatti.
- Compaiono i Quattro cavalieri (difensiva, critica, disprezzo, ostruzionismo).
- Escalation.
- Danno.

Il punto rispetto ai conflitti risolvibili *versus* perpetui è il seguente: quando si tratta di *come litigare bene*, non ha molta importanza che tipo di litigio si stia avendo. I problemi perpetui toccano temi esistenziali e possono sembrare molto più "grandi", ma i problemi risolvibili necessitano comunque delle nostre migliori competenze di gestione del conflitto per essere risolti con successo. Useremo le stesse strategie per assicurarci di litigare con gentilezza e che tutti vengano ascoltati. Tuttavia, essere in grado di identificare il tipo di litigio vi aiuterà a chiarire il vostro obiettivo. State lavorando per trovare una soluzione a un problema isolato? Oppure state lavorando per capirvi meglio reciprocamente e per gestire insieme un punto di conflitto di lunga durata? Uno dei più grandi equivoci sul conflitto che vediamo tra le coppie è la persistente e pervasiva convinzione che tutti i conflitti dovrebbero essere risolti, altrimenti c'è qualcosa che non va nella relazione. Questo è un mero mito! Liberatevene. La maggior parte dei vostri conflitti non sarà mai completamente risolta, e va bene così. In effetti, è una cosa buona, normale e sana!

Tuttavia, quando non si affrontano le cause sottostanti, i problemi permanenti possono diventare un seme della discordia nelle coppie. Se i litigi sui problemi permanenti diventano così ripetitivi e poco costruttivi per cui i partner non riescono più ad aprirsi l'uno con l'altro o a compiere dei progressi verso la risoluzione o il compromesso, si può finire in una situazione di stallo, che non è un posto felice in cui stare.

Stallo: che cos'è e come se ne esce?

Ecco come si presenta una situazione di stallo:

Lo stesso litigio in continuazione – e si sta malissimo. L'affetto, il calore e l'umorismo sono scomparsi; i Quattro cavalieri compaiono sempre più spesso.

Ognuno di voi è rigidamente arroccato sulle proprie posizioni. Non riuscite a fare alcun progresso verso il compromesso o la risoluzione. Vi sembra di non *poter* scendere a compromessi: se concedete un dito, il vostro partner si prenderà un braccio. (Il vostro partner probabilmente la pensa allo stesso modo.)

Finite per sentirvi feriti e frustrati ogni volta che voi e il vostro partner trattate questo problema.

State diventando sempre più polarizzati: quanto più il vostro partner si oppone a voi su questo argomento, tanto più aggressivamente voi sentite di dover difendere la vostra posizione (e viceversa). Come in uno di quei giochi "incastra dita", come la trappola cinese,[1] che si

1. Si fa in questo caso riferimento ai giochi per bambini basati sul modello del "Chinese Finger Trap Toy", in cui un dito del bambino viene inserito in un sottile tubo di bambù e lo scopo del gioco è scoprire come fare a liberarsi, in quanto più si spinge verso l'esterno più il tubo si restringe. [NdT]

stringono sempre più: quanto più ciascuno di voi spinge, tanto più vi bloccate.

Vi sentite rifiutati dal vostro partner.

State diventando sempre più distaccati.

Nello stallo, si diventa completamente chiusi l'uno verso l'altro. Non c'è ascolto, non c'è apertura reciproca, non c'è collaborazione, non c'è comprensione. Si potrebbe essere così logorati dal conflitto ripetitivo da non mostrare neanche più le emozioni. Dopo aver avuto lo stesso litigio una dozzina, un centinaio, un milione di volte, (sembra!), e tutte le emozioni, il calore, la passione, persino la rabbia, si sono esaurite. Ci si svilisce a vicenda nella propria mente: *Sei così egoista. Così testardo. C'è poco da fare con te. Non troveremo mai una soluzione*. Le discussioni conflittuali che si trovano in una situazione di stallo potrebbero finire con uno dei due partner che dice sconsolato: "Non voglio più parlarne". Ci si è passati così tante volte che ci si vuole arrendere.

Quando parliamo di stallo, in genere, ci riferiamo a un'area problematica in particolare: in tal senso, è diverso dallo stile conflittuale "ostile". In una dinamica ostile, quell'ostilità ha preso il sopravvento su tutte le interazioni conflittuali di una coppia: ogni volta che c'è attrito o disaccordo, l'ostilità viene fuori. Ma qualunque stile conflittuale può dar luogo a una situazione di stallo su uno specifico argomento. Perciò su quali argomenti scottanti tendiamo a bloccarci?

Assolutamente tutti.

Possiamo finire in una situazione di stallo per questioni che, a un estraneo, potrebbero sembrare banali, persino infantili. Osservando due persone in una conversazione conflittuale bloccata, si potrebbe pensare: "*Allora, mi vengono in mente una mezza dozzina di possibili soluzioni al loro problema: perché non possono semplicemente collaborare e trovare una opzione da sperimentare?*". Ma in uno stallo, questo sembra impossibile, perché, come tutti i problemi perpetui, il conflitto bloccato riguarda qualcosa di molto più profondo dell'argomento in questione.

Ecco cosa abbiamo scoperto: quasi tutti i conflitti bloccati riguardano in realtà *sogni irrealizzati*.

Tutti abbiamo speranze e sogni su come vogliamo che la nostra vita si svolga… A volte abbiamo espresso questi sogni al nostro partner, ma spesso non lo abbiamo fatto. Forse non li abbiamo espressi nemmeno a noi stessi. Forse hanno assunto una forma maggiormente latente: una pulsione, un malessere, un desiderio, una sensazione di mancanza di qualcosa di importante.

Consideriamo Amy e Matthew, una coppia di asiatici americani che vive vicino a San Francisco. Hanno due bambini piccoli e sono diventati troppo numerosi per la minuscola villetta con due camere da letto che hanno preso in affitto prima di sposarsi. Da molto tempo desiderano comprare una casa con più spazio per i bambini, ma la zona è costosa e finora non sono riusciti a permettersela. Parlano molto di come avanzare nelle rispettive carriere: Amy attualmente lavora part-time scrivendo bandi per finanziamenti per un'organizzazione no-profit locale; Matthew è uno user experience designer per una grande azienda di social media. Amy, che è passata al part-time quando sono nati i bambini, è interessata a un'attività a tempo pieno, mentre Matthew sta cercando di avanzare internamente per diventare un project manager. Sono entrambi preoccupati per via dei soldi: riuscire a ripagare i prestiti studenteschi, permettersi una casa, garantire l'università ai figli. Così, quando a Matthew si presenta un'ottima opportunità di lavoro che offre un aumento di stipendio del 30% e l'esatto avanzamento di ruolo che sta cercando, accettare sembra una scelta ovvia. C'è solo un problema: il lavoro è presso una società informatica di Seattle, quindi la famiglia dovrebbe trasferirsi, e presto. Gli danno due settimane per prendere una decisione.

La conversazione tra Amy e Matt circa la possibilità di accettare o no il lavoro inizia bene e poi degenera rapidamente. Cominciano a fare i conti in un foglio di calcolo: costo della vita, costo del trasloco, consistenza dell'aumento di stipendio immediato e nel tempo. Ma il quadro finanziario non è chiaro: il trasloco è una spesa enorme e il costo della vita a Seattle non è in alcun modo più basso rispetto a quello a San Francisco. Non potranno comunque permettersi l'acquisto della casa. "Ma *alla fine* ce lo potremo permettere se accetto il lavoro" insiste Matt. "Certo, per il primo anno il mio aumento verrà assorbito dalle spese del trasloco. Ma dopo cominceremo a fare progressi."

"Ma ne vale davvero la pena? Affrontare tutto lo stress del trasloco, tirar via i bambini da scuola, solo per avere le stesse difficoltà economiche che abbiamo qui?"

"Ti sto dicendo che alla lunga ne varrà la pena."

"Be' e se non fosse così? E se mettessimo altri diecimila dollari su una carta di credito per trasferirci e affittare una nuova casa e non riuscissimo mai a rientrare della spesa, come tutte le altre cose che diciamo che ripagheremo? Non possiamo continuare così."

"Amy, il modo per liberarsi dai debiti *è fare più soldi.*" Matt è sempre più irremovibile. "Questa non è algebra avanzata. Sai una cosa? Se tu fossi più brava in matematica, forse non saremmo in questa situazione!" Ormai Amy è in lacrime.

Il problema è: stanno cercando di risolvere la cosa come se si trattasse di una questione di soldi. Il problema riguarda molto più dei soldi e nessuno dei due lo ammette, né forse se ne rende conto. Sotto le sue proteste per il costo del trasloco, Amy è terrorizzata all'idea di perdere la comunità che si sono costruiti nel quartiere: amici, scuole, reti di supporto. Il figlio più piccolo sta per compiere tre anni ed è più indipendente, quindi Amy riesce ad avere un po' più di libertà, a uscire con gli amici e a riallacciare i rapporti sociali. Sente di aver *appena* ripreso in mano la sua vita e ora Matt vuole che la abbandoni e ne costruisca una nuova. Aveva immaginato *qui* la sua vita. Vale la pena di rinunciare a quella vita per un lavoro?

Contemporaneamente, Matt ha passato gli ultimi anni della sua vita a essere scartato per le promozioni. Nel suo attuale lavoro sembra che nessuno noti il suo valore. Di recente, il suo supervisore lo ha scoraggiato dal fare anche solo domanda per la posizione di project manager che si stava liberando nel suo reparto. Il posto di lavoro gli è sembrato senza futuro e questo gli ha dato davvero fastidio, facendolo sentire senza futuro. Quando è andato a fare il colloquio per il nuovo lavoro, il gruppo era invece entusiasta di portarlo a bordo. Hanno capito le sue capacità e la sua esperienza, ed è stato fantastico sentirsi valorizzato e vedere il proprio potenziale riconosciuto. Matt aveva immaginato una carriera in cui avrebbe potuto progredire, crescere, fare un lavoro che gli procurasse gioia. Vale la pena di rinunciare a questa opportunità rara per rimanere in una città costosa dove continuano a fare fatica a tirare avanti? Ma queste questioni più profonde sono invisibili. Nel frattempo, il loro litigio sulle "finanze" si rinnova quotidianamente, inasprendosi sempre di più via via che si avvicina la scadenza della decisione di Matt.

Possono uscire dallo stallo? Sì. Anche l'*impasse* più consolidata può essere superata. Ma si deve essere in grado di esplorare le questioni più profonde che scorrono sotto la superficie di quel litigio bloccato. Si deve essere in grado di condividere con il partner quei sogni di vita molto personali e molto importanti. Solo allora si potrà iniziare a cercare un modo per andare avanti che tenga conto di *entrambi* quei sogni. Per quanto riguarda questa coppia, potrebbero finire per trasferirsi per questo lavoro, o potrebbero rimanere dove sono mentre Matt cerca altre opportunità interessanti a livello locale. Non esiste una risposta giusta. Ma la risposta giusta *per loro* emergerà solo quando inizieranno effettivamente a parlare della visione che ognuno di loro ha della vita che vuole e di come si sta manifestando in questo conflitto.

Quando vediamo coppie in una situazione di stallo, andiamo subito ai sogni, il più velocemente possibile. Qual è il bisogno fondamentale che non sta venendo soddisfatto? Il sogno non corrisposto? E perché è così centrale per la vostra identità? Se ci chiedeste: "Per che cosa litighiamo?", questa è la singola risposta che potrebbe racchiudere quasi tutti i litigi perpetui in un unico fascio: *i sogni*. Questo è il motivo per cui tutti i nostri modelli per il conflitto ci porteranno ai "sogni insiti nel conflitto", prima di raggiungere una qualsiasi risoluzione o un compromesso: è la prima cosa da fare.

Quando stallo significa fine della storia

La maggior parte delle coppie che sono venute ai nostri laboratori, anche quelle più angosciate, sono in grado di fare enormi passi avanti usando il modello di conflitto esposto in questo manuale. Ma a volte il sogno di una persona è l'incubo dell'altra, come quando uno vuole dei figli e l'altro assolutamente no. In una situazione del genere, potreste trovarvi ad affrontare la fine di una relazione. Ma anche in quella circostanza dolorosa, affrontare il processo conflittuale può essere chiarificatore e curativo per entrambi i partner: almeno si capisce perché ci si sta lasciando e non si dà la colpa a nessuno. Molto prima di incontrare Julie, John era già stato sposato una volta. Nel suo precedente matrimonio, il suo sogno era quello di diventare padre. Anche sua moglie aveva un sogno: non essere mai madre. Ma era un sogno di cui non si era del tutto resa conto, nemmeno interiormente. Per molto tempo avevano cercato di avere un bambino e di gestire l'infertilità. Alla fine si erano rivolti a un esperto che ha identificato il problema, l'endometriosi, che spesso è curabile, e che disse: "Posso far sì che lei rimanga incinta in sei mesi!".

John lasciò l'appuntamento assolutamente euforico.

Lei lo lasciò profondamente depressa.

Dopo accese discussioni su come, se e quando procedere con le cure, alla fine ebbero una conversazione sulle rispettive visioni per la loro vita e tutto venne a galla: John voleva profondamente essere genitore, lei no. Aveva altri obiettivi per la sua vita, una visione diversa del futuro, e avere un bambino avrebbe significato rinunciarvi. Per un breve periodo, John tentò di adattarsi al sogno di lei, pensando: "*Forse non abbiamo bisogno di avere dei figli per essere felici*".

Ma invece ne aveva bisogno. Per questo conflitto non esisteva alcuna risoluzione o compromesso possibile, e non era colpa di nessuno.

Se vi sembra che i vostri sogni e quelli del vostro partner siano in contrasto, sappiate questo: la maggior parte delle volte entrambi i sogni possono essere realizzati, anche se al momento ciò non sembra possibile. Se siete all'inizio del vostro percorso conflittuale, allora siate aperti alla possibilità che, via via che procedete nei prossimi capitoli, si potrebbero tranquillamente aprire nuove strade per voi e per il vostro partner, strade che ora non riuscite nemmeno a intravedere dalla posizione in cui attualmente vi trovate. E se effettivamente seguite il nostro modello conflittuale e scoprite che vi trovate davvero in una situazione simile a quella descritta da John, speriamo che, seguendo questa tabella di marcia, sarete in grado di arrivare alla fine di questa relazione con compassione e comprensione, anziché con dolore e vetriolo.

Nella nostra lunga storia di lavoro con le coppie, abbiamo trovato solo tre "motivi di rottura" che le coppie non possono (o non dovrebbero) superare:

MOTIVO DI ROTTURA 1

Abuso

L'abuso di un partner nei confronti dell'altro è un motivo di rottura. Tuttavia, fino al 50% delle coppie in terapia ha sperimentato un qualche grado di violenza durante il conflitto, e ciò non è sempre un motivo di rottura. Consideriamo la differenza. La ricerca (sia nostra sia di altri) ha identificato due tipi di violenza domestica: situazionale e caratteriale. La violenza domestica situazionale si verifica quando un litigio sfugge al controllo: si assiste a un'escalation, seguita dai Quattro cavalieri, che culmina in una violenza lieve come schiaffi o spintoni. Entrambi i partner vi partecipano, entrambi dopo stanno malissimo ed entrambi vogliono smettere. Negli Stati Uniti d'America, la stragrande maggioranza della violenza domestica, l'80%, è situazionale (Jacobson, Gottman, Gortner, 1996): è circoscritta ad avvenimenti specifici che sfuggono al controllo anziché rappresentare un modello di dominazione o controllo da parte di un partner sull'altro. La violenza domestica situazionale può essere superata con training e supporto: in uno studio di venti settimane su coppie con violenza domestica lieve (Cleary Bradley, Gottman, 2012), abbiamo scoperto che l'apprendimento e la messa in pratica di tecniche di gestione del conflitto, tecniche di training autogeno quando ci si sente sopraffatti, con il supporto di un dispositivo di biofeedback, strategie per aumentare l'amicizia e l'intimità eliminavano la violenza situazionale. Anche in un follow-up a distanza di diciotto mesi, le coppie dello studio continuavano ad affrontare il conflitto in modo più calmo senza alcuna recidiva di violenza domestica. Se voi e il vostro partner avete sperimentato la violenza situazionale, rivolgetevi a un professionista qualificato per ricevere assistenza e supporto. La violenza caratteriale è una storia diversa. In questo tipo di violenza domestica, un partner è il perpetratore, l'altro è la vittima. L'85% delle volte la vittima è la donna. La nostra ricerca ha identificato due tipi di perpetratori di violenza caratteriale: i "pitbull" e i "cobra". I pitbull sono gelosi e possessivi, temono l'abbandono e tendono a isolare il partner da amici e familiari. Mentre i cobra sono imprevedibili, incostanti ed esplosivi e colpiscono all'improvviso. Nessuno dei due tipi di perpetratori si assumerà veramente la responsabilità della violenza, incolpando al contrario la vittima di averla causata con il suo comportamento (Jacobson, Gottman, 1998). Non esiste un trattamento efficace per la violenza domestica caratteriale. Se la state vivendo, interrompete la relazione.

MOTIVO DI ROTTURA 2

Rifiuto di ricercare aiuto per la dipendenza

Secondo il dipartimento della Salute e dei Servizi umani degli Stati Uniti d'America, circa quaranta milioni di persone solo negli Stati Uniti lottano con un disturbo da abuso di sostanze (U.S. Department of Health & Human Services, Center for Behavioral Health Statistics and Quality, 2020). E si tratta di un disturbo, non di un fallimento morale. La guarigione è assolutamente possibile e nella nostra rete ci sono molti terapeuti qualificati che si occupano di aiutare le coppie nel processo di recupero. Il recupero può essere un percorso lungo; i partner di chi si sta impegnando per superare una dipendenza avranno bisogno di supporto per prendersi cura di se stessi, per guarire dal trauma e dal vissuto di tradimento generati dagli effetti della dipendenza, in modo da riconnettersi l'uno all'altro e ricostruire la fiducia. Spesso ci focalizziamo sulla creazione di nuovi rituali di connessione per le coppie che stanno lavorando per superare i problemi di dipendenza, in quanto i vecchi rituali di connessione (come le vacanze o l'andare a mangiare fuori) possono causare delle ricadute. Purtroppo, molte persone non cercano mai un trattamento. In un sondaggio (*Ibidem*), le ragioni che le persone hanno addotto includevano la difficoltà a trovare il trattamento specifico di cui necessitavano, la difficoltà a permetterselo e la preoccupazione rispetto a quello che gli altri (la loro famiglia, i vicini e i colleghi) avrebbero potuto pensare. Ma la ragione principale è che non pensavano di averne bisogno. Se la dipendenza vi sta causando della sofferenza nella relazione e il vostro partner non può o non vuole riconoscerlo e cercare aiuto, potrebbe non esserci una strada futura. La dipendenza non è un motivo di rottura: molti lottano con essa, prima o poi. Ma il rifiuto di affrontarla potrebbe benissimo esserlo.

MOTIVO DI ROTTURA 3

Differenze riguardo all'avere dei figli

La decisione di avere o meno un figlio modella la vita di una coppia sotto ogni aspetto. Quando il sogno di una persona è una vita senza figli e l'altra sogna invece di diventare genitore, la cosa migliore potrebbe essere separarsi, persino quando c'è molto amore. Le coppie possono raggiungere molti compromessi creativi per soddisfare sogni che potrebbero sembrare opposti all'inizio, come vedremo più avanti. Ma il sogno di diventare genitori (o di non diventarlo) potrebbe non essere qualcosa a cui si può rinunciare. Se questo è stato un punto di attrito nella vostra relazione, la discussione sui "sogni insiti nel conflitto", attraverso la quale vi guideremo nella prossima sezione del libro, può auspicabilmente aiutarvi a chiarire se c'è un modo per andare avanti o se la vita che avete bisogno di vivere per sentirvi realizzati è molto diversa da quella che ha bisogno di vivere il vostro partner.

Sappiate che, per la maggior parte delle coppie, la conversazione sui "sogni insiti nel conflitto" non implica la fine della relazione. Abbiamo notato che l'80% delle volte persino le coppie nella più radicata situazione di stallo possono fare enormi passi avanti utilizzando il modello di conflitto che illustreremo nella prossima sezione del libro, in quanto ci permette di individuare e di fare spazio ai principali bisogni e sogni di entrambi i partner (Babcock, Gottman, Ryan et al., 2013). Se voi e il vostro partner siete giunti a questo libro con l'obiettivo di litigare meglio, allora, a prescindere dal vostro punto di partenza, siamo pronti a scommettere che questa non sia la fine della strada, ma forse una svolta verso una nuova via.

I dieci principali miti sul conflitto

In questa prima parte del libro abbiamo trattato le basi del conflitto. Abbiamo analizzato i motivi essenziali per cui si litiga così tanto con chi si ama, da dove derivano gli stili conflittuali, come ciò dia forma ai litigi e per cosa si stia realmente litigando. Ora tratteremo un argomento più avanzato: come litigare bene.

Se voi e il vostro partner vi recaste da uno di noi in un contesto clinico, cominceremmo come facciamo spesso: sfatando alcuni dei più frequenti luoghi comuni riguardo all'amore e al conflitto che possono cogliere in fallo anche le coppie più solide. Alcuni di questi sono riepiloghi di concetti importanti che abbiamo già trattato qui, altri sono nuovi.

MITO 1: Una volta che avremo trovato una soluzione al grande litigio che stiamo avendo in questo momento, saremo a posto: non ci saranno più litigi!
Realtà: La maggior parte dei conflitti è perpetua. Bisogna imparare ad affrontare il conflitto in maniera diversa, a un livello di base, non a risolvere uno specifico litigio.

MITO 2: Se il conflitto è presente nella relazione non dovremmo stare insieme.
Siamo bombardati da versioni fiabesche dell'amore: *E vissero per sempre felici e contenti.* Nessuna delle storie che pervadono la nostra cultura, dai libri per bambini alle commedie romantiche, termina con *E vissero per sempre felici e contenti litigando su a chi toccasse portar fuori l'immondizia ogni lunedì per il resto della loro vita.* Se così fosse, forse staremmo tutti meglio!
Realtà: Il conflitto è inevitabile, persino per le coppie più felici.

MITO 3: Il conflitto è un problema da risolvere.
Il nostro impulso a risolvere i problemi è estremamente potente. E sì, un terzo dei conflitti generalmente ha una soluzione! Ma la maggior parte di essi non ha soluzione.
Realtà: Si gestisce la maggior parte dei conflitti tramite un dialogo continuo, non ci sono soluzioni definitive.

MITO 4: Uno di noi ha ragione e l'altro ha torto.
Realtà: Le esperienze e i punti di vista di entrambi i partner sono fondati. Entrambe le realtà sono vere. Ciò che importa è come ognuno vede le cose, come si sente, di che cosa ha bisogno e se si è in grado

di ascoltarsi e di legittimarsi a vicenda. Questo è sempre più importante di chi "ha ragione".

MITO 5: Gli uomini sono più razionali delle donne; le donne sono più emotive degli uomini.
Questo mito persiste ancora oggi e lo stereotipo è dannoso, limitante e semplicemente falso. Uno studio internazionale ha esaminato cosa renda le persone emotive nel corso di una giornata tipo e non ha rilevato alcuna differenza basata sull'identità di genere: le persone erano emotive riguardo alle stesse cose con la medesima frequenza (Trampe, Quoidbach, Taquet, 2015).
Realtà: La logica e le emozioni non hanno genere. Gli uomini provano delle emozioni e hanno bisogno di esprimerle e le donne hanno bisogno di venire ascoltate e credute quando descrivono la propria realtà.

MITO 6: La migliore strategia di gestione del conflitto è logica, razionale e imperturbabile.
Questa è un'opinione più comune tra le coppie che evitano il conflitto ma si presenta in maniera universale e diventa spesso un problema con gli sfasamenti metaemozionali in cui un partner ritiene che l'obiettivo sia la logica e l'altro che sia la connessione o l'espressione.
Realtà: La ricerca neuropsicologica ha mostrato che le emozioni e il pensiero razionale si intrecciano quando si tratta di risolvere problemi. Non si possono risolvere bene i problemi senza le informazioni derivanti dalle emozioni (Lerner, Li, Valdesolo et al., 2015). Perciò la migliore gestione del conflitto richiede di *comprendersi a vicenda attraverso l'ascolto reciproco di sentimenti e idee.*

MITO 7: Le emozioni negative sono dannose e dovrebbero essere evitate.
Si ritiene di poter trovare "una via di scampo" dalle emozioni negative, il che ci rende impazienti sia verso le emozioni negative del partner sia verso le nostre. Si ritiene che la rabbia sia dannosa e che dovrebbe essere evitata.
Realtà: Non c'è nulla di sbagliato nella rabbia. Quello che conta è come viene espressa. Non si dovrebbe mai esprimere la rabbia mirando a disprezzare o criticare il partner.

MITO 8: Nessuno può ferirvi a meno che non glielo permettiate.
Questo è emerso dalla filosofia New Age e molte persone ci credono: che si abbia o si dovrebbe avere il totale controllo sulle proprie emozioni. Si "sceglie" di sentirsi feriti da quel commento. Si "sceglie" di sentirsi feriti da quell'azione. L'attrattiva è la convinzione che le emozioni si possano controllare e cambiare, in particolare quelle negative, e che se si sceglie di non farsi ferire, allora nessuno potrà ferirvi. Il rovescio della medaglia è anche il fatto di non avere nessuna responsabilità nei confronti del partner. Se dite qualcosa che secondo lui lo ferisce, è un suo problema, non vostro. Ma noi esseri umani non funzioniamo così! Le emozioni sono per noi istintive e primordiali, come lo è il sentirsi affamati se non si è mangiato per molte ore o stanchi se si è dormito male. Le emozioni sono radicate nel nostro cervello, e date le giuste condizioni, diverse emozioni emergeranno di conseguenza. Se qualcuno ci dice qualcosa di sprezzante, è probabile che ci sentiremo feriti e arrabbiati. Se gli anniversari per noi sono importanti e il nostro partner se ne dimentica, probabilmente ci rimarremo male. Ma è possibile guarire queste ferite se lo si vuole.
Realtà: Capita di ferirsi a vicenda. Tutte le coppie lo fanno, indipendentemente da quanto sia meravigliosa la loro relazione. La differenza tra le coppie "maestre" dell'amore e "i disastri" è che le coppie maestre *elaborano* quanto accaduto e *lo riparano*. Più avanti, vi mostreremo esattamente in che modo.

MITO 9: Devi amare te stesso prima di poter amare qualcun altro.
Nessuno ama se stesso sempre in tutto e per tutto. Tutti abbiamo dei dubbi su noi stessi e momenti in cui siamo autocritici e non ci vogliamo bene. Se dovessimo essere perfettamente capaci di amare noi stessi prima di avere una relazione, la maggior parte di noi *non avrebbe* delle relazioni!
La conseguenza negativa derivante da questa convinzione è che se la vostra relazione fallisce, indipendentemente da che cosa sia accaduto, è tutta colpa vostra perché non vi siete amati abbastanza: la responsabilità per qualsiasi cosa vada male è vostra. Non è vero! Nella maggior parte dei casi, la vecchia massima "Bisogna essere in due per ballare il tango" si applica alle relazioni e anche ai litigi. Ciò che potrebbe essere sbagliato è il fatto che si stia tentando di litigare con gli strumenti sbagliati anziché con quelli corretti che possono aiutare a litigare in maniera calma e gentile.

Realtà: Tutti noi abbiamo delle fragilità durature, fattori scatenanti, traumi, ferite che potrebbero non guarire mai completamente, e queste fragilità possono portarci a non amare perfettamente noi stessi. Possiamo comunque avere una relazione lunga tutta la vita. Il lavoro come compagni di vita è quello di prendersi cura l'uno dell'altra, di amare il proprio partner, anche durante un conflitto, persino quando questi non riesce ad amare se stesso.

MITO 10: Per "essere autorizzati" ad avere dei bisogni, bisogna giustificarli o spiegarli.
Gran parte del conflitto disfunzionale ha a che fare con questa convinzione profondamente radicata secondo la quale non abbiamo il diritto di avere dei bisogni. Molti di noi sono cresciuti in una cultura in cui "bisogno" è una parola sporca. Dovremmo essere indipendenti, cavarcela da soli e non aver bisogno di niente da nessuno, compreso il nostro partner. Se proprio si ha un bisogno, il solo modo per poterlo giustificare è dimostrare quanto male ci abbia trattato il partner, facendo così sorgere in noi questo bisogno: è colpa sua se abbiamo un bisogno.
Realtà: Gli esseri umani sono animali da branco. Per secoli siamo sopravvissuti raggruppandoci e comunicando tra noi in modo tale da prenderci cura gli uni degli altri e tenere lontani i pericoli. In altre parole, siamo fatti per avere dei bisogni in quanto questi ci legano e ci aiutano a prosperare... *insieme*. Potete avere e dovete avere dei bisogni, *senza* una giustificazione! Ma la vostra responsabilità è quella *di comunicarli*. Una delle principali ragioni per cui i conflitti peggiorano è che non si chiede ciò di cui si ha bisogno. Al contrario, ci si aspetta che il proprio partner legga la mente e soddisfi magicamente i nostri desideri. Non abbiamo incontrato nessun indovino ultimamente e fino a quel momento tutti noi dovremmo esprimere i nostri bisogni in modo forte e chiaro.

Niente più miti né grandi errori. Come litigare bene

Commettiamo molti errori nel conflitto, a causa dei miti persistenti di cui sopra, a causa delle diverse culture conflittuali, e perché "litigare bene" non è qualcosa di cui si parli molto o che venga insegnato alle persone. Ma il conflitto non deve per forza significare dolore e sofferenza, per quanto possa non essere mai "divertente". Può diventare semplicemente uno dei tanti fili nella nostra vita multisfaccettata e ricca, qualcosa che si accetta come parte inevitabile dell'amare e del vivere con qualcuno per molto tempo e qualcosa che si sa come usare per *il bene*. Ma per usare i punti di attrito per *conoscersi davvero meglio a vicenda*, bisogna smettere di commettere gli stessi errori e utilizzare alcuni punti cardine fondamentali e potenti.

Perciò la prossima parte di questo libro vi guiderà attraverso l'anatomia di un litigio dall'inizio alla fine. Procederemo passo dopo passo, dal momento in cui un litigio si accende, attraverso la confusa parte centrale fino ad arrivare alle conseguenze. Vi indicheremo ogni bivio dove tipicamente *si sbaglia* e vi mostreremo come deviare in modo da prendere un cammino migliore. I seguenti litigi vi guideranno attraverso i vari momenti cruciali nel corso di un conflitto, nei quali avete il potere di plasmare il modo in cui andrà il vostro prossimo litigio e, nel fare ciò, di modificare l'andamento futuro della relazione.

Risponderemo alle domande scottanti della maggior parte delle coppie:

- Come si solleva un problema senza scatenare la Terza guerra mondiale?
- Quando la conversazione sta andando nella direzione sbagliata, come la si riporta in carreggiata?
- Come si può essere collaborativi durante un conflitto quando le emozioni e la tensione sono alle stelle?
- Come si possono mettere da parte la difensiva e la combattività ed esplorare le questioni più profonde in gioco?
- Come si raggiunge un compromesso in cui nessuno senta di star sacrificando troppo?
- Come si analizzano e si riparano le cose quando un conflitto degenera e come ci si assicura di non ripetere gli stessi schemi nuovamente?

Ciascun litigio che vi presenteremo qui sarà accompagnato dai dati provenienti dal nostro laboratorio e dalle nostre ricerche recenti, compreso uno studio internazionale con quarantamila coppie che si sono confidate con noi sui propri conflitti. Ogni capitolo offrirà una sorta di "radiografia" di un litigio, mostrando le cause sottostanti in gioco che non sono immediatamente visibili, neppure ai litiganti. Ognuno rivelerà diversi interventi chiave che potete attuare subito con il vostro partner. E ciascuno includerà un esempio reale di una coppia con cui abbiamo lavorato, che ha generosamente condiviso con noi la propria storia e che è stata in grado di trasformare i litigi da distruttivi in produttivi, di passare da una situazione di stallo a una di apertura e di maggiore vicinanza.

Alcuni dei litigi che vi mostreremo in questa prossima parte diventeranno piuttosto intensi, compreso uno dei nostri. Queste sono storie di persone reali. Commettono errori, dicono cose offensive, proprio come tutti noi. Ma vi anticipiamo che queste sono tutte coppie di successo.

Ora, iniziamo dal momento in cui si scatena un litigio.

Parte seconda

I cinque litigi che capitano a tutti

Litigio #1

Lo sgancio della bomba

Errore: iniziare con il piede sbagliato

Kristen e Steven sono sul ciglio di uno strapiombo.

Questa non è una metafora.

Siamo Sedona, in Arizona. È una giornata calda, secca e assolutamente bellissima. Il cielo del deserto è blu fiordaliso. Il sentiero roccioso sotto i loro piedi, via via che lo percorrono, è di un impossibile rosso. Le enormi pareti di roccia che si estendono sotto di loro e poi si elevano alte verso il cielo sono striate, come se i colori dell'alba del deserto si fossero fusi nella roccia. Kristen si sta godendo il momento, felicissima – è fantastico essere lì, solo lei e Steven all'avventura in mezzo alla natura, *finalmente*. È la prima vacanza loro due soli che fanno da molto, moltissimo tempo. Probabilmente da quando hanno i figli. E il loro primogenito ha appena compiuto dieci anni! Hanno atteso a lungo di fare questo viaggio.

Il sentiero sta diventando più ripido, ma Kristen si sente bene nello spingersi oltre fisicamente. Di solito, devono tararsi sulla velocità dei bambini. Controlla alle sue spalle che suo marito stia tenendo il passo. Dopotutto, lui ha quindici anni più di lei, ma è sempre stato attivo e in forma, il che era uno degli aspetti che all'inizio le erano piaciuti di lui, quando era solo il suo cardiologo: il suo dottore del cuore, una cosa su cui avevano scherzato molto una volta che si erano arresi ai sottili flirt e avevano iniziato a frequentarsi. Kristen si inerpica su per un tratto sdrucciolevole dello stretto sentiero, spargendo sassolini sotto gli scarponi. È impaziente di arrivare in cima. La guida diceva che da lassù ci sarebbe stata una vista incredibile.

Nel frattempo, Steve è nervoso. Molto nervoso. Non hanno visto nessun altro su quel sentiero da quando hanno imboccato il bivio a sinistra un po' di tempo prima, e da una parte ciò è un bene: è sufficientemente stretto da rendere difficoltoso il passaggio di qualcun altro in discesa. Dall'altro lato, forse il fatto che su quel sentiero non ci sia nessun altro significa che loro sono gli unici così pazzi da percorrerlo. Un passo falso e si cadrebbe oltre il ciglio della scarpata e giù per una strada molto lunga. Quando Kristen gli aveva mostrato la mappa del sentiero quella mattina, nessuna informazione topografica suggeriva che si sarebbero arrampicati a pochi centimetri da morte certa per tutto il tempo della passeggiata. Anzitutto, lui non è molto un tipo da arrampicata, ma lei era così entusiasta all'idea che aveva deciso di provarci. Ma questo *non* è quello che aveva in mente. E ora il sentiero sta diventando persino più stretto, curvando vertiginosamente intorno a una enorme parete rocciosa. Kristen si arrampica, una pioggia di pietre rotola giù rumorosamente al suo passaggio e Steve si ferma. Tutto il suo corpo si è immobilizzato. È stata una pessima idea, e continuare lungo il percorso è una follia.

"Tesoro" dice lui.

Lei si volta e lo guarda e immediatamente la sua espressione si incupisce.

Sa esattamente cosa dirà lui.

"Non credo che questa sia una buona idea."

"Andiamo, Steve." Il suo tono è teso, secco. "Siamo quasi arrivati. Non essere sciocco." Si volta per continuare ad arrampicarsi.

Non essere sciocco. Lui si stizzisce. "Io non intendo proseguire" dice, cercando di mantenere il proprio tono di voce equilibrato e calmo, razionale. "E non voglio che neanche tu prosegua. Questo sentiero è troppo pericoloso, è stata una pessima idea. Torniamo a valle."

Kristen guarda suo marito, fermo lì sul sentiero con il suo bastone da passeggio e un grande cappello a falda larga, il suo zaino pieno di bottiglie d'acqua e di snack. La rabbia e la frustrazione che prova sono come una pressione che le cresce nel petto, sente che esploderà.

"*Certo* che non proseguirai", dice lei. È furiosa. "Avrei dovuto saperlo che saresti stato troppo femminuccia per fare un'arrampicata con me. Con te è sempre la stessa storia, ragioni per cui non possiamo fare questo, ragioni per cui non possiamo fare quello. E in modo così paternalistico! Mi tratti come una bambina. Be', indovina un po', io vado in cima. Hai intenzione di venire con me o ti comporterai da codardo come tuo solito?"

Lui la fissa, scioccato e arrabbiato, incapace di replicare.

"Tirerai fuori le palle, Steve? O starai solo fottutamente fermo lì?"

Fissa sua moglie negli occhi, per un lungo, infuocato momento.

Poi si volta e torna indietro lungo il sentiero sdrucciolevole, pensando *Se cado giù da questa scarpata, lei starà piuttosto male.*

Kristen lo guarda allontanarsi. Lui sparisce dietro una curva, lasciandola sola sull'alta cornice rocciosa e rossa. Non può credere al fatto che lui le abbia semplicemente voltato le spalle e l'abbia abbandonata.

Se cado giù da questa scarpata, lui starà piuttosto male, pensa lei.

Steve se n'è andato infuriato, perciò c'è una breve tregua, ma nessuno dei due riesce a calmarsi. Entrambi sono feriti, umiliati e furiosi.

Kristen segue suo marito giù lungo il sentiero. Ha ancora molte cose da dirgli su questa vacanza rovinata, una vacanza che aveva atteso per tanto tempo e con impazienza dopo che, ogni giorno, ha sempre fatto tutto per Steve e per i bambini, senza chiedere mai nulla per sé; e lui non può fare questa *unica*, piccola cosa per lei? Non può uscire di un centimetro dalla sua preziosa, piccola zona di sicurezza? È una cosa patetica e glielo sta per dire. Quando lui sente i passi di lei, si gira, ha molte cose da dire a sua moglie sulla sua sconsideratezza, sul suo egoismo e le sue accuse odiose. Che genere di moglie tratta così suo marito? Che genere di madre si comporterebbe in quel modo? Lei lo ha fatto, e questa non è la prima volta che gli inveisce contro. Non avrebbe mai dovuto sposare qualcuno di così giovane e immaturo e glielo sta per dire.

La conversazione che Kristen e Steve hanno sul sentiero, sul precipizio di una scarpata di oltre trecento metri, non procede bene. Il litigio è stato intenso sin dall'inizio e non si è mai calmato, neanche un po'.

Si urlano addosso a vicenda.

Lui minaccia il divorzio.

Lei piange.

Termina quando entrambi si sentono così sommersi e sopraffatti da non riuscire a continuare.

Giungono a valle e tornano all'hotel nella loro auto a noleggio in un silenzio gelido.

Una piccola e fondamentale finestra di opportunità

Centottanta secondi: Questo è il tempo che si ha a disposizione per iniziare con il piede giusto. Dopo questi tre minuti, il tono e la traiettoria del litigio sono praticamente stabiliti. Le probabilità di riuscire a risolvere le cose dopo un inizio come quello di Kristen, che definiamo "un inizio brusco", sono quasi nulle.

Ecco come facciamo a saperlo. Quando portavamo le coppie al Love Lab e chiedevamo loro di svolgere il "compito del conflitto", nel quale veniva richiesto di scegliere e discutere un argomento di disaccordo costante, codificavamo le parole, i gesti e le emozioni dal millisecondo in cui aveva inizio la discussione. Al termine dei quindici minuti li fermavamo. Abbiamo notato subito che le discussioni conflittuali che iniziavano in modo negativo tendevano a terminare nello stesso modo e ciò era vero a prescindere dallo stile conflittuale. (Ricordate, non si tratta di esplosività, ma di quella proporzione tra interazioni positive e negative.) Ma la sfumatura all'interno dei dati è persino più interessante.

Abbiamo mappato i litigi, creando un "grafico a somma cumulativa", sostanzialmente un grafico Dow Jones, ma per un conflitto di coppia anziché per il mercato azionario (Gottman, 1995). Si trattava di una sintesi visiva del conflitto di coppia, in cui la linea ascendente e discendente rappresentava i mutevoli livelli di positività e di negatività nel corso di quel litigio. Ci aspettavamo di notare in quei litigi fortemente negativi e che erano finiti male una elevata negatività (al pari dei Quattro cavalieri) durante tutto il compito conflittuale. Ma non è andata necessariamente così. Anche coloro che avevano avuto un inizio brusco, con un elevato picco di negatività all'inizio del grafico, spesso tentavano di inserire della positività nella discussione conflittuale tramite svariati tentativi di riparazione, esattamente come le coppie che in generale riuscivano meglio e terminavano su una nota maggiormente positiva. Ma nel grafico si poteva notare che il loro litigio non si sarebbe mai veramente aggiustato. Quei momenti di positività a metà litigio non riuscivano a compensare l'inizio difficile. Quando abbiamo tracciato la somma cumulativa di tutte le conversazioni osservate, abbiamo scoperto che, nel 96% delle volte, l'andamento del litigio durante i primi tre minuti determinava non solo la traiettoria del litigio, ma anche l'andamento del resto della relazione a distanza di sei anni (Carrère, Gottman, 1999).

I dati erano chiari: se si inizia in modo negativo, è molto difficile aggiustare la situazione. Immaginate un flipper che si inceppa: si pigiano i pulsanti con troppa forza e le alette si bloccano. A quel punto non si riesce a far passare nessuna pallina – nessuno è in grado di comunicare nulla. Si può continuare a provare, ma la partita è già persa.

Inoltre, l'effetto domino di un inizio brusco non termina con questo litigio specifico, ma si estende a lungo nel futuro.

Abbiamo seguito le coppie di cui avevamo osservato e codificato gli esercizi di discussione conflittuale per anni in seguito alla loro prima visita al Love Lab per vedere come se l'erano cavata con il passare del tempo. Come abbiamo accennato precedentemente, abbiamo notato che le coppie che iniziavano a litigare duramente con parole, gesti ed emozioni negative, avevano più probabilità di divorziare a sei anni di distanza. Quando abbiamo utilizzato la codifica SPAFF per prevedere se le coppie che avevamo studiato sarebbero rimaste insieme o avrebbero divorziato, abbiamo scoperto che potevamo fare questa previsione con un'accuratezza pari al 90%, usando solo i primi tre minuti. In altre parole, se veniste presso il Love Lab e iniziaste a litigare con il vostro partner, potremmo fermarvi immediatamente, appena dopo l'inizio del vostro litigio, e dirvi se a sei anni di distanza sarete felicemente insieme o se vi lascerete. E nove volte su dieci avremmo ragione.

Ora, un punto importante: le previsioni che abbiamo fatto sulla base dei dati non erano delle profezie. Se osserviamo i modelli di comportamento di una coppia e prevediamo un esito negativo, quella coppia non è condannata! *I comportamenti si possono cambiare.* Il fatto che questi primi tre minuti di una conversazione conflittuale siano così essenziali per l'esito di quella conversazione (ed eventualmente della relazione stessa) è in realtà un'ottima notizia: ci offre una potente possibilità di intervento. Perciò, consideriamo il primo grande errore conflittuale che la maggior parte delle coppie tende a commettere e come è possibile ribaltarlo.

Errore conflittuale numero uno: l'inizio brusco

Noi non eravamo chiaramente su quel sentiero a Sedona con Kristen e Steve a osservarli e a codificarli come faremmo con una coppia in laboratorio: loro ci hanno raccontato questo litigio in un comodo ufficio, al sicuro su un divano, lontani da cadute da centinaia di metri d'altezza. Ma si trovavano ancora su una sorta di cornice rocciosa, o almeno lo era il loro matrimonio. Persino mesi dopo, mentre descrivevano questo litigio, si poteva notare che emotivamente ci stavano ripiombando dentro in pieno. Si sarebbero potuti tranquillamente trovare ancora su quella parete di roccia a scagliarsi granate verbali a vicenda, a cominciare dalla prima: Kristen aveva sollevato una questione con Steve, qualcosa che la stava preoccupando da tempo. Ma non si era limitata a sollevare il problema, aveva sganciato una bomba.

Date un'occhiata a qualche altro esempio del classico "sgancio di bomba" e vedete se qualcuno di questi vi sembra familiare.

- Scendete al piano di sotto dopo aver messo a letto i bambini, pronti a rilassarvi, e il vostro partner se ne sta sdraiato sul divano a leggere qualcosa sul cellulare, mentre nel lavandino della cucina giace una pila di piatti sporchi. La vostra pressione sanguigna schizza alle stelle: "*Scusa*, ti saresti mai alzato a pulire la cucina come ti avevo chiesto? O pensavi che i piatti si sarebbero magicamente lavati da soli? Come tutto il resto qui intorno, che viene fatto 'come per magia'?".

- State rientrando tardi a casa dopo aver bevuto un drink con gli amici e il vostro telefono è morto un'ora fa. Entrate dalla porta pronti a scusarvi, ma il vostro partner vi sta aspettando: "Dove diamine sei stata? Immagino che non ti sia venuto in mente che sarei stato preoccupato, visto che non sembri pensare a nessuno che non sia te stessa".

- Venite invitati a una conferenza di lavoro e siete entusiasti all'idea di andare, ma il vostro partner dice di non potersi occupare dei bambini in quanto ha una scadenza importante e altri impegni lavorativi. Voi: "Pensi sempre che il tuo lavoro sia più importante del mio. Cosa credi che sia il mio, un hobby? Sai, anche io ho una carriera. Be', io ci andrò e dei bambini puoi occupartene tu".

- Il vostro partner esce dalla camera da letto, contrariato. "Noto che hai dimenticato di nuovo di pagare la bolletta dell'acqua. Che problemi hai? Hai una vaga idea di quanto ci stia costando la tua disorganizzazione?"

L'inizio brusco è un problema molto comune. Il nostro recente studio internazionale su quarantamila coppie ha riscontrato che il 90% di tutte le coppie che iniziavano la terapia, fossero esse eterosessuali o omosessuali, stava affrontando dei problemi con un inizio brusco e con le conseguenze che ne derivavano. Era raro vedere una coppia che non stesse faticando con questa questione (Gottman, Gottman,

Cole et al., 2020). Gli inizi bruschi tendono a condividere alcune caratteristiche essenziali:

1. Si inizia con le critiche.
2. Si descrive l'altra persona anziché se stessi.
3. Si infierisce con altri aspetti di risentimento che si sono accumulati; lo chiamiamo *kitchen sinking.* ("Non raccogli mai i tuoi calzini, ti sei probabilmente dimenticato di andare a ritirare il bucato, non mi hai neanche chiesto come sia andata la *mia* giornata, e sai cos'altro? A letto sei terribile!")

Consideriamo questi tre aspetti di base di un inizio brusco e il perché siano così negativi per il vostro litigio.

Inizio brusco, problema 1: criticare il partner

Le critiche non sono mai produttive. Ciò che distingue la critica da una lamentela costruttiva è il fatto che la prima assume la forma di un attacco al carattere o alla personalità del partner. Non si sta sottolineando un problema con l'attuale situazione; si sta sottolineando un problema con *chi il vostro partner è* come persona.

Ecco la differenza.

Critica	Perché devi essere un tale sciattone? Non puoi pulire dopo aver sporcato, per una volta?
Lamentela	C'è un po' di biancheria sporca sul pavimento. Ti dispiacerebbe raccoglierla prima di andare a dormire?

Lo abbiamo detto in precedenza e lo ripetiamo: non esiste "il criticare costruttivo". Criticare è sempre distruttivo.

Inizio brusco, problema 2: si descrive il partner anziché se stessi

Spesso, e in particolare quando si è turbati, ci si lancia in un litigio *descrivendo l'altra persona e tutto quello che sta sbagliando.* Si tende a iniziare delle conversazioni sulle cose che danno fastidio partendo dall'assunto di base che *tutto quello che sto facendo ha un senso e tutto quello che il partner fa è sbagliato*! "Tu sempre" e "Tu mai" sono critiche classiche in questo caso in quanto *sottintendono* un difetto di personalità nel partner.

Descrivere il partner	Lasci sempre i tuoi vestiti sparsi per tutta la camera da letto. Perché non puoi semplicemente metterli nel cesto per il bucato? Ci vogliono dieci secondi.
Descrivere se stessi	Mi stressa molto vedere la camera da letto disordinata. Potresti tentare di ricordarti di buttare le tue cose nel cesto della roba sporca?

Inizio brusco, problema 3: kitchen sinking

Viene chiamato *kitchen sinking* perché quando lo mettiamo in atto non ci riferiamo a un singolo problema, ma sommiamo tutta una serie di altre cose che ci danno fastidio. Si pensa: *Ehi, già che stiamo litigando, ci sono un paio di altre cose su cui avrei da ridire!* Molte volte lo si fa per "giustificare" a se stessi la propria rabbia, perché l'attuale problema in questione sembra "troppo piccolo". Si potrebbe anche prendere l'abitudine di non sollevare problemi più piccoli fino a che non si accumulano e fanno venir voglia di esplodere. Ma il *kitchen sinking* non porta mai a una efficace risoluzione del conflitto. Ora, anziché trovarsi con un problema da risolvere o un piatto da lavare, ce n'è una pila intera e da che parte si comincia? È soverchiante.

Kitchen sinking	Vedo che ci sono di nuovo vestiti sparsi per tutta la camera da letto, è un completo disastro qui dentro. La macchina è sporchissima e lo scorso fine settimana non hai pulito il garage come avevi detto che avresti fatto. E ti sei persino dimenticato di San Valentino. Non pensi mai a me in alcun modo!
Lava semplicemente quel singolo piatto!	(e lascia il resto per dopo)

La morale della storia qui è: non accumulate lamentele e risentimenti. Affrontateli a mano a mano che si presentano. Covarli è una delle ragioni per cui si ha un inizio brusco.

Perché l'inizio brusco è un errore così comune

Se ora vi domandassimo: "Qual è il modo migliore di sollevare un problema con il vostro partner?", non ci rispondereste: "Irrompere nella stanza lanciando accuse!". Invece è proprio così che si fa. In sintesi, si è irritabili e rancorosi e si comincia in modo poco promettente. Ma analizziamo alcuni dei principali fattori che alimentano gli inizi bruschi.

Lo stress

Siamo esseri umani: tutti affrontiamo molte questioni dal punto di vista emotivo e certamente durante i litigi in periodi di forte stress sono presenti maggiori inizi bruschi e i loro effetti a cascata. La pandemia è stata un esempio lampante di ciò. I primi mesi di Covid-19 hanno costituito un periodo di estrema incertezza e instabilità per tutti e si sono notati *molti* più inizi bruschi. Con la quarantena le abitazioni si sono trasformate in pentole a pressione senza valvola di sfiato e i litigi sono stati più esplosivi. Le coppie spesso si sentivano ansiose, spaventate e impotenti; e senza volerlo i partner riversavano l'uno sull'altro e sulle proprie famiglie l'ansia, la frustrazione e la sensazione di non avere il controllo delle proprie vite. I periodi altamente stressanti aumentano il rilascio di cortisolo e di adrenalina nel corpo e quando si è sovraccarichi di preoccupazioni la capacità mentale ne è completamente assorbita, e ci si ritrova cognitivamente deprivati e meno in grado di attuare una buona regolazione emotiva. Si scatta di fronte a quell'ultima goccia che fa traboccare il vaso, qualunque essa sia. Quello che sarebbe potuto essere: "Ho lavato io i piatti della cena tutte le sere questa settimana, potresti occupartene tu stasera?", improvvisamente si trasforma in: "Perché non puoi mai pulire la dannata cucina? Sei un tale sciattone!".

Risentimento

Accumuliamo risentimento per una serie di incidenti che teniamo dentro finché alla fine, quando lo tiriamo fuori, siamo così arrabbiati e repressi da farlo emergere con amarezza o sarcasmo. Non ci si è domandati l'un l'altro di che cosa si avesse bisogno, nella convinzione che il partner dovesse già sapere di cosa si trattava e *stesse scegliendo* di non venirci incontro. Il risentimento continua ad accumularsi finché non si esplode. Prendiamo il caso di Kristen: aveva accumulato una tonnellata di risentimento quando è esplosa contro Steve durante l'arrampicata. Aveva costantemente accantonato i propri desideri per dare la priorità ai bisogni dei bambini o ai limiti del marito. Il giorno dell'arrampicata la diga si è rotta e tutto è venuto fuori. Non aveva condiviso con Steve ciò che le era necessario e quando i bisogni vengono repressi troppo a lungo si incancreniscono e si trasformano in risentimento.

Voltarsi dall'altra parte

Altre volte abbiamo chiesto ciò di cui avevamo bisogno ma il nostro partner è stato non reattivo, voltandoci le spalle o addirittura rivoltandosi contro di noi. Qui i nostri schemi riguardanti i tentativi di connessione entrano ancora una volta in gioco. Si potrebbe iniziare in modo brusco perché si è tentato ripetutamente di avvicinarsi in maniera più delicata senza alcuna reazione e ora si sta tentando di avere l'attenzione del partner con una mazza. Ci si sente come se l'unico modo per ottenere una reazione sia quella di dargli una mazzata in testa, e a questo punto qualunque reazione, anche rabbiosa, è meglio che essere ignorati o liquidati.

Non saper fare di meglio

Infine, alcuni di noi non hanno mai imparato un modo diverso di iniziare una discussione conflittuale. Questo accade quando **l'inizio brusco è l'unico inizio che si conosce**. È la sola modalità che si è appresa per sollevare un problema ed è diventata un'abitudine radicata che non si sa come interrompere; a volte non si è neppure consapevoli che sia necessario cambiarla. Julie ha in mente sua madre come esempio di una persona che non ha mai imparato a sollevare un problema senza essere severa, critica, disprezzante e accusatoria. Era così che aveva imparato a interagire con gli altri, ed era una modalità talmente consolidata che non l'aveva mai cambiata. Quando ha conosciuto John, lui ha invitato la madre di lei a cena; Julie, che era sempre nervosa all'idea di non essere all'altezza delle aspettative impossibili di sua madre, stava correndo per tutta la casa a fare pulizie dell'ultimo minuto mentre John, dopo aver passato l'intera mattina ad affettare verdure, si stava prendendo una pausa seduto sulla sua poltrona preferita. Quando la madre di Julie arrivò, Julie era in piedi su uno sgabello a spazzare la tenda da sole del portico. Sua madre, che non era stata neppure ancora presentata al nuovo fidanzato della figlia, marciò in cucina e disse a John: "Tu, verme scansafatiche, perché non sei là fuori ad aiutare mia figlia a pulire?".

Si trattava di un classico inizio brusco. E persino John, un ricercatore che stava studiando la scienza delle relazioni, si mise immediatamente sulla difensiva, scattando in piedi per indicare la cena in corso d'opera. "Sto preparando la cena *per lei*!" ribatté. "Cosa diavolo le sembra che stia facendo?"

Il punto è che **è difficile reagire a un inizio brusco in qualunque altro modo se non ponendosi sulla difensiva**. Quando si inizia bruscamente non si lascia una grande possibilità al partner di fare diversamente.

Iniziare la conversazione

Bisogna dare al partner lo spazio per discutere con noi del problema presentato anziché limitare le sue opzioni a un'unica risposta: *difendersi*. Se si assume una posizione di attacco o difesa non esiste nessuna comunicazione. Nessuna connessione. Nessuna comprensione. Nessun passo avanti. E, di solito, nessuna positività di cui, come ora sappiamo, si ha molto bisogno durante il conflitto.

Ma come si possono raggiungere tutti questi obiettivi nella foga del momento, quando si è turbati, quando si è arrivati al limite, quando una promessa non è stata mantenuta o un impegno è stato dimenticato, quando ci si sente sfruttati o trascurati o sopraffatti o arrabbiati?

Quando durante la nostra ricerca abbiamo compreso che i litigi che iniziavano in maniera difficile raramente miglioravano e che nella maggior parte dei casi portavano nel corso del tempo a delle relazioni nocive, abbiamo pensato di dover costruire un intervento concreto per trasformare gli inizi bruschi in "inizi morbidi". Dovevamo fornire alle coppie una guida chiara per affrontare i primi minuti di un litigio così che potessero avere la migliore chance possibile di ottenere un esito positivo per i loro conflitti e per il loro futuro insieme.

Ci siamo ispirati alla ricerca di Anatol Rapoport, uno studioso russo naturalizzato americano che ottenne un primo dottorato in Matematica e poi un secondo in Psicologia sociale. Attraverso la prospettiva della matematica applicata al comportamento umano, Rapoport focalizzò la sua ricerca su una domanda urgente e sempre attuale: come riescono le nazioni a fare pace? Questa era una questione urgente anche per noi: come riescono le coppie a fare pace, ma nelle proprie case anziché a livello mondiale? A quanto pare, ci sono molte somiglianze tra le nazioni e le coppie e su come possono comunicare meglio.

Rapoport aveva studiato i diplomatici internazionali e aveva analizzato in particolare come operavano quelli più affermati. In che modo erano in grado di comunicare e collaborare con altre nazioni, soprattutto quando queste avevano usanze culturali diverse, obiettivi e punti di vista opposti o persino una ostilità verso l'altro Paese? Rapoport aveva osservato e analizzato i maestri della diplomazia nello stesso modo in cui John avrebbe successivamente analizzato i maestri dell'amore in laboratorio.

E ciò che scoprì fu che i negoziatori più abili sollevano un problema o una lamentela in un modo molto preciso:

- Senza attribuire colpe.
- Senza criticare.
- Senza disprezzare.

In questo modo, il partner non era spinto a porsi sulla difensiva. I messaggi erano ricevuti meglio e la probabilità di successo dei negoziatori di ottenere un esito positivo dall'interazione era molto più elevata (Rapoport, 1960).

Quando siamo andati nuovamente in laboratorio, abbiamo notato che le coppie con maggiore successo facevano *esattamente* la stessa cosa dei diplomatici di successo: rendevano note le questioni preoccupanti senza attribuire colpe, senza criticare o disprezzare. In che modo? Anziché lanciarsi nella discussione conflittuale, descrivendo il partner e tutto quello che stava sbagliando, un facile approccio automatico quando si è turbati, ribaltavano la prospettiva. Sollevavano un problema parlando di *se stessi* e dei propri sentimenti, non parlando del pessimo comportamento del partner e dei suoi difetti caratteriali. Successivamente descrivevano il problema o la situazione basandosi sui fatti e in modo neutro, senza attribuire colpe. E infine, dichiaravano ciò di cui avevano bisogno in termini positivi affinché la situazione migliorasse. Questo è tutto: la formula di base per iniziare con successo un litigio.

Io sento x.
Il problema è y.
Io ho bisogno di z.

Abbastanza semplice ma anche altamente efficace, sia quando ci si trova nei summit internazionali sia al tavolo della cucina. O sui sentieri roventi del deserto dell'Arizona.

Al termine del capitolo vi illustreremo maggiormente in dettaglio i passaggi di un inizio ammorbidito in modo tale che sappiate esattamente cosa fare; per ora ritorniamo a Kristen e Steve.

Iniziare con il piede giusto: una traiettoria interamente nuova

Per Kristen e Steve, quel giorno sul sentiero a Sedona è stato il momento in cui hanno compreso di aver bisogno di aiuto. Quando sono venuti da noi per una sessione intensiva di terapia abbiamo iniziato con il farci raccontare le loro rispettive storie di vita e i rispettivi passati così da poter comprendere pienamente che cosa stesse succedendo.

Quando Kristen e Steve si conobbero, erano sposati con altre persone. Entrambi i loro matrimoni stavano attraversando un momento di crisi e non erano sicuri che sarebbero mai riusciti a uscirne. Si sentivano soli e distaccati dai propri partner, e anche se non stavano cercando attivamente una nuova relazione quando si incontrarono percepirono la scintilla della connessione e dell'attrazione. Steve era un cardiologo. Kristen una sua paziente. Quando inizialmente si scambiarono i numeri di cellulare fu per ragioni professionali: Steve forniva spesso il proprio numero ai pazienti, così da poter essere contattato per domande urgenti. Era un medico scrupoloso e voleva che le persone si sentissero seguite. All'inizio il loro scambio di messaggi si concentrò sulla salute di Kristen. Poi si trasformò in qualcosa di più. Qualcosa di civettuolo.

Lui le domandò se si stesse prendendo cura del proprio cuore.

Lei rispose suggerendo che forse aveva bisogno di fissare una visita urgente per farselo controllare.

Per farla breve: si innamorarono. Divorziarono dai propri coniugi. Si sposarono.

Kristen, di quindici anni più giovane di suo marito, portò nel matrimonio i suoi tre figli piccoli; Steve una profonda dedizione al proprio lavoro e un'etica lavorativa che spesso lo tenevano in clinica lontano dalla famiglia. Negli anni seguenti ebbero due figli propri. La vita era frenetica e piena di impegni e, pare per necessità, ritagliarono dei ruoli separati molto chiaramente: Kristen, la madre di famiglia a casa, Steve il dottore impegnato con lunghi turni lavorativi. I litigi iniziarono molto tempo prima della vacanza a Sedona e sembravano sempre cominciare in modo orribile con una frustrazione repressa da parte di Kristen lanciata addosso a Steve dal nulla (almeno dal punto di vista di Steve). Sentendosi braccato e sopraffatto, lui interrompeva la conversazione, perché sembrava non ci fosse un altro modo di avere a che fare con Kristen.

Dal proprio punto di vista, Kristen non conosceva davvero nessun altro modo per esprimere i propri sentimenti. Era cresciuta come figlia unica di una madre single che tendeva a essere sprezzante e critica nei suoi confronti, per cui quel tipo di approccio nei confronti di qualcuno con cui aveva una relazione era stato in parte normalizzato. Kristen descriveva inoltre sua madre come estremamente melodrammatica: ogni cosa era un dramma, suscitava una reazione enorme, spropositata, e si dava un gran da fare per far sì che sua figlia le rispondesse e le prestasse attenzione. Ripeteva continuamente: "Potrei morire e forse allora ti dispiacerebbe!". Una volta Kristen era tornata a casa da scuola e aveva trovato sua madre per terra in una pozza di sangue, apparentemente morta. *Ma era ketchup, non sangue*. Sua madre si era alzata dal pavimento della cucina e aveva affermato: "Forse adesso capirai quanto sono importante per te!".

A questo punto della sua vita, Kristen era altamente reattiva a qualunque cosa sapesse di melodramma o esagerazione. E questo era esattamente il filtro attraverso cui aveva interpretato suo marito il giorno dell'arrampicata. Aveva supposto che stesse facendo il melodrammatico, creando un problema dal nulla. E il suo rifiuto di unirsi a lei, *per nessuna buona ragione*, dal suo punto di vista, attingeva a un pozzo profondo di sentimenti di abbandono e di sogni frustrati. Si era sempre immaginata suo marito come qualcuno che sarebbe andato all'avventura insieme a lei, un partner con cui esplorare il mondo. Quando lui non aveva voluto prenderle la mano e unirsi a lei, lo aveva vissuto come un rifiuto devastante.

Steve le ha spiegato che in quel momento sul sentiero si sentiva tutto fuorché performante, era davvero terrorizzato. Una delle ragioni per cui aveva deciso di dedicarsi alla cardiologia era per salvare delle vite, e ha raccontato la seguente storia: quando era adolescente aveva visto un ragazzino cadere da una barca e annegare proprio davanti ai suoi occhi. Nessuno era stato in grado di salvarlo nonostante molti avessero tentato. Successivamente, nel corso della sua carriera di medico, aveva visto molti pazienti avere un infarto improvviso e letale da cui non c'era stata guarigione. Erano state tutte esperienze scioccanti e traumatiche, in particolare quel primo episodio a cui aveva assistito da ragazzo. Le sue esperienze gli avevano instillato la sensazione che la vita fosse estremamente fragile e potesse essere annientata facilmente. Percepiva profondamente la mortalità e la vulnerabilità proprie e di coloro che amava ed era costantemente preoccupato dal fatto che un momento innocuo potesse volgere in tragedia. Aveva imparato a essere cauto e all'erta e a ponderare seriamente il rischio rispetto alla ricompensa. Sentiva un'immensa responsabilità anche nei confronti di sua moglie e dei suoi bambini, e pensava sempre: *Se mi accadesse qualcosa, sarebbero completamente soli senza un supporto economico e familiare.*

Bene, ci sono un sacco di questioni qui! Le risolveremo tutte in tre minuti? Certo che no! Ma la cosa meravigliosa è che *non dobbiamo farlo.*

Ricordate: non si tratta di "risolvere" i problemi perpetui e, per questa coppia, questo è un problema perpetuo. Kristen avrà sempre un bisogno di avventura che comporterà il fatto di correre dei rischi e Steve sarà sempre una persona avversa ai rischi. Il nostro obiettivo non è quello di appianare le loro differenze, ma di portare Kristen e Steve a condividere apertamente le loro speranze e paure e quelle cause scatenanti provenienti dai loro rispettivi passati. Una volta che si comprenderanno meglio a vicenda, saranno in grado di trovare un modo per essere partner nell'esplorazione e nell'avventura: esistono molti modi creativi di vivere delle avventure che non includano una caduta da centinaia di metri d'altezza. Ma tutto ciò dipende da come si inizia la discussione.

Con Kristen e Steve la prima cosa sulla quale abbiamo lavorato è stata questa: quando siete delusi e infelici e provate qualcosa di molto negativo, come lo esprimete?

Siamo tornati a quello che Steve aveva provato sul sentiero. A quello che Kristen aveva provato sul sentiero. Si è parlato di quanto sia importante ascoltare *ed essere ascoltati*, ma anche del fatto che se vengono utilizzati la critica e il disprezzo per esprimere i propri bisogni, questo sabota il fatto di essere ascoltati. Kristen aveva una tendenza profondamente radicata a usare la critica per iniziare una discussione; sostanzialmente, la critica era il suo linguaggio. Si è dovuto sostituire quel linguaggio appreso con uno nuovo. Abbiamo chiesto loro di rimettere in scena il litigio sul sentiero e di ricordare esattamente cosa avevano pensato e come si erano sentiti, la paura da parte di lui, il risentimento e la rabbia da parte di lei, ma questa volta, anche con tutto quel turbinio di potenti emozioni, di sollevare il problema senza disprezzo o critica ma al contrario focalizzandosi sui propri sentimenti e bisogni.

Kristen ha fatto un respiro profondo.

"Sono molto delusa che tu non voglia percorrere questo sentiero con me" ha detto a suo marito. "Ero così elettrizzata all'idea di scoprire cosa c'era dietro l'angolo, *con te*. Voglio che viviamo delle avventure insieme! Per me è una cosa molto importante..."

Non è stata tutta una passeggiata da quel momento in poi, ma certamente quell'inizio morbido ha fatto la differenza! Ha dato a Steve la possibilità di rispondere a sua moglie con curiosità anziché ponendosi sulla difensiva.

Okay, si è iniziato in modo morbido, ora cosa succede?

Facciamo solo per un momento una pausa su Kristen e Steve e torniamo alla questione dei diplomatici di Rapoport.

Rapoport notò che, una volta che una delle parti aveva sollevato un problema, anche l'interlocutore aveva un ruolo fondamentale. Si trattava di ascoltare *senza esprimere la propria opinione*. E all'interno del Love Lab i maestri dell'amore facevano proprio questo.

Come è stato detto in precedenza, in un litigio la maggior parte delle persone, a prescindere dallo stile conflittuale, cade nella trappola di affrettarsi verso la fase della persuasione. Ma i diplomatici e le coppie con più successo rimandano la persuasione e si concentrano invece sul comprendere la lamentela o il problema dell'altra persona. Questa è stata in realtà la più grande scoperta di Rapoport sui diplomatici. Non era solo il fatto che una delle parti sollevasse un problema delicatamente; anche l'interlocutore doveva posticipare qualunque tentativo di trattare, dibattere o discutere il proprio punto di vista fino a quando non avesse mostrato di comprendere la posizione dell'oratore. Doveva ascoltare attentamente, porre domande se qualcosa non era chiaro e successivamente riassumere all'oratore quanto questi aveva appena espresso per assicurarsi di aver compreso il problema.

Potreste star pensando: *Be' certo, questi sono diplomatici, il loro lavoro è essere diplomatici!* Come si è visto, abbiamo riscontrato lo stesso schema di comportamento all'interno del Love Lab tra le coppie con relazioni soddisfacenti a lungo termine. Durante il compito conflittuale in laboratorio, quando un partner sollevava un problema, l'altro partner faceva una delle seguenti cose:

1. Ascoltava attentamente, senza esprimere il proprio punto di vista, a volte persino ripetendo parti della storia che il partner stava raccontando (per esempio: "Okay, quindi ci sei rimasta molto male quando ti ho scritto per dirti che dovevo rimanere al lavoro anziché incontrarti alla festa...").

2. Chiedeva delucidazioni o faceva domande aperte per comprendere meglio il problema ("Perché pensi di esserti rattristata per questa serata in particolare? Altre volte la cosa non sembrava averti dato fastidio.").

3. Riassumeva il problema fino a che il partner non era soddisfatto; in altre parole, se il riassunto non fosse stato corretto, tornava a porre domande per chiarire ("Quello che ho colto è che senti di non essere una priorità per me perché sono stato molto impegnato al lavoro, è così?").

4. Infine, offriva parole di validazione ponendosi nei panni del partner e mostrando di comprendere ed empatizzare con suo il punto di vista, anche se questo non era condiviso rispetto alla questione sulla quale si stava discutendo.

Nell'esempio sopra citato, questa coppia potrebbe continuare a discutere su come trovare un equilibrio tra famiglia, lavoro, aspettative riguardo alle responsabilità finanziarie, sul tempo da trascorrere insieme, sugli obiettivi di carriere e molto altro. Il punto è che questa conversazione è ora pronta per essere produttiva e *andare da qualche parte*.

Perciò, indipendentemente da chi stia sollevando il problema, entrambi hanno un ruolo. Il ruolo del Partner 1 è di sollevare delicatamente la questione. Il ruolo del Partner 2 è di ascoltare pienamente. Dopo che il Partner 2 ha dimostrato di comprendere il punto di vista del Partner 1, ci si può scambiare i ruoli. Il Partner 2 può ora esprimere il proprio punto di vista, mentre il Partner 1 ascolta e a sua volta mostra di comprendere la prospettiva del Partner 2. Ricordate che in tutti gli stili conflittuali si commette l'errore di affrettarsi verso la persuasione prima di aver compreso appieno il problema. Non fate questo errore. Ricordate che prima è meglio comprendere i reciproci punti di vista. In questa fase, l'unico obiettivo è la comprensione. La persuasione arriva in un secondo momento.

Il potere di rimandare la persuasione

Con Kristen e Steve abbiamo lavorato su questi ruoli durante una maratona intensiva di coppia, tre giorni consecutivi di terapia, dalle cinque alle sei ore al giorno. Con Kristen, l'obiettivo era quello di utilizzare un inizio morbido quando sollevava un problema. E per Steve era quello di non porsi sulla difensiva quando lei faceva emergere la questione, cosa che era il suo schema di funzionamento. Al contrario, bisognava che tentasse di seguire il filo logico di Kristen come se lei fosse una locomotiva sui binari: seguire da vicino quello che stava dicendo anziché pianificare le proprie obiezioni. Kristen parlava e pensava velocemente e spesso era incline alla critica, e Julie ha dovuto interromperla più volte per ricordarle di attenuare i suoi incipit. Era davvero come imparare una nuova lingua, per entrambi.

Questa è la ragione per cui un inizio morbido può risultare difficile, per quanto possa sembrare semplice. Imparare una nuova lingua è sempre difficile! Richiede esercizio. L'unico modo per riuscirci è tramite la ripetizione e il *rinforzo*. Se si usa questa nuova lingua, è probabile che si noti immediatamente che il partner sta davvero ascoltando e non si sta ponendo sulla difensiva. Il tassello successivo del nostro lavoro con Kristen e Steve è stato quello di focalizzarsi sulla costruzione dell'affetto e dell'ammirazione. Abbiamo usato la nostra checklist di aggettivi positivi e chiesto loro di selezionare tre qualità che pensavano descrivessero il partner.

Kristen ha letto la checklist:

amorevole, sensibile, coraggioso, intelligente, premuroso, generoso, leale, sincero, forte, energico, sexy, creativo, fantasioso, divertente, attraente, interessante, incoraggiante, spiritoso, rispettoso, affettuoso, organizzato, intraprendente, atletico, allegro, coordinato, aggraziato, vivace, attento, un grande amico, stimolante, parsimonioso, timido, dedito, impegnato, espressivo, attivo, cauto, riservato, avventuroso, ricettivo, affidabile, responsabile, attendibile, accudente, accogliente, virile, gentile, concreto, lussurioso, arguto, rilassato, splendido, bello, calmo, vitale, un ottimo partner, un ottimo genitore, risoluto, protettivo, dolce, tenero, potente, flessibile, comprensivo, molto buffo (inserite i vostri!)

Successivamente ha letto ad alta voce a Steve le qualità che ammirava di lui: *leale*, *incoraggiante*, *degno di fiducia*.

Steve ne ha scelte tre per Kristen: *vivace*, *energica*, *acuta*.

Queste qualità, che adoravano l'uno dell'altra, erano chiaramente e strettamente legate ai modi in cui erano diversi e attualmente in conflitto sull'approccio alla vita. Ma all'interno di un conflitto, può essere immensamente d'aiuto ricordare questo: "Ci stiamo scontrando a causa delle nostre differenze, ma queste differenze sono anche la ragione per la quale ci amiamo".

Kristen ha fatto fatica con questa attività – fin dall'infanzia non è mai stata abituata a ricevere complimenti. Erano un territorio straniero e la rendevano ansiosa. Perciò, quando Steve ha letto le qualità che vedeva in lei, Kristen ha gestito la sua ansia con una risposta istintiva che ha efficacemente allontanato Steve: gli ha dato del bugiardo.

Julie le ha ricordato: "Questo suona come una critica, Kristen, il tuo vecchio linguaggio. Perché non provi invece un inizio morbido?".

Kristen ha dovuto scavare un po' più in profondità per descrivere se stessa, anziché Steve. "È così difficile sentirtelo dire e crederti", ha detto. "Mia madre non diceva mai nulla di carino su di me a meno che non volesse manipolarmi; perciò è davvero difficile per me credere che i tuoi complimenti siano reali."

Steve ha inizialmente risposto al commento di Kristen in modo brusco con un contrattacco, una forma di difesa: "Oh, e ti aspetti che io ti creda?" è scattato, sarcastico. "Se sono 'incoraggiante' perché mi tratti come una merda?"

Abbiamo chiesto a Steve di notare che si era posto sulla difensiva, e che invece poteva dire: "*Mi sto sentendo sulla difensiva*, puoi dirlo in un altro modo?". Era meglio aggiustare la situazione in questo modo e dare a Kristen un'altra possibilità anziché far partire una escalation consistente in una battaglia attacco/difesa.

E il compito di Kristen, se avesse realizzato di essersi lasciata sfuggire qualcosa di brusco, sarebbe stato di riconoscerlo e di riprovarci. Il suo tentativo di riparazione potrebbe essere così: "Oh no, ho detto questa cosa nel modo sbagliato. Posso ricominciare?".

Siamo tutti esseri umani; siamo destinati a commettere errori. Persino quando litighiamo bene, la situazione può diventare caotica ed emotiva. Il punto non è essere perfetti, ma prendersi le proprie responsabilità per quei passi falsi inevitabili, risolvere rapidamente e tornare in carreggiata. Anche noi due facciamo ancora errori di questo tipo nei litigi, persino dopo tutta questa ricerca! E quando ciò accade, facciamo del nostro meglio per concederci a vicenda un po' di tolleranza e l'opportunità di ricominciare.

Copione per un inizio morbido

Analizziamo più nel dettaglio gli inizi morbidi. Quando le coppie utilizzano gli inizi morbidi per sollevare un problema, si verifica un'enorme differenza. Ricordate: il 96% delle volte, il modo in cui si inizia un litigio è predittivo anche del modo in cui il litigio finirà, così come del modo in cui la relazione evolverà negli anni a venire (Gottman, 1994). Nel corso del tempo, gli inizi positivi vi aiuteranno a creare maggiore successo e stabilità nelle relazioni.

Ecco il copione di base per un inizio morbido. Adattatelo alla vostra situazione ma comunque mantenetevi entro i confini di questa formula imprescindibile:

"Provo (emozione) riguardo a (situazione o problema) e ho bisogno di (bisogno *positivo*)."

Consideriamo alcuni esempi di questa formula in azione:

Inizio brusco: "Hai di nuovo speso troppo! Quando la smetterai di essere così irresponsabile con i nostri soldi?"

Inizio morbido: "Sono molto stressata (*il sentimento*) riguardo al nostro budget questo mese, sembra che saremo di nuovo a corto di soldi (*la situazione*). Possiamo sederci insieme e pianificare come risparmiare su alcune delle nostre spese (*il bisogno*)?"

Inizio brusco: "Esci *di nuovo*? Fantastico. Me ne starò semplicemente a casa da sola, di nuovo." (*sarcastico*) "Che divertente!"

Inizio morbido: "Ehi, ascolta. Ho bisogno di parlarti di una cosa. Continuo a pensare alla scorsa settimana, quando sei uscito con gli amici invece di venire a casa per cena. So di aver detto che andava bene, ma per qualche ragione la cosa continua a darmi fastidio. Mi sento solo un po' rifiutata e sola (*il sentimento*). Forse è perché ultimamente non abbiamo avuto molto tempo solo per noi due (*la situazione*). Stasera potresti venire a casa subito dopo il lavoro? Mi manchi (*il bisogno*)."

Inizio brusco: "Non posso *credere* che tu abbia accettato di passare di nuovo il Natale da tua madre. Cedi davvero a qualsiasi cosa lei voglia. Suppongo che non trascorreremo mai un Natale a casa dei miei genitori. Perché l'unica famiglia che abbia importanza è la tua."

Inizio morbido: "Tesoro, mi dispiace, ma mi sento ancora così frustrata (*il sentimento*). Tua madre ci ha fatto pressione affinché passassimo di nuovo il Natale con lei (*la situazione*). Mi manca trascorrere le vacanze con la mia famiglia (*ancora sentimenti*). Puoi per favore tornare da lei e tirarti indietro per quest'anno così da poter andare invece dai miei genitori? Questo mi farebbe sentire che sei davvero dalla mia parte (*il bisogno*)."

Si può notare negli esempi sopracitati che sebbene il contenuto, lo stile e la formulazione possano variare, le regole di base dell'inizio morbido rimangono costanti:

1. Descrivi te stesso e *i tuoi* sentimenti.
2. Descrivi il problema senza criticare o attribuire la colpa al tuo partner. Stai parlando della *situazione*, non del tuo partner.
3. Esprimi il tuo bisogno *positivo*, identifica ciò che il tuo partner può fare per aiutare a migliorare la situazione. Non ti stai focalizzando sulle cose negative o elencando come ha sbagliato, ma stai dicendo al partner espressamente come può risplendere per te.

Queste sono le tre parti di un inizio morbido riuscito. E l'ultima cosa da ricordarsi è questa: *non infierite*. Il che significa: non dite al vostro partner di sedersi per poi fargli piovere addosso quattordici problemi. Focalizzatevi esclusivamente su *questa situazione*, anche se il problema è parte di uno schema che si ripete. Niente "tu sempre" o "tu mai". Anche quel linguaggio suona come una critica. Non porterà mai da nessuna parte all'interno del conflitto.

Ora, ricordate il ruolo dell'ascoltatore.

Per essere un grande ascoltatore:

Rimandate il fatto di esprimere il vostro punto di vista e semplicemente ascoltate. Se non capite qualcosa, ponete delle domande, ma solo quelle che aiutano ad aumentare la vostra comprensione.

Riassumete i sentimenti del partner, il problema e i suoi bisogni fino a che non si sente soddisfatto.

Offrite parole sincere di validazione.

La morale della storia: Le coppie che utilizzano inizi morbidi hanno una probabilità di successo molto maggiore nelle loro relazioni. E va ricordato che "successo" in questo contesto non significa solamente rimanere insieme ma anche sperimentare alti livelli di felicità e soddisfazione. Abbiamo detto di essere in grado di predire con il 90% di accuratezza, dopo aver osservato una breve interazione, quali coppie avrebbero divorziato, ma va notato che quella previsione indica anche chi saranno i maestri dell'amore. L'inizio morbido è un indicatore potente del fatto che una coppia avrà successo nel lungo termine.

Una qualità universale dei maestri dell'amore: iniziano in modo gentile persino quando sono turbati.

Gli inizi morbidi che risolvono i problemi

Un inizio morbido prenderà forme diverse nei diversi stili conflittuali?

Certamente, ma i principi di base rimangono gli stessi. La formula non cambia, è ancora *mi sento x riguardo alla situazione y* e *z è quello di cui ho bisogno*, ma l'intensità del discorso sarà differente a seconda dello stile conflittuale con cui il partner è maggiormente a proprio agio. Una persona esplosiva mostrerà maggiori intensità e passione. I partner evitanti minimizzeranno la situazione e parleranno più timidamente. E i validatori potrebbero passare alla modalità di problem solving più rapidamente (a volte non è l'idea migliore, ma tratteremo di questo più in dettaglio nel prossimo capitolo). Perciò:

- **L'esplosivo**

Invece di: "Che diamine! Non hai ancora pagato? Non posso credere di aver sposato la persona più irresponsabile sulla Terra!"

L'inizio morbido dell'esplosivo: "Sono disperato riguardo alla nostra situazione economica. Abbiamo di nuovo delle bollette arretrate da pagare. Ho assolutamente bisogno che tu paghi le bollette in tempo come eravamo d'accordo! Che cosa possiamo fare?"

- **L'evitante**

Invece di: "Hmm, ecco qui di nuovo le bollette." Oppure direttamente non dire nulla mentre si è stressati e preoccupati.

L'inizio morbido dell'evitante: "Sono un po' nervoso per il fatto che le bollette siano ancora qui, non pagate. Sarei felice di provvedere se vuoi... o magari potresti pagarle tu?"

- **Il validante**

Invece di: "Vedo che ancora una volta non hai pagato le bollette. Ti rendi conto che stai distruggendo la nostra posizione creditizia?"

L'inizio morbido del validante: "Mi sento frustrato per il fatto che di nuovo le bollette non siano state pagate in tempo; questo potrebbe influenzare la nostra posizione creditizia. L'ultima volta che ne abbiamo parlato ci eravamo accordati che tu ti saresti fatto carico di queste bollette e io di prenotare le visite dal dottore, ti ricordi? Perché non facciamo che stasera metto io a letto i bambini, così tu ti puoi occupare di queste cose, okay?"

Nel caso di **uno sfasamento dello stile conflittuale**, c'è una probabilità maggiore di segnali mancati. Un partner evitante potrebbe percepire come difficile l'inizio dell'esplosivo, seppur morbido, a causa dell'intensità dell'emozione espressa, anche quando le regole di un inizio ammorbidito sono seguite pressoché alla lettera. Perciò, a prescindere da quale stile conflittuale voi e il vostro partner preferiate, la chiave qui consiste nell'osservare attentamente se vi ponete sulla difensiva o vi sentite attaccati e nel notare: sono davvero presenti disprezzo, colpa o critica? Voi o il vostro partner potreste tendere a usare un linguaggio più emotivo, ma se si sta attenti a evitare la critica e la colpa, l'inizio ammorbidito può ancora funzionare.

Un'ultima osservazione: coloro i quali sono estremamente abituati a relazionarsi con il partner tramite un inizio brusco a volte giustificheranno quell'approccio sostenendo che "sono semplicemente onesti" o "autentici." La nostra risposta: non stiamo dicendo che non si debba essere onesti. Vi si sta chiedendo di essere *ancora più onesti* concentrandovi *sui vostri sentimenti* anziché descrivere quello che il partner sta facendo di sbagliato. Non rinforzate la vostra posizione con una lista di lamentele. Non cercate una ragione per cui il vostro partner abbia intrinsecamente torto. E non focalizzatevi su tutti i difetti del vostro partner.

E se state pensando: "Ma come farà il mio partner a migliorare se non gli dico cosa c'è che non va?".

La risposta? Non è compito vostro migliorare il vostro partner. Il vostro compito è essere la versione migliore di voi stessi. E se siete gentili persino durante i conflitti, è probabile che il vostro partner sia maggiormente collaborativo. È una vittoria per tutti.

Rendetelo più morbido!

Ora è il vostro turno di vedere se si riesce a trovare una versione più morbida di un inizio brusco. Vi forniremo alcune scene per esercitarvi con gli inizi morbidi. Esistono molte risposte giuste! Abbiamo osservato persone farsi venire in mente in modo creativo ogni tipo di alternativa gentile, e va ricordato che un pizzico di umorismo può portare lontano fintanto che sia gentile e non sarcastico. In uno dei nostri laboratori abbiamo chiesto alle coppie presenti come avrebbero modificato il seguente inizio brusco da parte di un coniuge che desidera fortemente fare sesso ma si sta sentendo rifiutato dal partner. La frase era questa: "Non vuoi neanche più toccarmi ormai! Suppongo tu sia un pezzo di ghiaccio, proprio come tua madre".

Durante l'esercitazione un signore aveva alzato la mano e offerto questo suggerimento: "In questo momento sono eccitato. Penso che andrò al piano di sopra e farò sesso. Vuoi unirti?".

Okay, è il vostro turno. Il vostro compito è di rendere più morbidi gli inizi bruschi che vi presenteremo qui di seguito. Descriveremo una situazione e vi forniremo la versione "istintiva" di come potreste sollevare questo problema con il vostro partner se fate la prima cosa impulsiva che vi salta in mente. Ma questa volta avrete la possibilità di fermarvi, riflettere attentamente sulla questione e trasformare i pensieri in un inizio morbido. Come riformulereste le seguenti conversazioni?

SCENA: Il vostro partner entra nel vialetto. Notate immediatamente che c'è una nuova ammaccatura sul paraurti davanti dell'auto e un lungo graffio sulla portiera. La vostra pressione sanguigna sale alle stelle, solo due settimane fa voi e il vostro partner siete stati fermati per eccesso di velocità in una zona scolastica e la multa è stata esorbitante.

Inizio brusco: "Che diavolo è questo? *Di nuovo?* Hai una vaga idea di quanto ci costerà la tua guida spericolata?"

Riflessione: Com'è probabile che vi risponda il vostro partner?

Il vostro inizio morbido:

SCENA: Il vostro partner sta aiutando i bambini a fare i compiti mentre voi state preparando la cena. Sentite che stanno facendo un esercizio di matematica, e non sta andando bene. Vostra figlia è in lacrime e il vostro partner scatta contro di lei dicendole che se non si concentra l'aiuto per i compiti è finito e per quanto lo riguarda lei può anche essere bocciata.

Inizio brusco: "Cavolo, sembri proprio quell'odioso di tuo padre. Vuoi danneggiarla nello stesso modo in cui i tuoi genitori hanno fatto con te?"

Riflessione: Com'è probabile che vi risponda il vostro partner?

Il vostro inizio morbido:

SCENA: Il vostro partner ha avuto una giornata orribile al lavoro e torna a casa molto scontroso. Per tutta la sera si arrabbia con voi un minuto sì e l'altro pure per cose sciocche, come il fatto di lasciare aperta la porta del frigorifero troppo a lungo.

Inizio brusco: "Perché sei così cattivo con me? Sei un vero mostro stasera!"

Riflessione: Com'è probabile che vi risponda il vostro partner?

Il vostro inizio morbido:

Se possibile, fate questo esercizio con il vostro partner e confrontatevi sulle risposte, considerando per ciascun esempio entrambe le vostre ipotesi sulla reazione del vostro partner agli inizi bruschi e le vostre proposte di inizi morbidi. Se incontrate delle difficoltà nel pensare a dei modi efficaci di formulare pensieri e bisogni, prendete ispirazione dalle due colonne che sono presenti qui di seguito e scegliete o modificate qualcosa dalla colonna dei sentimenti/sensazioni e qualcosa dalla colonna dei bisogni affinché siano rappresentativi di ciascuna situazione, o utilizzate il modello sopra e la lista per introdurre un problema reale che vorreste trattare con il vostro partner. Una versione più completa di queste liste è disponibile nell'app gratuita "Gottman Card Decks".

Lista di sentimenti/sensazioni e di bisogni

Mi sento...	Ho bisogno...
❑ abbandonato	❑ di sapere cosa stai pensando
❑ spaventato	❑ di avere una conversazione con te
❑ allarmato	❑ che tu mi chieda come è andata la mia giornata
❑ arrabbiato	❑ che tu metta via il telefono quando ho bisogno di parlarti
❑ pieno di vergogna	❑ che tu mi dica che sto bene
❑ sminuito	❑ di sapere che sei fiero di me
❑ tradito	❑ di un momento tranquillo quando sono appena arrivato a casa
❑ in competizione	❑ che tu mi ascolti quando sono turbato
❑ combattuto	❑ che tu mi ascolti quando sono triste e che non mi incolpi
❑ confuso	❑ di uscire con te una volta alla settimana
❑ distrutto	❑ che tu faccia più lavori domestici
❑ sconfitto	❑ che mi parli in modo calmo quando sei turbato
❑ disperato	❑ che tu dica che apprezzi il mio duro lavoro
❑ schifato	❑ di sapere che mi consideri sexy
❑ distante da te	❑ che mi tocchi più spesso amorevolmente
❑ diffidente	❑ che tu risponda ai miei messaggi
❑ imbarazzato	❑ di parlare di più dei nostri figli
❑ infuriato	❑ che mi ascolti e non cerchi di darmi consigli
❑ agitato	❑ di ricevere maggiori complimenti da parte tua
❑ frustrato	❑ che tu prenda le mie parti quando la tua famiglia mi critica
❑ furioso	❑ di sentirti dire "ti amo"
❑ ferito	
❑ non sono sicuro di come mi sento	
❑ indignato	
❑ scioccato	
❑ stressato	
❑ sorpreso	
❑ teso	
❑ turbato	
❑ preoccupato	
❑ non accettato	

Litigio #2

L'inondazione

Errore: attaccare, difendere, ritirarsi

Immaginate questo scenario comune: una conversazione con il vostro partner inizia a diventare spinosa. Forse riguarda il fatto di aver svuotato il conto corrente. Forse riguarda che cosa mangiare per cena. Forse la possibilità di trasferirsi alla periferia di Timbuctù. Quale che sia l'argomento, e magari anche se avete iniziato in modo morbido, la situazione sta diventando conflittuale. Ora vi sentite attaccati, incompresi, offesi, arrabbiati, intrappolati, o tutte queste cose insieme.

Percepite una vampata di calore, le mani diventano sudaticce.

Il cuore inizia a battere più velocemente, più forte nelle orecchie.

Avvertite una sensazione di costrizione al petto.

La mente sembra confusa e frenetica, non riuscite neppure più a concentrarvi su quello che sta dicendo il partner. Invece pensate: *Non posso affrontare tutto ciò. Come esco da questa situazione? Ne ho davvero abbastanza di questa conversazione.*

Magari esplodete e dite qualcosa di brusco, rispondete al fuoco con il fuoco.

Magari vi arroccate sulla vostra posizione, focalizzandovi sul bloccare i colpi del vostro partner. Avete a malapena un secondo per pensare e comprendere cosa volete dire, figuriamoci per trovare il modo migliore per dirlo. Siete in una posizione di ritiro difensivo.

O magari vi chiudete completamente. Che senso ha dire una cosa qualunque? Peggiorerà solo la situazione. Diventate silenziosi, vi ritirate in voi stessi o vi girate dall'altra parte, rifiutandovi di replicare a qualsiasi cosa il partner dica o faccia, e vi comportate come se non fosse neanche lì presente, avvertite il bisogno che questa interazione finisca! State facendo *ostruzionismo*, diventando un muro di pietra per proteggervi dall'attacco del partner. Sembra l'unica possibilità.

In tutte le risposte sopra citate, c'è una singola costante universale: l'*inondazione*.

Che cosa è l'inondazione?

Durante il conflitto l'inondazione [*flooding*, NdR] si verifica quando, proprio come accade durante un improvviso allagamento, ci si sente sopraffatti, dirottati dal proprio sistema nervoso in risposta alla negatività del proprio partner. Gli effetti fisiologici sono immediati. La frequenza cardiaca schizza da una normale frequenza a riposo di 76 battiti al minuto (per le donne) o 82 al minuto (per gli uomini) a oltre 100 al minuto, e arriva persino a 195. La ghiandola surrenale, allertata per prepararsi a una situazione di sopravvivenza, rilascia ormoni dello stress nel sangue. Come animali braccati, si entra in modalità di attacco, fuga o congelamento; ora si è maggiormente dominati dall'accelerazione cardiaca e dal rilascio di cortisolo e adrenalina nel sangue che dai processi mentali razionali o empatici. Il corpo è totalmente nella modalità di risposta alla paura: sta preparando il sistema per scappare da una tigre, *non* per avere una conversazione calma e compassionevole con il partner.

Quando all'interno del Love Lab notiamo uno schema di inondazione in una coppia, sappiamo che senza un intervento questa è destinata a una separazione (Gottman, 1994). Perché quando ci si sente sommersi, come in un allagamento, si è incapaci di litigare bene. È semplicemente impossibile. Mentre si viene sommersi, si perde rapidamente la capacità di processare le informazioni. Diventa più difficile prestare attenzione. Non si riesce a sentire o a comprendere quello che l'altro sta dicendo. Si risponde di riflesso e si usano i primi tre Cavalieri dell'Apocalisse (cioè, è probabile che si diventi critici, sprezzanti o che ci si ponga sulla difensiva), il che spesso porta il partner a manifestare il quarto Cavaliere (l'ostruzionismo).

Iniziare in modo morbido, così come è stato fatto nel capitolo precedente, è importante. Ma via via che un conflitto si sviluppa, ci si trova a dover prendere delle decisioni quasi in ogni momento: se ascoltare o parlare, se descrivere se stessi o il proprio partner, che tono usare e altro ancora. Un inizio brusco all'inizio di una conversazione avrà sicuramente degli effetti negativi a cascata, ma la critica e il disprezzo possono insinuarsi in qualunque momento durante una conversazione conflittuale. E quando questo accade, si tende a ricorrere a una serie di classiche posizioni di ripiego.

1. Si ricorre a una dinamica di attacco e difesa: il partner diventa un nemico.
2. Ci si chiude e ci si ritira: il partner diventa un estraneo.

Da queste posizioni polarizzate non si è più in grado di raggiungersi l'un l'altro. Non esistono ascolto, apprendimento, non vi è alcuna capacità di esplorare la causa alla base del conflitto, non c'è nulla. Persino quando un partner mostra un'apertura o fa una concessione, "un tentativo di riparazione", l'altro partner non sarà in grado di notarlo o di accettarlo.

La riparazione sia durante sia dopo i conflitti è qualcosa di potente. È una delle cose principali che separano i maestri dell'amore dai disastri (*ibidem*). Ricordate: i maestri dell'amore litigano tanto quanto qualunque altra coppia là fuori, ma comprendono anche come agire le riparazioni durante il cammino. Ma riparare nel bel mezzo del conflitto significa ammettere di essere usciti dai binari di uno scambio sano e compassionevole, e il sentirsi sommersi rende molto difficile il riconoscere i propri errori.

Molte coppie si sentono sommerse. La nostra recente ricerca internazionale ha rilevato che ben il 97% di tutte le coppie, a prescindere dall'orientamento sessuale, ha indicato il fatto di essere sommersi come una delle sfide maggiori (Gottman, Gottman, Cole et al., 2020). Intendiamoci, avere questa risposta emotiva e fisiologica durante un litigio è completamente normale, siamo esseri umani, le questioni per le quali litighiamo ci importano molto, e questo è uno dei modi innati in cui le nostre menti e i nostri corpi reagiscono quando si sta litigando per qualcosa a cui si tiene. Ma se si vuole essere in grado di rimanere collaborativi, positivi, evitare i Quattro Cavalieri e litigare bene, c'è bisogno di imparare come far fronte a questi momenti travolgenti durante il conflitto, così da poter essere la versione migliore di noi stessi.

Abbiamo parlato di come iniziare sulla strada giusta durante il conflitto. Ora parliamo di come *rimanere* sulla strada giusta.

Nemici e sconosciuti

Vorremmo darvi uno sguardo sui litigi di due coppie. I problemi che stanno affrontando non potrebbero essere più diversi tra loro. Una si trova di fronte a una catastrofica crisi relazionale che sta portando i partner a domandarsi se il loro matrimonio sopravvivrà. Nella seconda scoppia un litigio doloroso e sorprendente su una questione piuttosto minore e di routine. Ma entrambe le coppie si sentono inondate.

Coppia 1: Stan e Susan

Stan e Susan sembrano avere tutto sotto controllo. Stan è un tennista professionista di alto livello, in un ottimo momento della sua carriera. Susan, che lo ha sostenuto quando era un atleta emergente che cercava di sfondare nel circuito del tennis, è orgogliosa di quanta strada hanno fatto. Si sono spostati parecchio quando Stan stava dimostrando di essere un atleta e si stava avviando a diventare professionista, ma ora sono finalmente sistemati in una casa e in una comunità che lei ama. Non devono preoccuparsi dei soldi, Stan è praticamente un nome noto. E dopo aver cercato di avere un figlio per molti anni, sono ricorsi alla fecondazione in vitro e ci sono riusciti al primo tentativo: *gemelli*.

I bambini sono piccoli e sono delle pesti! La vita è un turbinio. Stan viaggia molto in giro per il mondo per le partite, sparendo per intere settimane; nel frattempo Susan si occupa dei bambini con l'aiuto della loro meravigliosa tata che lei sta iniziando a percepire come l'altro genitore, più di Stan. Lei e i bambini aspettano sempre con ansia il ritorno a casa di Stan, ma quando finalmente lui torna, la situazione è ancora più caotica, con i bambini che reclamano insistentemente la sua attenzione e fanno le bizze. Quando escono insieme, Susan aggiorna Stan su tutto quello che sta succedendo nella vita dei loro figli ed è dispiaciuta che lui si stia perdendo così tante cose.

Un giorno squilla il telefono fisso a casa. Quando Susan risponde, una voce femminile domanda se Stan sia in casa.

"No", dice Susan, "è a Tampa per una partita, ma dovrebbe essere disponibile al cellulare. Chi parla?".

La donna dice il proprio nome e a Susan sembra effettivamente familiare, forse c'è qualcuno che si chiama così nel team di Stan. Ha un piccolo staff di persone che si alternano a lavorare per lui, un agente, un assistente, una persona che si occupa dei social. La donna al telefono dice qualcosa di vago sul fatto di non riuscire a rintracciarlo al cellulare, il che sembra strano.

"Lei lavora con lui?" domanda Susan, confusa.

La donna riattacca.

Quando Susan riferisce a Stan della strana telefonata nota subito qualcosa guizzargli sul volto: colpa, paura. Lo affronta. Lui nega di aver fatto qualcosa di sbagliato. Ma quando lei lo pressa, lui crolla e lo ammette: ha una storia. Sta andando avanti da quasi un anno. L'ha incontrata tramite degli amici a una partita; lei ha preso un volo per la partita successiva, è andata all'afterparty ed è semplicemente successo. Non aveva intenzione di farlo. Non ha significato nulla. È stato solo sesso.

A Susan manca l'aria come se le avessero tirato un pugno, è stupita, di lui, del fatto che sia stato capace di fare una cosa simile; di se stessa per essere stata così stupida. È assolutamente surreale: questa è una cosa che succede alle altre persone, ai personaggi in televisione, non a lei e Stan! Stan, che la seguiva da una festa all'altra all'università nel tentativo di incontrarla casualmente, fingendosi sorpreso quando "per caso" si imbatteva in lei sulla pista da ballo. Stan, che aveva preso in braccio i loro gemelli appena nati e aveva pianto. Tutto quello che credeva di sapere è risultato essere una bugia. Tutto il suo mondo sta andando in pezzi.

Ha una domanda: Come hai potuto farci questo?

Stan lo sta già sentendo: il rimorso. La vergogna. Ma questa cosa non gli piace. Ha razionalizzato le proprie azioni: *Lei non ha mai tempo per me. In questo periodo assomigliamo di più a delle persone che stanno gestendo insieme un'attività che a degli amanti. Lei non lo verrà mai a sapere. Le persone lo fanno di continuo. Che sarà mai. Me lo merito.*

Si pone estremamente sulla difensiva. Lei lo attacca ancora di più, scioccata per il fatto che lui non si accorga di quanto abbia torto. Lui si difende ancora più strenuamente, affondando il colpo: lei non è affettuosa nei suoi confronti. Non fanno più sesso ormai. Lei lo respinge continuamente, non è neppure interessata a farlo, perciò perché le importa così tanto? Presta attenzione solo ai bambini, è come se lui fosse invisibile.

A questo punto lui è sommerso. Lei è sommersa. I loro cuori stanno martellando fortissimo, l'adrenalina scorre nelle vene. La risposta fisiologica di Stan è schizzata e lo ha sopraffatto ancora più velocemente di quella di Susan, e lui ci metterà più tempo a riprendersi.

Il motivo è questo: per ragioni evolutive che hanno a che fare con il fatto di proteggere la tribù e di cacciare animali pericolosi per cibarsene, i nostri antenati preistorici maschi hanno acquisito un vantaggio nella sopravvivenza essendo in grado di assumere velocemente e di mantenere una risposta adrenalinica al pericolo. Quelli che possedevano questa risposta rapida erano maggiormente in grado di combattere i nemici e di cacciare e, visto che erano più adatti a sopravvivere, è più probabile che i loro geni siano stati trasmessi e alla fine ereditati dagli uomini di oggi. Quella risposta duratura di tipo attacco/fuga potrà aver aiutato a sopravvivere i lontani antenati di Stan, ma non gli è assolutamente d'aiuto ora.

"Non so perché mi sono preso la briga di tornare a casa!", grida lui. "Non ti importa neanche che io sia qui!"

"Vorrei non averti mai incontrato", singhiozza Susan. "Sarei molto più felice."

Nei giorni, nelle settimane e nei mesi successivi, Stan e Susan litigano come mai prima nella storia del loro matrimonio. Non possono trattare nessun problema senza sentirsi gravemente sommersi; dicono la prima, la peggior cosa che salta loro in mente. Persino le conversazioni che iniziano in modo calmo, come quella su come gestire i figli, degenerano rapidamente dando luogo a due sistemi nervosi estremamente sovraccaricati i cui possessori si urlano addosso e si lanciano oggetti in preda alla rabbia. Una sera, Stan scaglia un bicchiere sul pavimento della cucina, frantumandolo; un frammento colpisce la gamba di Susan e le provoca un taglio, facendola sanguinare. Inorriditi, comprendono quanto siano ormai fuori controllo. Decidono di andare in terapia.

E arrivano nel nostro studio.

La storia sopracitata è quella che hanno descritto a Julie, momento per momento, per spiegare che cosa li avesse spinti ad andare da lei per una sessione intensiva di terapia. Non è stato facile per loro raccontare le loro storie. Entrambi sono stati sopraffatti più volte. Susan piangeva e poi si arrabbiava; Stan si arrabbiava e poi si chiudeva in se stesso. Quando Julie ha chiesto loro di confrontarsi su come si sentissero lì in studio, la conversazione è andata così:

STAN: Confrontarmi con lei? Okay. Credo. Allora... ehi, come stai oggi?
SUSAN: (*con una risata incredula*) Be', abbastanza da schifo, che cosa ti aspetti?
STAN: Cosa vuol dire "Che cosa mi aspetto?"
SUSAN: Voglio dire che mi hai distrutto la vita! È ovvio che mi sento da schifo!
STAN: Ehi, non è tutta colpa mia. Sei tu la prima a esserti allontanata. Hai smesso di interessarti a me. Hai smesso di essere una vera moglie.
SUSAN: Sono la madre di due gemelli. *Tu* hai mai provato a prenderti cura dei gemelli completamente da solo? No! Non lo hai mai fatto. Neppure dei tuoi stessi *figli*! E attribuisci a me la colpa della tua storia. Quella è colpa tua.
STAN: Lo so! Ma quante volte te lo devo dire? *Mi dispiace, mi dispiace, mi dispiace*. Okay? Che cosa ci vuole perché tu lo capisca?
SUSAN: So che ti dispiace, davvero. Ma...
STAN: Sei così egocentrica. Non vuoi davvero migliorare la situazione. Vuoi solo che io continui a stare male. Vuoi tenermi in pugno e controllarmi.
STAN: Controllare *te*? Ah! Sei tu ad avere bisogno di controllarti. Mi disgusti. Me ne vado, non voglio neppure guardarti in faccia.

Riuscite a notare quanto i due partner si siano sentiti sommersi in pochi secondi? Non c'è da stupirsi. Si scagliavano addosso a vicenda critiche e disprezzo.

Ora trattiamo la vicenda di un'altra coppia in cui l'inondazione si è ugualmente verificata ma si è manifestata diversamente all'interno della stanza di terapia.

Coppia 2: Nora e Robbie

Nora e Robbie, una coppia di afroamericani di successo a doppio reddito, sulla quarantina, si sono fidanzati all'università e si sono sposati presto. Hanno due figli adolescenti, ma a volte scherzano sul fatto che sembra che abbiano bisogno esattamente dello stesso aiuto con le cose di base della vita quotidiana di quando erano neonati. Soprattutto al mattino.

Far arrivare entrambi in tempo alle rispettive scuole (l'uno al liceo e l'altra alle medie), avendo fatto colazione e con tutti i materiali scolastici, sembra richiedere uno sforzo erculeo. "All'università dovremo chiamarli per dir loro di lavarsi i denti?" ha sussurrato Nora una mattina al marito, mentre una quattordicenne scontrosa li guardava dall'altra parte della cucina. (Hanno riso sommessamente.)

Accade che una mattina, Nora, che si è impegnata molto nel lavoro, sia malata, sta molto male. È una consulente di una grande azienda tecnologica e deve chiudere un importante affare in meno di una settimana. Si sente malissimo: mal di testa, dolori al corpo, febbre. Potrebbe essere Covid. Fa un tampone e il test è negativo, ma potrebbe essere troppo presto perché risulti positivo. Di solito è in piedi prima dei ragazzi e organizza la tavola perché si preparino da soli la colazione: ciotole e cucchiai, pacchetti di farina d'avena istantanea, latte, banane a fette. Ma si sente come se fosse stata investita da un'automobile. Nel frattempo, Robbie non è malato, ma è esausto. Ha trascorso l'intero fine settimana a montare la pedana che sta aggiungendo al retro della casa: sta cercando di portarla a termine prima che il tempo diventi piovoso, ed è stato un lungo lavoro. È dolorante e si sente come se non si fosse riposato nel fine settimana. Tuttavia, quando Nora gli dice che si sente malissimo, lui le suggerisce gentilmente: "Perché non rimani a letto a riposare" e va a preparare la colazione ai figli.

Nora crolla nel sonno svegliandosi poco tempo dopo, quando Robbie fa ritorno in camera da letto.

ROBBIE: Ehi, io sto uscendo. Volevo solo farti sapere che sono già le sette e quaranta. I ragazzi arriveranno in ritardo a scuola se non uscite nei prossimi cinque minuti.

NORA: Oh, pensavo che li portassi tu.

ROBBIE: *(con un sospiro, chiaramente irritato)* Non posso, tesoro. Farei ritardo. La scuola è nella direzione opposta. Devo andare.

NORA: Tesoro, sto davvero male. Non puoi semplicemente occuparti di questa cosa per una volta?

ROBBIE: *Per una volta?* Aspetta un attimo, mi sono appena alzato presto e ho fatto *il tuo* lavoro. Ora sono quello cattivo? Non sembri così malata. Penso che tu sia in grado di guidare per una decina di minuti.

NORA: Come fai a sapere quanto sto male? Mi sento malissimo. Penso che potrebbe essere Covid.

ROBBIE: Okay, be', pensavo fosse solo un raffreddore, scusami.

NORA: No, è peggio di un raffreddore, e perché non sei più gentile con me? Io sono sempre gentile con te! Faccio cose per te tutto il tempo.

ROBBIE: *(esplodendo)* Nora, cosa diavolo pensi che io abbia fatto durante le ultime tre settimane mentre tu stavi lavorando a questo contratto? Sono andato via dal lavoro presto tre volte solo in questa settimana. Mi sono occupato *di tutto* in questa casa!

NORA: Oh, non sia mai che ti occupi di qualcosa per qualche settimana. Sai per quanti anni ho fatto tutto io per te?
ROBBIE: Scusami?
NORA: Mi hai sentito!
ROBBIE: Non posso credere che tu mi abbia detto una cosa del genere. Dopo tutto quello che faccio per te e per i ragazzi.
NORA: Oh, non mi dire queste stronzate. Ti comporti sempre come se mi stessi facendo qualche enorme favore quando stai solo facendo la tua parte. Come se fossi una specie di eroe perché ti sei comportato da genitore con i tuoi figli o hai pulito un gabinetto! Cresci, Robbie!
ROBBIE: (*se ne va bruscamente, sbattendo la porta*)

Che cosa è andato storto?

Queste conversazioni sono iniziate bene. Vediamo Robbie confrontarsi con sua moglie per capire come stia evolvendo la situazione riguardo a una fonte di conflitto continuo tra loro, e questa è un'ottima cosa. Vediamo Nora esprimere chiaramente un suo bisogno, e anche questo è positivo. Ma abbastanza presto entrambe le conversazioni degenerano. Si nota qui un effetto domino per cui la critica o il disprezzo da parte di uno o di entrambi i partner porta alla difensiva, all'inondazione, a tentativi mancati di riparazione e a una rapida escalation. Entrambi i litigi terminano con delle accuse pesanti e dolorose, a significare che sono diventati "incidenti spiacevoli" in cui uno o tutti e due i partner sono stati emotivamente feriti. Queste coppie dovranno lavorare per elaborare e guarire da questi incidenti così da poter superare le cose dolorose emerse (maggiori dettagli su questo argomento saranno presenti nel Litigio 5).

Rileggete le conversazioni precedenti e vedete se riuscite a identificare alcuni dei momenti in cui questi litigi si sono intensificati. Noterete che per entrambe le coppie sono presenti dei commenti critici o sprezzanti e atteggiamenti difensivi, e quando il ritmo e la temperatura dell'interazione aumentano, è possibile inferire che uno o entrambi i partner stiano iniziando a sperimentare gli effetti fisiologici dell'inondazione. Il problema principale in questo caso? Non riescono ad affrontare l'inondazione in alcun modo. Al contrario, continuano la conversazione.

Ecco la cosa principale da comprendere sull'inondazione: ci si *deve* fermare e affrontarla. Non esiste un modo per avere una conversazione conflittuale produttiva o positiva quando si è sommersi. Questo è uno dei principali motivi per i quali le coppie non mettono in atto le migliori pratiche di gestione del conflitto (o più precisamente, il motivo per cui non riescono a farlo); si può aver appreso tutti i modi "giusti" di litigare, ma quando ci si sente sommersi, non si riesce ad accedere al nuovo insegnamento. Il vostro sistema nervoso vi sta riportando a una modalità primitiva di risposta, di attacco o fuga. Quando si è sommersi, quelle forme superiori di elaborazione cognitiva non sono assolutamente presenti. Sono tutte finite nel secchio dell'immondizia. Quando si è sommersi e si continua a litigare, gli unici risultati che si otterranno sono ferite e dolore.

Perciò, quando il litigio inizia in modo morbido ma poi va fuori controllo, domandatevi: *Sono sommerso? Il mio partner è sommerso?* E *fermatevi.* La cosa fondamentale da fare quando un litigio prende una brutta piega è fermare l'azione e affrontare l'inondazione.

Come fermare l'inondazione

Per prima cosa identificate i segnali del fatto che state per sentirvi sommersi così da poter agire per tempo. Questa è la lezione più importante riguardo all'inondazione che impartiamo ai nostri clienti: diventare molto consapevoli dei primi segnali corporei. Questi possono essere di vario tipo e sono specifici per ognuno, ma saranno probabilmente simili a quelli sperimentati quando altre volte ci si è sentiti sopraffatti.

Ecco alcuni esempi classici di inondazione:

- Respiro corto.
- Denti digrignati.
- Mascella contratta o dolorante.
- Calore in ogni parte del corpo.
- Viso arrossato o sentirsi accalorati.
- Sensazione di aver preso "un calcio nello stomaco".
- Muscoli irrigiditi (nessun sommerso è mai rilassato, c'è della tensione da qualche parte).
- Occhi stretti (pensate all'occhiata di sbieco di Clint Eastwood quando sta squadrando qualcuno).
- Battito cardiaco accelerato o martellante (tipicamente a una frequenza di più di 100 battiti al minuto).

- Nausea.
- Mente che "gira".

Prestare attenzione al proprio corpo e conoscere i segnali di inondazione è estremamente importante, in quanto intervenire subito sulla propria risposta fisiologica è il modo per *evitare* che la situazione degeneri in spiacevoli incidenti con il partner. L'inondazione si manifesta in modo diverso in ognuno di noi in termini di comportamento, intensità e tempistica. Alcune persone quando sono sommerse reagiscono esternalizzando (scattano, criticano, attaccano) e altre internalizzando (si chiudono in se stesse, fanno ostruzionismo). Alcune tendono ad avere una reazione più intensa a livello del sistema nervoso e ci mettono molto tempo a farla "scemare" e a tornare alla loro condizione di partenza; per altre, la reazione è meno intensa. Alcune persone vengono inondate molto facilmente, succede quasi istantaneamente a seguito della negatività o di una critica, mezzo secondo e *bam*, sono sommerse. Stan era così. Era semplicemente il modo in cui funzionava il suo sistema nervoso, qualunque cosa lui percepisse come un attacco avrebbe semplicemente fatto scattare un interruttore nel suo corpo. Perciò, l'identificazione di quelle "avvisaglie precoci" era particolarmente importante per lui.

Ora, immaginiamo per un momento di star usando il nostro sistema di intelligenza artificiale. L'algoritmo fisiologico è estremamente ricettivo e sarà in grado di avvisarvi di un'inondazione immediata, forse persino prima che ve ne accorgiate voi stessi. Recepisce i più piccoli cambiamenti nel tono della pelle e nella frequenza cardiaca, avvisandovi del fatto che state iniziando a sperimentare un'eccitazione fisiologica. Quest'abilità è stata una grande priorità per noi nello sviluppare un software che aiutasse i terapeuti e le coppie in quanto questa informazione, relativa a come si sta reagendo *fisicamente* a una conversazione con il partner, è decisamente vitale per il risultato. Ma per quanto utile sia un algoritmo, non è necessaria l'intelligenza artificiale per sapere che si sta diventando sommersi. Potete essere voi la vostra personale, altamente ricettiva intelligenza artificiale, se siete consapevoli dei vostri "segnali" fisiologici personali in modo tale che, durante un conflitto, il vostro cervello possa inviare un piccolo campanello d'allarme che dice: *Ehi, ecco che arriva l'inondazione*.

Perciò, ora prendetevi un momento, pensate all'ultima volta che vi siete sentiti sommersi (durante un conflitto con il partner o in qualunque situazione), e identificate i vostri segnali: sono presenti nella lista sopra? Se ci sono, cerchiateli, o scriveteli nella tabella qui sotto. Se i vostri sintomi dell'inondazione non appaiono nella lista, descriveteli. Anche il vostro partner dovrebbe cerchiare o aggiungere i propri.

Quando sono sommerso, provo:	Quando sono sommerso, provo:

Una volta che avete percepito le emozioni connesse all'inondazione, ecco il prossimo passo: fate una pausa!

Nel momento in cui notate uno di quei segnali precoci di inondazione, fermate la discussione e chiedete di fare una pausa. Ecco le linee guida per questa pausa:

- *Comunicate di averne bisogno:* non andatevene semplicemente dalla stanza! Dite al vostro partner che vi sentite sommersi e che avete bisogno di una pausa, dite dove state andando e a che ora tornerete per continuare la conversazione. "Tesoro, mi sento davvero sopraffatto e non voglio dire qualcosa che non penso. Farò un giro dell'isolato, tornerò tra una mezz'ora, così possiamo continuare a parlarne."

- *Uscite dal campo visivo:* se siete sommersi, avete bisogno di allontanarvi dal cerchio di energia intorno al vostro partner. State con voi stessi e con nessun altro.

- *Fate qualcosa di rilassante che vi distragga dal litigio:* avete bisogno di fare una pausa non solo dallo stare fisicamente vicino al vostro partner ma persino dal *pensare* al litigio. Lo scopo della pausa non è di andarsene per agitarsi e rimuginare. Ripercorrere mentalmente i dettagli del litigio servirà solo a tenere iperattivato il vostro sistema nervoso. Invece: portate fuori il cane mentre ascoltate della musica o un podcast. Sdraiatevi e leggete una rivista. Andate in cucina e preparatevi uno spuntino. Meditate, fate dei respiri profondi o un esercizio di rilassamento o di visualizzazione corporea. Andate a correre o fate qualche altro esercizio. Lavorate a qualcosa di artistico o a un progetto casalingo. Togliete le erbacce dal giardino. Rispondete alle email! Qualsiasi cosa vi impegni a livello attentivo e idealmente sia calmante o riduca lo stress. (In base alla nostra esperienza, consigliamo di non guardare dei thriller...).

- *E infine: tornate!* L'inondazione non è un motivo per rimandare indefinitamente la conversazione. Tornate all'orario che avete stabilito quando ve ne siete andati e riprovateci. Idealmente, la pausa dovrebbe durare almeno venti minuti (è il tempo minimo necessario affinché gli ormoni dello stress, adrenalina e cortisolo, vengano espulsi dall'organismo) ma non dovrebbe durare più di ventiquattro ore. E sì, si può andare a dormire senza risolvere questo conflitto. A volte è la cosa migliore da fare. Ma non lasciate passare più di un giorno. Se dura più a lungo, inizia a sembrare una punizione. In media, abbiamo notato che le persone tendono a concedersi circa un'ora. Ma se si intercetta presto l'inondazione, potrebbe non volerci così tanto.

Queste sono le cose fondamentali "da fare" quando si affronta l'inondazione; ora, una serie di cose importanti "da non fare":

- *Non...* dite mai: "Tesoro, penso che tu sia sommerso. Dovresti prenderti una pausa". (Il vostro partner potrebbe sentirsi accusato e trattato con sufficienza e ricordarvi che voi non leggete nel pensiero.) Dite invece: "Tesoro, penso che *abbiamo* bisogno di fare una pausa. Torniamo tra un'ora e continuiamo a parlare".

- *Non...* cercate di avere l'ultima parola prima di prendervi una pausa per calmarvi. Questo non aiuterà il sistema nervoso di nessuno di voi due ed è probabile che peggiori persino questo litigio già degenerato.

- *Non...* lasciate ad aspettare il vostro partner. Tornate all'orario che avete concordato. Se il tempo richiesto è finito e non siete ancora calmi, tornate in ogni caso, chiedete altro tempo e designate un momento successivo per riunirvi. Dite semplicemente: "Ho bisogno di ancora un po' di tempo. Possiamo ritornare su questa questione dopo cena/dopo il lavoro/domani mattina?". Non è corretto semplicemente sparire, persino quando si è sopraffatti.

- *Non...* pianificate discussioni e repliche. Lo abbiamo già detto ma vale la pena di ripeterlo: non vogliamo trascorrere questo tempo a rimuginare su come siamo stati trattati ingiustamente, calunniati, accusati ecc. o pianificare cosa vogliamo dire al nostro ritorno. L'obiettivo è riprendere la conversazione calmi, aperti, pronti a connettersi, senza avere pronta la prossima replica o controargomentazione.

Se esitate a chiedere una pausa a metà del conflitto, ricordate che fare questa richiesta è il contrario di essere egoisti. Quando ci si prende una pausa per calmarsi, si sta proteggendo la relazione dal dolore aggiuntivo che può derivare dall'escalation, come il lanciare insulti sprezzanti, o addirittura oggetti, al partner. Si sta compiendo un passo importante per evitare un incidente spiacevole, che è destinato a verificarsi se si rimane all'interno del litigio. Le parole pungenti che ci si rivolge a vicenda quando si è sommersi di solito significano dover fare più fatica in seguito per riparare il danno. Quando si è sommersi, questa è la cosa migliore che possiate fare: concedetevi la pausa in modo che il vostro corpo e la vostra mente possano riprendersi e concedete al vostro partner la possibilità e lo spazio di fare altrettanto.

Ora, a seconda del vostro stile conflittuale e di quello del vostro partner e se di solito sono allineati o sfasati (ricordate che non si tratta di un motivo di rottura ma di qualcosa da affrontare intenzionalmente), ci sono delle sfumature di cui è bene essere consapevoli. Come si potrebbe intuire, le coppie esplosive sono quelle che sperimentano maggiormente l'inondazione. Ma curiosamente può essere loro necessario molto più tempo per sentirsi sommersi; sono più abituati a parlare intensamente del conflitto, perciò potrebbero non percepire il fatto di alzare le voce o l'espressività come inondazione o come un attacco. Qualcuno che stesse osservando una coppia esplosiva durante un litigio potrebbe presumere che ci sia dell'inondazione quando in realtà questa non è presente, perciò, ancora una volta, la nostra indicazione per una coppia in conflitto è di osservare e notare: c'è della critica, del disprezzo o della difensiva? Quando prestate attenzione ai vostri corpi, state sperimentando dei sintomi fisiologici di inondazione o state bene? Quando si è esplosivi, le discussioni possono essere accese o emotivamente cariche senza portare automaticamente all'inondazione.

Nel caso dei validatori: si trovano già in una zona in cui affrontano le cose in modo calmo, perciò spesso l'inondazione per loro è meno problematica. È comunque importante sapere come farvi fronte quando si verifica, gli incidenti spiacevoli possono capitare a qualsiasi tipologia di coppia. E se i validatori si trovano in un momento della relazione in cui stanno affrontando una questione particolarmente dolorosa o difficile, potrebbero sentirsi sommersi e non esservi abituati, perciò è importante che conoscano i segnali e i sintomi e sappiano come reagire.

Le coppie evitanti si trovano, non sorprendentemente, all'estremità opposta dello spettro; possono cioè venire sommersi *molto* prima durante il conflitto (ammesso che una discussione conflittuale avvenga!), e tendono a passare da zero a cento: le cose diventano negative e, *whoosh*, sono in piena modalità attacco o fuga. Questo potrebbe essere parte della ragione per cui le persone che evitano il conflitto tendono a essere evitanti: diventano sommerse così velocemente e intensamente che lavorano attivamente per evitare il conflitto a qualunque costo. Imparare a gestire bene l'inondazione può aiutare significativamente le coppie evitanti ad affrontare i propri conflitti in un modo sano e produttivo.

Ma indipendentemente dallo stile conflittuale, la prossima domanda è: come si procede una volta che ci si è calmati e riuniti?

Risolvere il momento

Durante un litigio non è necessario risolvere l'intero conflitto. In effetti, non ci dovreste proprio provare. Al contrario, *risolvete il momento*.

Ricordate, i conflitti, quando si tratta di ciò che riguardano *veramente*, tendono a essere perpetui. Hanno radici profonde, riguardano gli aspetti fondamentali della personalità, le filosofie di vita, le paure, i traumi e altro ancora. Questo significa che l'obiettivo durante un litigio non può essere quello di risolvere il problema una volta per tutte: questo potrebbe non accadere mai. Al contrario, il vostro compito è semplicemente di focalizzarvi sul rendere *questa* un'interazione positiva.

È necessario rivedere l'obiettivo di un litigio:

- L'obiettivo non è vincere.
- L'obiettivo non è convincere di qualcosa il partner.
- L'obiettivo non è trovare una soluzione al problema.
- In questo momento, l'obiettivo non è neppure quello di trovare un compromesso! (Questo arriverà in seguito.)
- L'obiettivo è litigare con più positività che negatività.

E sì, questo è assolutamente possibile. E necessario. Pensiamo a Susan e a Stan. Saranno in grado di risolvere, in un singolo litigio, i problemi riguardanti l'infedeltà di Stan e la sensazione di tradimento vissuta da Susan? Assolutamente no. Per loro questo sarà un lungo processo, soprattutto perché l'inondazione ha un ruolo molto importante. La loro prima missione sarà quella di arrivare al punto in cui possono parlare della storia di Stan senza diventare così sommersi. Successivamente è necessario che riescano ad avere un'interazione su questo argomento che sia *più positiva che negativa*. Hanno bisogno di iniziare a sentirsi nuovamente *collaborativi*, come parte della stessa squadra che sta cercando di trovare un modo di andare avanti insieme anziché polarizzarsi in campi avversari. Non ci sarà nessuna comunicazione positiva o comprensione profonda tra loro due finché non riusciranno a portare le loro conversazioni conflittuali dalla parte giusta della proporzione magica.

Ricordate: nel conflitto c'è bisogno di avere abbastanza interazioni positive in grado di prevalere su quelle negative in una proporzione di cinque a uno. Purtroppo, la negatività è *molto* più potente della positività. Semplicemente colpisce più forte. Questo significa che va attenuata, assicurandosi che persino durante un litigio le cose positive che si dicono e si fanno superino quelle negative *di almeno* 5:1. Vi stiamo chiedendo di starvene lì seduti, nel bel mezzo di un litigio emotivo con il vostro partner, e di contare le vostre interazioni negative rispetto a quelle positive, magari tirando fuori una calcolatrice per controllare la vostra proporzione? Certo che no! Ma quello che vi chiederemo è di seguire alcune linee guida che porteranno spontaneamente i vostri litigi in un territorio positivo:

1. Tranquillizzarvi quando siete sommersi.
2. Parlare di *voi stessi* e dei *vostri* bisogni (esattamente come con gli inizi morbidi) anziché delle qualità del vostro partner.
3. Mettere in atto, riconoscere e accettare i tentativi di riparazione.

Quando si fa lo sforzo di fare queste tre cose fondamentali, le conversazioni conflittuali si riempiranno di positività sufficiente da raggiungere la proporzione magica.

Abbiamo lavorato su cosa fare quando si è sommersi. Questo è il primo passo per "risolvere il momento". Ricordate, nessuno risolve nulla quando è sommerso.

Ora, quando ci si riunisce, ricordandosi come sempre di utilizzare reciprocamente l'inizio morbido, ci si concentra sulla parte successiva della "risoluzione del momento": l'espressione dei bisogni.

Esprimere i bisogni: fatelo e basta!

Lo abbiamo detto precedentemente nel capitolo "Su che cosa litighiamo": una delle principali ragioni per cui i conflitti degenerano nella zona rossa è il fatto che le persone non chiedono ciò di cui hanno bisogno. Al contrario, presumono che il partner sia già a conoscenza dei loro bisogni, e che per qualche motivo si stia rifiutando di rispondervi. Pensano: *Il mio partner sa che ho bisogno di* (riempite lo spazio: *più aiuto con i bambini, più sesso, più dimostrazioni di affetto*), è perfettamente ovvio. Un signore con cui abbiamo lavorato disse una volta a sua moglie: "Dovresti conoscere il mio linguaggio amoroso! Ti stai volutamente allontanando da me!". Lei rimase attonita e offesa di fronte all'accusa: in quel momento non aveva idea di cosa lui stesse parlando e chiaramente si pose sulla difensiva.

Non è facile chiedere ciò di cui si ha bisogno. Ci si sente vulnerabili, esposti, come una delicata, piccola creatura senza il proprio guscio. Se si chiede apertamente qualcosa, c'è la spaventosa possibilità che l'altra persona ponga un rifiuto e dica *no*. Forse addirittura che derida il vostro bisogno. Ma quando non si chiede, sperando che il partner intuisca semplicemente quello di cui abbiamo bisogno e se ne faccia carico, o presumendo che il bisogno sia talmente ovvio che certamente il partner lo noterà e saremo della stessa idea, quello che si ottiene è del risentimento per il fatto che il bisogno non venga soddisfatto, il che porta all'escalation durante il conflitto. Nora e Robbie, la coppia numero 2, sono un classico esempio: entrambi erano sovraccaricati in ambiti diversi ma non si sono comunicati a vicenda i propri stress. Il loro litigio sul problema relativamente trascurabile di chi avrebbe accompagnato i figli a scuola è esploso esattamente per questa ragione. Ciascuno riteneva che l'altro avesse notato il proprio bisogno di supporto, ma che stesse scegliendo di mettere se stesso al primo posto. Esprimendo più chiaramente i propri bisogni, avrebbero potuto disinnescare questo conflitto prima che diventasse così disastroso e "sommerso".

La cosa buona di questo problema è che è piuttosto facile da trattare! Quando le coppie hanno questo problema con un conflitto in escalation, possiamo fornire loro gli strumenti per esprimere i bisogni e questo fa sbollire i litigi in modo *decisamente* efficace. Le coppie che si trovano nella "zona rossa" (con più negatività che positività) entreranno rapidamente nella "zona verde", in cui raggiungono quella proporzione molto più facilmente. È meraviglioso da osservare. Nel caso della coppia citata precedentemente, in cui il marito riteneva che la moglie si stesse allontanando da lui di proposito, divenne chiaro rapidamente che, in realtà, era lui che non stava chiedendo ciò di cui aveva bisogno né articolando i propri sentimenti, mentre sua moglie lo stava facendo.

"Ci sono due pesi e due misure nel nostro matrimonio" continuava a ripetere lui in terapia. "Io ti do *sempre* quello di cui hai bisogno."

"Ma io non so quello di cui hai bisogno" aveva replicato sua moglie.

"Certo che lo sai!" esplodeva lui, frustrato.

Era un musicista e aveva scritto un certo numero di canzoni d'amore. Lei supponeva che se lui avesse sentito qualcosa, glielo avrebbe detto. Nel frattempo, a lui sembrava di star sempre facendo delle cose per lei che non venivano mai ricambiate: la relazione sembrava sbilanciata e ingiusta e lui non lo sopportava. Questa coppia aveva una storia interessante: si conoscevano da quando erano piccoli. Erano stati amici per anni, ma la loro storia era iniziata solo verso la fine dei vent'anni e a quel punto erano sposati da poco. Questo signore (lo chiameremo "il musicista") sentiva di conoscere sua moglie così bene, arrivati a questo punto (praticamente si conoscevano *da sempre*), da ritenere che lei conoscesse intimamente le sue emozioni e i suoi bisogni, momento per momento, senza che lui dovesse effettivamente esprimerli.

È meraviglioso avere una lunga storia con qualcuno e sentirsi conosciuti da questa persona. Allo stesso tempo, c'è comunque bisogno di *esprimere i propri bisogni e sentimenti*. I nostri partner non leggono nel pensiero, non importa quanto bene e quanto profondamente ci conoscano. Il musicista non era abituato a condividere con nessuno i propri bisogni e sentimenti, e quando aveva compreso di doverli articolare più chiaramente, faceva comunque fatica a tradurli in parole. Perciò gli abbiamo dato il nostro mazzo di carte "Esprimere i bisogni" (potete trovarlo nell'applicazione gratuita "Gottman Card Decks") e gli abbiamo chiesto di leggere tutte le carte (su ciascuna era stampato un bisogno) finché non ha trovato qualcosa che era in sintonia con il suo bisogno. Aveva immediatamente estratto una carta, poi un'altra, alla fine un'altra... tre bisogni. Aveva letto ognuna delle carte ad alta voce:

- "Ho bisogno di una accoglienza calorosa da parte tua alla fine della giornata."
- "Ho bisogno di più contatto (non erotico, solo affettuoso)."
- "Ho bisogno di più serate romantiche senza i bambini."

Sua moglie era felicissima di sentire queste cose. La sua risposta è stata: "Tutte queste cose sono meravigliose. Le desidero anche io".

Andando avanti, lui continuò a utilizzare il mazzo di carte per facilitare l'espressione di bisogni e sentimenti, e questo li aiutò moltissimo sia dentro sia fuori dai conflitti. Sua moglie sentiva di star iniziando davvero a comprendere il mondo interno di suo marito e i loro litigi non degeneravano più come una volta. Per lui rimaneva difficile formulare mentalmente i propri sentimenti e bisogni all'interno di una descrizione da comunicare alla moglie.

Fortunatamente, era molto più facile per lui sfogliare il mazzo di carte e notare quando avvertiva un sentore di riconoscimento.

A volte le cose di cui si ha bisogno per sentirsi più vicini e maggiormente supportati dal partner sono piccole e specifiche; altre volte sono più grandi, più profonde o richiedono più interpretazioni e creatività per essere realizzate. Ecco qualche altro esempio proveniente dal mazzo di carte "Esprimere i bisogni":

- Ho bisogno di andare fuori a cena e al cinema.
- Ho bisogno che abbiamo un'avventura insieme.
- Ho bisogno di tempo da sola, solo per me.
- Ho bisogno che ti mostri interessato a come è andata la mia giornata.
- Ho bisogno di parlare di come sono cambiata.
- Ho bisogno che ci facciamo le coccole prima di andare a dormire.
- Quando sono giù di morale, ho bisogno che tu mi ascolti ed empatizzi con me, non che provi a risolvere i miei problemi.
- Ho bisogno di sentire che sei ancora il mio migliore amico.

Per esprimere i bisogni e i sentimenti, chiaramente c'è bisogno di essere in grado di identificarli, e il mazzo di carte "Esprimere i bisogni" è fatto proprio per questo. Se pensate che voi o il vostro partner potreste avere bisogno di aiuto nell'esprimere a parole i bisogni, provatelo! E se scoprite di avere delle difficoltà a identificare le vostre emozioni, cosa molto comune, provate questo esercizio che Julie ha sviluppato basandosi sul Focusing di Eugene Gendlin (1978).

L'esercizio di verità

Pensate a qualcosa che amate senza emozioni contrastanti. O qualcosa per cui siete grati senza emozioni contrastanti. Potrebbe essere qualsiasi cosa nella vostra vita: un luogo, una persona, un animale, uno specifico momento della giornata o una routine, qualsiasi cosa. (Per esempio, il musicista aveva scelto una passeggiata in montagna, dove andava a meditare.) Poi, per un minuto, che sembrerà un periodo di tempo lunghissimo, raccontatevi la bugia che *odiate* questa cosa, ripetendovi più volte una frase del tipo: "Io odio la montagna...".

Quando il minuto è terminato, fermatevi e tornate a ripetervi la verità. Ditevi ripetutamente la verità, tipo: "Io amo la montagna...".

Ora domandatevi: Che cosa avete percepito di diverso nel vostro corpo dal primo minuto al secondo? E che cosa è cambiato nel vostro corpo quando siete passati dal raccontarvi una bugia al dirvi la verità?

Riguardo al primo minuto, le persone tendono a riferire cose come "Le mie spalle erano rigide", "Avevo un nodo in gola", "Ero in ansia", "Avevo un vuoto allo stomaco", e così via. Dopo essere passati al dirsi la verità, spesso riferivano: "Riuscivo a respirare", "Mi sentivo più leggero", "Si era allentata la tensione alla schiena".

Lo scopo di questo esercizio è quello di notare il feedback propriocettivo del corpo. La *propriocezione* si riferisce alla consapevolezza di cosa sta accadendo nel proprio corpo. Il "centro di controllo" della propriocezione si trova nella parte superiore e anteriore del cervello, proprio dietro la fronte. La parte del cervello che riceve le informazioni dai sensi e dal sistema nervoso si trova dietro a questo centro. Questo a sua volta è chiamato *homunculus* e contiene una "mappa" di quello che sta accadendo a livello fisico e in particolare di dove questo stia avvenendo all'interno del corpo. L'*homunculus* aiuta inoltre a tracciare le emozioni a seconda di come il corpo le manifesta. Ogni individuo percepisce fisicamente le emozioni in modi unici. Per esempio, se si è arrabbiati, si può percepire il petto caldo e i pugni e i muscoli delle braccia tesi. Ma qualcun altro può percepire la rabbia in un irrigidimento della mascella.

Anche se non *siete* prontamente in grado di attribuire un nome alle vostre emozioni, l'*homunculus* e gli altri centri propriocettivi sanno come vi sentite. In questo esercizio, quando vi siete raccontati una bugia riguardo alla cosa che amate, avete attivato una specifica combinazione di emozioni che il vostro corpo ha poi sperimentato in un modo unico. Queste risposte corporee sono state probabilmente un po' spiacevoli e vi hanno segnalato: *Questo non va bene*, o *Questa non è la mia verità*. Successivamente quando avete ribaltato la bugia e vi siete detti la verità, molto probabilmente queste parti del vostro corpo si sono rilassate e modificate, mandandovi dei segnali del fatto che andasse tutto bene.

Il punto è che si ha a disposizione questo feedback propriocettivo e si può attingervi quando si sente il bisogno di verificare come ci si sente veramente. Quando si svolge questo esercizio, si comprende meglio se una parola scelta per descrivere le proprie emozioni sia vera per voi. A volte, si inizia con una sensazione molto vaga di stare *male*. Ma c'è bisogno di diventare più specifici quando si parla al proprio partner di come ci si sta sentendo e di cosa si sta provando. Siamo tristi? Frustrati? Soli? Preoccupati? Ha importanza. Quando articolate in maniera accurata i sentimenti, potreste comprendere più precisamente di che cosa avete bisogno.

Gli uomini in particolare possono avere delle difficoltà a identificare le proprie emozioni. Nel caso del nostro musicista, per quanto chiaro e poetico riuscisse a essere sulla vita e sull'amore, aveva trovato la strada molto più oscura quando si era focalizzato introspettivamente su se stesso. Tuttavia, questo esercizio può aiutare chiunque, a prescindere dal genere, a comprendere ciò che vuole dire prima di pronunciarlo a voce alta.

Abbiamo trattato come affrontare il sentirsi sommersi e l'espressione dei propri bisogni, due modi potenti di litigare bene. Ecco ora un'ultima tattica per "risolvere il momento" e mantenere il litigio nella "zona verde": *la riparazione*.

Piccole riparazioni prevengono un danno enorme

All'interno del conflitto una riparazione è qualunque commento o azione che controbilancia la negatività e impedisce alla conversazione di degenerare. Immaginate che la discussione sia come un treno che sta correndo sui binari. Se il treno iniziasse a deragliare oltre una scogliera e giù lungo il fianco di una montagna, le vostre riparazioni potrebbero evitare un enorme incidente e riportare la conversazione di nuovo sui binari.

Una riparazione può in effetti essere qualunque cosa che faccia virare la conversazione verso il positivo. La riparazione più elementare si esprime nelle scuse dirette: "Mi dispiace", o "Mi dispiace di aver detto quella cosa, lascia che ci riprovi". Può anche assumere la forma dell'empatia o della validazione: "Capisco quello che stai provando", "Ha senso, quando la metti in questo modo". Può essere manifestare ammirazione: "Sai che cosa apprezzo davvero di te? Quanto tieni ai nostri figli. Non siamo d'accordo su quale scuola scegliere, ma amo quanto ti importi che ricevano una buona educazione".

Può anche essere qualcosa di buffo, come fare una faccia esagerata da "Oops!" dopo aver blaterato qualcosa che si è capito subito che era una sciocchezza; se il vostro partner riesce a considerare questa cosa per ciò che è (fondamentalmente, delle scuse umoristiche) e a ridere con voi, l'intero tenore del litigio può essere riparato. Una riparazione può persino essere un gesto fuggevole, come annuire in modo incoraggiante o cercare la mano del partner, non ha importanza alla fine la forma specifica che la riparazione assume. Trasmette qualsiasi cosa, dal *ti amo* al *ti capisco* al *Oops, ho fatto un casino!*

All'interno del Love Lab, dopo aver studiato più di tremila coppie, abbiamo notato qualcosa di interessante sulla riparazione: ciò che determinava il successo o il fallimento di un tentativo di riparazione *non* era il modo in cui veniva fatto. In altre parole, non eravamo in grado di prevedere se un tentativo di riparazione avrebbe funzionato basandoci su quanto era ben formulato; alcune delle scuse espresse più elegantemente non sono state recepite, mentre molti tentativi di riparazione goffi e inesperti sono riusciti meravigliosamente. Perché? Non dipendeva dalla forma che assumeva la riparazione, ma dal modo in cui il partner la riceveva e rispondeva (Gottman, Driver, Tabares, 2015).

L'amicizia e la connessione corrispondono a una riparazione riuscita (*ibidem*). Quanto è forte la vostra connessione reciproca nel momento in cui iniziate questo litigio? Quanto tempo di qualità avete avuto modo di trascorrere insieme ultimamente? Quanto vi siete aperti ai reciproci tentativi di connessione? Siete riusciti a mettere da parte le distrazioni e a rispondere ai tentativi di connessione del vostro partner, o la vita si è messa di mezzo?

Una delle ragioni più tristi per cui vediamo le coppie separarsi si verifica quando non riescono mai ad allinearsi sulle riparazioni: quando una persona fa un tentativo, l'altra è chiusa in se stessa o manca del tutto il tentativo e viceversa. Immaginate una di quelle camere d'albergo con una porta comunicante, ciascuna stanza ha la propria porta che si apre e si chiude. Se voi apriste la vostra porta sulla stanza accanto e lì non ci fosse nessuno, vedreste semplicemente una porta chiusa e bloccata. A volte, i litigi possono andare in questo modo: un partner apre la porta verso l'altro, vede una porta chiusa e si richiude in sé stesso; l'altro a sua volta fa lo stesso. Entrambi stiamo provando ad aprirci ma nessuno ci viene incontro lì. Torniamo al litigio di Stan e Susan e successivamente a quello di Nora e Robbie. In ciascun litigio era presente un tentativo di riparazione nel quale un partner cercava di porgere un ramoscello d'ulivo: riuscite a notarli? (Nel primo litigio: "So che ti dispiace, lo so"; nel secondo: "Credevo fosse solo un raffreddore, mi dispiace".) Sfortunatamente, l'altro partner era troppo sommerso o comunque non nella condizione mentale per notare o accettare la riparazione.

La *riparazione* riguarda l'incontrarsi a vicenda nel qui-e-ora: entrambe le porte si aprono contemporaneamente. E perché questo accada, quello di cui entrambi i partner hanno bisogno è quel tipo di conoscenza reciproca che deriva solamente da un costante, quotidiano *avvicinamento* all'altro. La cosa da ricordare: se voi e il vostro partner avete sperimentato una degenerazione all'interno del conflitto, se ogni litigio si trasforma in un "attacco e difesa" e i tentativi di riparazione non hanno successo, allora osservate il flusso delle vostre giornate *al di fuori* del conflitto. Riuscite a trovare più tempo per stare semplicemente seduti insieme e aggiornarvi? Potete insistere nel prestare attenzione ai tentativi di connessione del partner e nell'accoglierli, *persino quelli che assumono una forma negativa*?

A volte, i tentativi di connessione vengono fuori di traverso, in particolare quando ci si sente disconnessi o trascurati. Per esempio, finite una telefonata in cui avete organizzato un incontro con un vecchio amico che non vedete da molto tempo; il vostro partner afferma amaramente: "Immagino che tu non abbia nessuna voglia di uscire per un drink insieme a *me*."

Naturalmente, potreste provare un impeto di frustrazione e di difensiva e scattare in risposta: "Quando è stata l'ultima volta che tu *mi* hai chiesto di uscire?".

Oppure, in quel momento potreste notare che, nel profondo, quel commento, avvolto così come è nel dolore e nella critica, è in realtà un tentativo di connessione.

"Io voglio uscire con te, penso che non siamo più abituati a chiedercelo a vicenda. Quando andiamo?"

Questo vorrebbe dire *accogliere* il tentativo di connessione, anche se era nascosto nella negatività. E questo può fare un'enorme differenza per il modo in cui andranno i vostri litigi.

La conclusione è che tutte le coppie litigano; tutti a volte dicono le cose troppo bruscamente. Quello che distingue le coppie di successo è il fatto che *attuano delle riparazioni durante il conflitto*.

E sono in grado di fare ciò perché entrano nel conflitto con una buona, solida conoscenza reciproca. Hanno imparato a conoscere l'uno la giornata dell'altro al ritorno a casa dal lavoro. Hanno instaurato una connessione su argomenti grandi e piccoli. Sanno che cosa verrà recepito dal partner, che cosa sembrerà divertente e dolce, quali scuse (umoristiche o di altro tipo) funzioneranno, che cosa l'altro ha bisogno di sentirsi dire per sentirsi compreso e validato. Sono esperti l'uno dell'altro.

Una coppia, entrambi avvocati, aveva una frase che pronunciava durante i litigii quando le cose iniziavano a intensificarsi perché entrambi tendevano, in modo testardo, a sviscerare i più piccoli dettagli della discussione fino alla nausea. Erano consapevoli di ciò ma comunque ne venivano travolti prima di potersi controllare. Perciò quando uno dei due capiva che stavano entrando nuovamente in quello schema, ne usciva velocemente con l'autoironia: "Sia messo agli atti" avrebbe annunciato, come se fossero in tribunale, "che sono stato io a pulire il tritarifiuti questa settimana quattro volte su cinque!". Era un modo divertente e sottile di far presente il problema o lo squilibrio di cui si stava discutendo, ma contemporaneamente di dire: "Okay, sono un po' ridicolo, mi dispiace di essere sulla difensiva; possiamo andare avanti". Per loro, era diventata una sorta di scorciatoia riparatrice. A un certo punto, non dovevano più nemmeno terminare la frase. Semplicemente urlavano con fare teatrale: "SIA MESSO AGLI ATTI!"; entrambi scoppiavano a ridere e la dinamica di attacco e difesa che si era creata si esauriva. Potevano affrontare la questione conflittuale sentendosi di nuovo dalla stessa parte, compagni di squadra che tentano di risolvere *insieme* il problema.

Una seconda possibilità, con riparazione

Quindi, le nostre due coppie dell'inizio del capitolo?

Tutte e due erano negativamente sommerse; in nessuna delle due i partner erano in grado di esprimere chiaramente a vicenda i propri bisogni; in entrambe mancavano i reciproci tentativi di riparazione. Praticare la risoluzione del momento, cioè rendere l'interazione positiva e collaborativa come primo passo anziché risolvere l'intero conflitto, era la chiave per queste coppie. Via via che apprendevano ad autotranquillizzarsi, a respirare, a utilizzare un linguaggio maggiormente positivo (così come è stato appreso nel primo litigio, con l'inizio morbido) e *a fare e ad accettare le riparazioni*, le cose iniziavano a migliorare. Siamo felici di riferire che Nora e Robbie se la stanno cavando benissimo, e da quando non si sentono più travolti "dall'inondazione" tutto il resto è molto più facile. Per quanto riguarda Stan e Susan, hanno una strada molto più lunga davanti a loro, ma si trovano su una traiettoria decisamente migliore. Un tradimento come una storia extraconiugale può rappresentare un trauma per l'altro partner e generare effettivamente dei sintomi di disturbo da stress post-traumatico. Per quanto ciò non sia effettivamente rischioso per la vita, viene *avvertito* come una minaccia mortale alla vita che si aveva. Stan avrebbe dovuto ricostruire quella vita nuovamente, e costruire la fiducia, ricominciando tutto da capo, partendo da zero. E questo significava parlare *molto* di quanto accaduto.

Perciò, con Stan abbiamo lavorato innanzitutto sull'apprendere a sostenere una conversazione senza che automaticamente si sentisse sommerso. Ciò consisteva nel fare dei respiri, *molti* respiri, successivamente tornare e ricominciare da capo. Abbiamo chiesto a Susan di descrivere i propri sentimenti e le proprie esperienze senza attaccare il carattere di Stan o usare un linguaggio critico e sprezzante nell'esprimere la rabbia, sentimento che certamente le era permesso provare. Notare la differenza: "Mi hai rovinato la vita! Sei una persona orribile!" rispetto a "Sono ferita e arrabbiata, non so se potrò superarlo. Ho paura che non riusciremo ad andare avanti".

Con entrambi abbiamo lavorato sulla riparazione. Erano davvero provati dai tentativi mancati di riparazione. Un partner abbassava le difese per un momento e cercava di avvicinarsi, ma l'altro non si trovava nello stato di poterlo ricevere. I loro litigi somigliavano a un palloncino di negatività che si riempiva sempre più, senza che l'aria venisse mai rilasciata. Ma via via che diventavano più abili nel fronteggiare l'inondazione, diventavano anche più abili nel notare e accettare le riparazioni. Questo non ha risolto magicamente il problema del tradimento, questione che continueranno a elaborare insieme in terapia, ma la loro conversazione conflittuale appare molto diversa senza l'inondazione.

STAN: Ehi, come ti senti oggi?
SUSAN: Be', abbastanza da schifo, che cosa ti aspetti?
STAN: Che cosa ti fa sentire da schifo?
SUSAN: Tu cosa pensi che sia? Tu! Tutta questa situazione!
STAN: (*momento di scelta: valida invece di difendersi*): Sì, lo so. Sei ancora molto arrabbiata con me. Lo capisco.
SUSAN: (*si ammorbidisce, più calma*): Be', sono contenta che tu lo capisca. Ho gli incubi tutte le notti.
STAN: (*mettendosi un po' sulla difensiva*): Aspetta, quindi quello che sogni è colpa mia?
SUSAN: (*momento di scelta; potrebbe dire: "Certo che lo è! Questa è tutta colpa tua!" ma non si sente sommersa perciò prende una strada differente*): Voglio solo dire che non riesco a smettere di pensarci, neppure quando sto dormendo. So che abbiamo parlato e riparlato, ma non mi sento ancora meglio. Sto male tutto il giorno e anche tutta la notte.
STAN: Sembra terribile (*Validando*). Che cosa hai sognato? (*Curiosità, cercando di capire meglio*)
SUSAN: È tutto confuso e difficile da ricordare. Ma eravamo a letto insieme e poi io mi sono girata e tu eri sparito. E non so come, ma sapevo che te ne eri andato per sempre. Che non saresti mai più tornato. Quando mi sono svegliata, ho pensato che fosse reale, che la nostra vita insieme fosse finita. Non riesco neanche a dirti quanto sia stata male, pensavo che avrei avuto un attacco di panico. Non riuscivo a respirare.

STAN: Tesoro, io sono qui. So di aver sbagliato, e molto. Ma lascia che ti dica che non lo farò mai più. So che ci sarà bisogno che io te lo dica altre mille volte fino a che non mi crederai, ma sono qui perché questo è ciò che voglio. Tu. Noi.
SUSAN: Sai che è molto difficile per me crederci.
STAN: Lo so, penso che ci vorrà del tempo. (*Le porge la mano e, dopo un momento di esitazione, lei la afferra.*)

Quel giorno, questa fu la fine della conversazione. Stan e Susan risolsero qualcosa rispetto al tradimento? Raggiunsero una risoluzione o un accomodamento? No. Ma avevano avuto un'interazione molto solida, positiva. Avevano discusso di questo grande, sovrastante conflitto in modo più positivo che negativo. E questa è un'enorme vittoria.

La vostra missione

Si può non essere d'accordo ed essere comunque dalla stessa parte. Non si deve per forza diventare nemici, anche se ci si trova ai "lati opposti" di un problema. All'interno del conflitto, la vostra missione è quella di permettere a voi stessi di essere vulnerabili, di trasformare l'*attacco e difesa* in *disvelamento e apertura*. Ecco cosa significa "risolvere il momento": riformulare lo scopo in questa fase del conflitto affinché il vostro obiettivo primario sia scoprire di più di ciò che il vostro partner sta pensando e provando e di ciò di cui ha bisogno ed esprimerlo voi a vostra volta prima di tentare di progredire verso la persuasione e il compromesso. E di assicurarvi di essere dalla parte giusta di quella magica proporzione, riempiendo i vostri litigi di momenti di positività.

E questo si fa:

- Usando l'inizio morbido e *continuando* a utilizzare queste linee guida durante tutta la conversazione. Introducete gli argomenti con delicatezza. Fate domande. Evitate il linguaggio critico.
- Tranquillizzandovi quando diventate sommersi, *prima* che le cose degenerino. Fate delle pause e comunicatele chiaramente.
- Attuando, riconoscendo e accettando i tentativi di riparazione. La *riparazione* è l'arma segreta dei maestri dell'amore, usatela!

Questo è il linguaggio del litigare bene. È un linguaggio di riparazione e di collaborazione che chiunque può apprendere. Alle pp.

160-161 troverete la nostra checklist "Riparazione". Se un litigio inizia ad accentuarsi e c'è bisogno di ricordarsi rapidamente come fare per rallentare l'azione, chiedete al vostro partner di riformulare quanto detto cosicché voi possiate essere meno sulla difensiva oppure esprimete i vostri sentimenti e i vostri bisogni con altre parole, girate le pagine fino alla nostra checklist "Riparazione" e usatela come un bigino a metà del litigio. Noterete che abbiamo organizzato i suggerimenti in sei categorie, cosicché voi possiate trovare agilmente ciò che vi serve. Ecco qui le categorie e il tipo di riparazione che aiutano a costruire:

- *Mi sento:* Quando si ha bisogno di aiuto sul momento nell'esprimere le emozioni.
- *Mi dispiace:* Quando si ha bisogno di aiuto per formulare delle scuse.
- *Arrivare al sì:* Quando si vuole validare il proprio partner o incontrarlo a metà strada.
- *Ho bisogno di calmarmi:* Quando si inizia a sentirsi sommersi e/o si ha bisogno di un momento di riparazione.
- *Ferma l'azione!:* Quando si è sommersi e serve una pausa.
- *Lo apprezzo:* Quando si vuole attuare una riparazione e aggiungere della positività.

Se ci si sente in imbarazzo a tirar fuori un libro nel bel mezzo di un litigio, ecco un piccolo segreto: noi lo facciamo continuamente durante le sessioni di terapia! Recentemente, abbiamo ricevuto una coppia in disaccordo su un aspetto dello stile genitoriale e la situazione ha iniziato a degenerare. Li abbiamo interrotti. Abbiamo detto: "Fermatevi. Come vi sentite?". La loro risposta: "Non bene!". Abbiamo domandato loro: "Questa conversazione sta funzionando per voi?". Da parte di entrambi, un deciso "No!".

Abbiamo aperto il loro libro alla pagina della checklist "Riparazione".

"Quando avete la sensazione che una conversazione stia uscendo dai binari e non vi faccia stare bene, date un'occhiata a questa lista e cercate una frase che rispecchi ciò di cui avete bisogno in quel momento", abbiamo detto loro. "Potete parafrasarla o potete semplicemente leggerla."

Entrambi hanno guardato la lista. A lui abbiamo fatto notare: "Lei ha appena detto a sua moglie: 'Non poni mai dei limiti ai bambini e loro ne hanno molto bisogno'.". Poi ci siamo girati verso sua moglie e le abbiamo detto: "Allora lei si è posta molto sulla difensiva. Ora, guardi di nuovo la prima sezione 'Mi sento'. La scorra fino al numero 9. Anziché porsi sulla difensiva, che ne pensa di attuare una riparazione pronunciando questa frase, dicendo al contrario che *si sente* sulla difensiva?".

E così ha fatto. "Mi sento molto sulla difensiva", ha detto leggendo letteralmente dalla checklist "Riparazione". "Puoi riformulare questa cosa?"

"Sì, mi dispiace di aver detto 'Tu mai'" ha detto il partner. "Non è propriamente vero." Lei ha scorso la lista, ha visto il numero 1 sotto "Lo apprezzo" e ha saputo che era adatto a quel momento. "So che non è colpa tua" ha letto e poi ha continuato: "Sei da solo con i bambini per più tempo e gestirli tutto il giorno non è facile. Penso solo che ci sia bisogno di essere maggiormente coerenti. Quando tu dai il permesso di guardare la televisione prima di cena e io poi non lo do perché avevamo deciso che quello fosse un momento senza schermi, allora io sono di nuovo il poliziotto cattivo. Non voglio essere la mamma cattiva tutto il tempo".

Non c'è assolutamente nulla di male nel tirar fuori la checklist "Riparazione" nel mezzo di un litigio e leggere direttamente da essa. Queste frasi sono dei modi collaudati di placare un conflitto che sta degenerando, basate su anni di osservazioni effettuate su migliaia di coppie: usatele! Questa specifica coppia, sopracitata, ha avuto così tanto successo utilizzando la checklist "Riparazione" che, quando sono arrivati a casa, l'hanno strappata dal libro e l'hanno attaccata sul frigorifero. Ogni volta che una discussione iniziava a farsi accesa, andavano di fronte al frigorifero per continuare a parlare, così avevano modo di scorrere la checklist via via che affrontavano il problema. Era così d'aiuto che è diventata un'abitudine. Un giorno, il loro figlio più piccolo, un bimbo di tre anni, si stava vestendo per andare all'asilo e stava facendo un capriccio per qualcosa (probabilmente su come sentiva le calze nelle scarpe, una lamentela tipica dei bambini). Stava lanciando le scarpe, frustrato, e la mamma ha alzato la voce e ha detto: "Siamo in ritardo! Dobbiamo salire in macchina!". Lui ha notato che la sua voce era arrabbiata. Perciò, si è alzato, l'ha presa per mano e l'ha trascinata in cucina. L'ha messa davanti al frigo.

"*Qui* è dove dobbiamo parlare", ha detto. Sapeva che il frigo raffreddava la situazione.

Ponetevi le seguenti domande con il vostro partner:

- Nella tua famiglia, crescendo, hai mai visto i tuoi genitori o le persone che si prendevano cura di te sentirsi sommersi? In quel caso, cosa accadeva? Come affrontavano la situazione?
- Pensa a un film o a una serie televisiva in cui le persone si sentono spesso sommerse: che aspetto assumeva questa cosa sullo schermo? In che modo questo si compara (in modo simile o diverso) alla tua esperienza durante il conflitto?
- Che cosa ti succede a livello corporeo quando ti senti sommerso? Sii più specifico che puoi rispetto a dove nel corpo lo percepisci e a come questo ti fa sentire.
- Quali sono "le cause scatenanti" perché tu ti senta sommerso? E quali momenti durante il conflitto tendono a innescare quella reazione nel tuo corpo? Accade quando le cose vanno troppo velocemente? Quando ti senti in trappola? Quando si verifica il *kitchen sinking*?
- Durante il conflitto, ti senti sommerso spesso o raramente? Velocemente o ci vuole del tempo? Che cosa pensi che abbia a che fare il tuo stile conflittuale (e quello del tuo partner) con questo fatto?
- Quando stai appena cominciando a sentirti sommerso, c'è qualcosa che il tuo partner può fare per calmare la situazione? Quali sono alcune delle più efficaci riparazioni compiute in passato dal tuo partner? Per esempio, alcune persone si calmano con il contatto fisico; altre non vogliono assolutamente essere toccate perché la cosa le rende più agitate. Potrebbero, per esempio, reagire meglio di fronte a una rassicurazione.

Infine, quando ci si sente davvero sommersi, è difficile comunicare in modo calmo e chiaro e chiedere una pausa. Se voi e il vostro partner pensate che ciò possa essere utile, inventatevi un semplice ma chiaro segnale gestuale da poter usare se vi state sentendo molto sopraffatti e avete bisogno di interrompere la conversazione. (Non scegliete quello ovvio che richiede un solo dito...) Scegliete qualcosa che entrambi ricorderete, che possa chiaramente segnalare: *Ho bisogno di fermarmi ma continuerò quando mi sarò calmato.* Il vostro segnale potrebbe essere quello di appoggiare entrambe le mani sul cuore, o di unirle in preghiera, o qualsiasi cosa vi piaccia. Se ne scegliete uno, rispettatelo; quando il vostro partner vi segnala l'esigenza di fare una pausa, fatela, anche se voi personalmente non ne avete bisogno. Se avete qualcos'altro da aggiungere, potete dirlo successivamente; è molto più difficile rimangiarsi le cose dette durante il conflitto, che di frequente sono cose che non si pensavano davvero.

Checklist "Riparazione"

Mi sento

- ❑ Mi sto spaventando.
- ❑ Per favore, dimmelo più gentilmente.
- ❑ Ho fatto qualcosa di sbagliato?
- ❑ Questa cosa mi ha ferito.
- ❑ Questo sembrava un insulto.
- ❑ Sono triste.
- ❑ Mi sento colpevolizzato. Potresti riformularlo?
- ❑ Non mi sento apprezzato.
- ❑ Mi sento sulla difensiva. Puoi riformularlo?
- ❑ Per favore, non farmi la lezione.
- ❑ Non mi sembra che tu mi stia capendo in questo momento.
- ❑ Sembra che sia tutta colpa mia.
- ❑ Mi sento criticato. Puoi riformularlo?
- ❑ Mi sto preoccupando.
- ❑ Per favore, non ti allontanare.

Ho bisogno di calmarmi

- ❑ Puoi rendere le cose più sicure per me?
- ❑ Ho bisogno di essere più calmo in questo momento.
- ❑ Ho bisogno del tuo supporto in questo momento.
- ❑ Semplicemente ascoltami in questo momento e cerca di comprendermi.
- ❑ Dimmi che mi ami.
- ❑ Posso avere un bacio?
- ❑ Posso rimangiarmi quello che ho detto?
- ❑ Per favore, sii più gentile con me.
- ❑ Per favore, aiutami a calmarmi.
- ❑ Per favore, fa' silenzio e ascoltami.
- ❑ Questa cosa è importante per me. Per favore, ascolta.
- ❑ Ho bisogno di finire quello che stavo dicendo.
- ❑ Sto cominciando a sentirmi sommerso.
- ❑ Possiamo fare una pausa?
- ❑ Possiamo parlare di qualcos'altro per un po'?

Mi dispiace

- ❑ La mia reazione è stata troppo estrema. Mi dispiace.
- ❑ Ho davvero rovinato quella cosa.
- ❑ Fammi provare di nuovo.
- ❑ Voglio essere più gentile con te in questo momento e non so come fare.
- ❑ Dimmi che cosa mi hai sentito dire.
- ❑ Riesco a vedere il mio ruolo in tutto questo.
- ❑ Come posso migliorare le cose?
- ❑ Riproviamo da capo.
- ❑ Quello che stai dicendo è…
- ❑ Lascia che ricominci in modo più delicato.
- ❑ Mi dispiace. Per favore, perdonami.

Ferma l'azione!

- ❑ Potrei aver torto riguardo a questa cosa.
- ❑ Per favore, fermiamoci per un po'.
- ❑ Facciamo una pausa.
- ❑ Dammi un momento. Tornerò.
- ❑ Mi sento sommerso.
- ❑ Per favore, fermati.
- ❑ Rassegniamoci a non essere d'accordo in questo caso.
- ❑ Ricominciamo tutto da capo
- ❑ Resisti. Non ti allontanare.
- ❑ Voglio cambiare argomento.
- ❑ Stiamo divagando.

Arrivare al sì	Lo apprezzo
❑ Stai iniziando a convincermi.	❑ So che non è colpa tua.
❑ Sono in parte d'accordo con quello che stai dicendo.	❑ La mia parte di questo problema è…
❑ Raggiungiamo un compromesso in questo caso.	❑ Capisco cosa vuoi dire.
❑ Troviamo dei punti in comune.	❑ Grazie per…
❑ Non ci ho mai riflettuto sotto questa luce.	❑ Questa è una giusta osservazione.
❑ Questo problema non è molto importante nel grande schema delle cose.	❑ Entrambi stiamo dicendo…
❑ Penso che il tuo punto di vista sia sensato.	❑ Capisco.
❑ Accordiamoci per includere entrambi i nostri punti di vista nella soluzione.	❑ Ti amo.
❑ Quali sono le tue preoccupazioni?	❑ Sono grato per…
	❑ Una cosa che ammiro di te è…
	❑ Capisco ciò di cui stai parlando.
	❑ Questo non è un tuo problema; è un nostro problema.

Litigio #3

Le superficialità

Errore: rimanere a un livello superficiale

Manuel e Shanae litigavano da anni sulle stesse cose. Coppia con un matrimonio interraziale (lei nera, lui proveniva da un'isola del Pacifico), avevano quasi quarant'anni, ed erano sposati da quasi un decennio. Quando giunsero da noi per alcune sessioni intensive di terapia di coppia non ebbero alcun problema a descrivere i propri punti di vista e l'andamento dei litigi; a quel punto lo avevano fatto centinaia di volte. Non c'era disaccordo tra loro sulla causa dei litigi: litigavano sul fare i regali e sui soldi. Erano chiaramente d'accordo su questo aspetto. Il problema era che non sembravano mai in grado di risolverlo. Le soluzioni che trovavano non erano mai durature. Si ritrovavano inesorabilmente, sempre, dentro *la stessa* controversa discussione, come in una sorta di zona grigia.

Ecco come andava: Shanae desiderava profondamente che Manuel fosse più spontaneo, in particolare per quanto riguardava i regali. Lui mostrava raramente il proprio apprezzamento nei suoi confronti in modo tangibile, e lei riteneva fortemente che lui dovesse sorprenderla ogni tanto con un pegno del proprio affetto: è quello che fanno le persone in una relazione! Ma lei aveva delle difficoltà a esprimergli queste cose. Invece di sollevare la questione direttamente, tentava di sorprendere Manuel con un regalo, cercando di emulare quel tipo di dinamica che sperava potessero avere, ma lui reagiva male: "Che cosa ti viene in mente di spendere dei soldi per questo ciarpame? Non ce lo possiamo permettere!".

Manuel, dal canto suo, era frustrato. Avevano un budget limitato. I soldi erano sempre stati per loro una fonte di stress; in effetti, un paio di anni prima erano stati costretti a dichiarare bancarotta. Avevano elaborato un piano chiaro per essere più responsabili finanziariamente ed evitare che si ripetesse di nuovo la stessa cosa, e questo tipo di extra, fare regali non necessari, li avrebbe portati fuori dal percorso responsabile che avevano faticosamente messo in piedi.

Avevano trovato vari accordi per risolvere questo conflitto. Per esempio, si sarebbero fatti regali solo in occasione delle festività principali. O si sarebbero attenuti a una cifra massima da spendere. Ma tutti gli accordi gli si ritorcevano contro, per una ragione o per un'altra. Il giorno di San Valentino, Manuel aveva presentato a Shanae una grossa scatola finemente incartata, lei aveva aperto il pacchetto e aveva trovato... un nuovo frullatore.

Lui aveva notato la sua delusione, anche se lei non aveva detto nulla. Lo aveva ringraziato in modo piatto ed era tornata a disfare la borsa del pranzo che portava al lavoro e a lavare i contenitori. Manuel era turbato. Aveva seguito le regole che avevano concordato: quel giorno era una festività e lui non se ne era dimenticato, aveva superato il prezzo limite (questo era un frullatore di lusso, che lei desiderava). Aveva fatto tutto per bene e ancora lei non era soddisfatta. *Che cosa avrei dovuto fare?* si domandava. Doveva prosciugare il loro conto in banca per renderla felice? Costruirle il Taj Mahal? La seguiva mentre lei si muoveva in giro per la cucina.

"Qual è il problema?" aveva domandato, alzando la voce. "Shanae? Hmm? Cosa c'è che non va? Dici continuamente che vuoi dei regali e ti ho fatto un regalo. Ci ho speso molti soldi, sai."

"Lo so", aveva detto lei, già sull'orlo delle lacrime. "È bello." *Era* bello, certo, ma non era un *regalo.* Era semplicemente qualcosa di cui avevano bisogno. Ma se lei lo avesse criticato, sapeva che Manuel sarebbe esploso.

"Bello? Quindi, qual è il problema, hmm? Che cosa ti avrei dovuto regalare *esattamente*? Con te ci sono sempre così tante regole segrete. Non posso mai vincere."

"Non mi urlare contro!"

"Non sto urlando!"

Stava urlando. Shanae si era voltata e aveva lasciato la stanza. Si era chiusa in bagno e aveva pianto.

Perciò, per prima cosa: Shanae e Manuel sono due ottimi esempi di persone con stili conflittuali molto diversi. Lui è esplosivo, lei evitante. Shanae evitava di sollevare apertamente il problema, cercando invece di plasmare il comportamento desiderato; quando infine lo affrontavano, lui dava in escandescenze. Quando li abbiamo ricevuti, Shanae ha affermato che a suo marito chiaramente non importava di lei tanto quanto gli importava dei soldi. Nel frattempo, Manuel ci ha riferito che a sua moglie non importava del loro futuro o del livello di stress finanziario a cui lui era sottoposto. E avevano perso le speranze di risolvere questo conflitto, che sembrava ripresentarsi di continuo e che provocava litigi ogni volta peggiori. Dopo quest'ultima lite, Shanae era andata a letto in lacrime; Manuel, incapace di riprendersi dall'intenso senso di sopraffazione che sperimentava a livello fisico durante i litigi, era rimasto sveglio per metà della notte a camminare per casa. Sono venuti da noi come ultima spiaggia. Entrambi volevano sapere: "Come superiamo questa cosa?".

Quando le coppie rimangono incastrate in un conflitto ciclico e bloccato in cui non c'è alcun progresso, generalmente è un segnale del fatto che, anziché tentare di superarlo, hanno in realtà bisogno di fare una pausa, rallentare e andare più in profondità. Quando si litiga, spesso si tenta di risolvere un problema prima di averlo compreso. Si rimane bloccati in una discussione superficiale invece di scavare a fondo verso la fonte più profonda del conflitto. Si spinge per una soluzione o una risoluzione prima di aver effettivamente compreso il punto di vista del partner e che cosa ci sia alla base. Non è sempre facile vedere la causa reale del conflitto – come notiamo nel caso di Manuel e Shanae, è possibile trascorrere letteralmente anni a litigare sulle stesse cose e comunque non sapere che cosa stia realmente alimentando il contrasto.

Manuel e Shanae non avevano bisogno di trovare una soluzione al problema superficiale dei regali. Ci avevano già provato! Avevano bisogno di fermarsi proprio lì, in quel punto caldo di attrito tra loro e di *immergervisi.*

Segnali del fatto che bisogna andare più a fondo

Osservando le coppie all'interno del Love Lab, avevamo inizialmente ipotizzato che ci fossero determinati "contenuti" sui quali queste tendevano a bloccarsi. Be', in realtà non c'erano. Le persone potevano rimanere incastrate su qualsiasi argomento.

Come trattato in precedenza nel capitolo "Su che cosa litighiamo", abbiamo notato rapidamente che le coppie potevano trovarsi in una situazione ciclica di stallo per qualsiasi questione, compresi gli argomenti apparentemente più comuni: chi avrà il controllo del telecomando? A che temperatura impostiamo il termostato durante l'inverno? I bambini possono mangiare dei panini con burro di arachidi e marmellata se non piace loro quello che abbiamo preparato? Non esistevano categorie! E questo accade perché qualunque punto di conflitto tra due persone, non importa quanto sia grande o piccolo, può avere qualunque tipo di motivo alla base. In questo senso, i conflitti sono un po' come gli iceberg: a volte se ne vede solo la punta. Non si ha ancora un'idea di quanto questo ostacolo sia alto o di quanto sia grande fino a quando non ci si sbatte direttamente contro.

Ora, si sa anche che i conflitti sono per la maggior parte perpetui, che si dovranno gestire per il resto della vita e che potrebbero non essere mai "risolti" una volta per tutte. Perciò, qual è la differenza tra gestire un conflitto perpetuo e lo stallo?

La risposta è che il conflitto viene percepito *molto* diversamente. Potreste tornare su un determinato argomento ripetutamente nel corso della vostra vita insieme, ma questo non significa che vi troviate in una situazione di stallo. Significa che avete personalità o stili di vita differenti. Avete soltanto bisogno di imparare a dialogare in modo calmo e costruttivo quando le vostre differenze emergono. Le strategie apprese fino a ora vi saranno certamente di aiuto in questo senso.

Lo stallo è diverso. Lo stallo fa star male, davvero male. Ci si trova in una situazione di stallo se:

- I conflitti su questo argomento vi fanno sentire rifiutati dal partner.
- Parlate e riparlate di questo argomento e non c'è nessun progresso. Non c'è alcun movimento verso una soluzione o un compromesso.
- Ogni volta che si tratta questa questione, in seguito state peggio. I continui conflitti su questo problema stanno causando dolore e un danno a livello emotivo a uno di voi o a entrambi.

Quando sono giunti in terapia, Manuel e Shanae si trovavano in una situazione di stallo per i regali. Stavano sperimentando tutti i segnali classici sopra menzionati; stavano malissimo dopo i litigi; i loro tentativi di raggiungere un compromesso e di risolvere il problema erano falliti; erano sempre più frustrati l'uno con l'altra e sempre più predisposti ad aspettarsi il peggio. A quel punto, entrambi stavano sperimentando **un eccesso di sentimenti negativi**, da noi chiamata anche "prospettiva negativa". Sostanzialmente, significa che si è litigato ciclicamente così tanto da essere incapaci di interpretare le parole e le azioni del partner in qualsiasi altro modo se non negativo, anche se quella non era l'intenzione. Si smette di concedersi a vicenda il beneficio del dubbio; al contrario, ci si aspetta il peggio. Se si fa una domanda al partner e quello non risponde, anziché pensare: *Oh non mi ha sentito*, si pensa: *Mi sta ignorando di nuovo, come sempre*. Persino le situazioni neutre vengono percepite come negative. Quando ci si trova in una situazione di stallo, è difficile non assumere una prospettiva negativa.

Lo stallo è un importante segnale della necessità di andare più in profondità: è come una luce di allarme che lampeggia, e indica che è arrivato il momento di scoprire cosa sta effettivamente alimentando il conflitto. Ma anche se non vi trovate ancora in una situazione di stallo rispetto a una qualche questione, ci sono altri segnali che indicano la necessità di fermare il litigio e di capire qual è il motivo del litigio, prima di provare a procedere.

Ecco i segnali del fatto che c'è bisogno di rallentare il litigio:

- State inciampando su questioni apparentemente irrilevanti – pensate: *Perché stiamo litigando per questa cosa di poco conto?*
- Avete effettivamente raggiunto un compromesso, ma poi viene disatteso da uno di voi o da entrambi. Non siete in grado di attenervi a esso.
- Lo stesso argomento continua a saltar fuori in altri litigi o in altre conversazioni come un ospite indesiderato.
- O è il contrario: evitate uno specifico argomento come la peste, sta diventando una sorta di elefante nella stanza ed entrambi gli girate intorno.
- Il vostro partner ha una reazione apparentemente sproporzionata di fronte a una discussione che "sorge dal nulla" e vi coglie di sorpresa.

Quest'ultimo può essere un indizio importante: pensate di intrattenere una conversazione di routine di tipo logistico, e il vostro partner ha una forte reazione emotiva che sembra venire fuori dal nulla. Se ricevete una risposta che per voi non ha senso – per esempio, il partner si sente sommerso o arrabbiato per qualcosa che voi pensavate sarebbe stata un'ordinaria, banale conversazione di pianificazione dell'agenda o dei programmi per il fine settimana – questo è un chiaro segnale del fatto che qualcosa non va. Vi siete appena scontrati con un iceberg, c'è qualcosa in agguato sotto la superficie di cui non vi eravate accorti. Perciò che cosa si fa? Si spengono i motori e si rallenta.

Dite: "Facciamo marcia indietro. Sembra che questo sia un problema più profondo di quello che pensavo".

Quando eravamo appena sposati, abbiamo avuto un episodio del genere. John era tornato a casa dal lavoro e Julie era già a casa, stava preparando la cena. Rientrando, John aveva notato la posta sul tavolo dell'ingresso e gli era venuto in mente che un paio di settimane prima era venuto l'idraulico, e non riusciva a ricordare se lo avessero pagato. Era entrato in cucina e aveva detto: "Ehi, hai pagato l'idraulico?".

Julie aveva abbassato il coltello con cui stava tagliando le cipolle e si era girata. "Non lo so!" era scattata. "*Tu* hai pagato l'idraulico?"

Se n'era andata in camera da letto e aveva sbattuto la porta. Forte. John era rimasto lì, con la posta in mano pensando: *Ho sposato una pazza?* Poi era entrato in camera da letto e l'aveva affrontata: "Che diavolo di problema hai? Volevo solo sapere se avessi pagato l'idraulico!".

"Oh, giusto!" aveva detto lei. "Io sono semplicemente la segretaria da queste parti. Non mi saluti neanche, prima! Passi direttamente alla lista delle cose che *io* dovrei portare a termine. Be', non l'ho fatto! Perciò sono cattiva!"

John era sconcertato e sulla difensiva, e all'inizio la conversazione non era andata particolarmente bene. Ma infine ci siamo entrambi calmati. John si è seduto sul letto e ha domandato, questa volta più gentilmente: "Perché dici così?".

Julie ci ha pensato su per un po' e infine è riuscita a spiegare. "Quando ero piccola, crescendo", ha detto, "tornavo a casa e mia madre aveva sempre qualche critica da rivolgermi, del tipo: 'Ti sei vestita così per andare a scuola? Be', ti fa sembrare grassa'. Quando adesso sei entrato, sembravi proprio come lei".

Alla fine, la richiesta di Julie era piuttosto semplice: "Quando ti vedo per la prima volta alla fine della giornata, ho davvero bisogno che venga a darmi un bacio e a salutarmi e a chiedermi come sia andata la giornata. *Poi*, mi puoi domandare se ho pagato l'idraulico". Abbiamo raggiunto questo risultato perché ci siamo concessi del tempo per andare a fondo, per fare domande, per comprendere per quale ragione una questione che sembrava di poco conto avesse causato una reazione così importante. Le reazioni di questo tipo sono un campanello d'allarme che sta dicendo "Indagate qui" e che vi chiede cura e attenzione.

Se notate dei segnali del fatto che ci sia bisogno di analizzare più a fondo una questione, abbiamo uno schema per farlo. Si chiama **Sogni all'interno del conflitto**.

Sbloccare i litigi: i sogni all'interno del conflitto

Alla base di questo intervento, c'è una storia personale. Questo metodo non ha avuto origine all'interno del Love Lab (anche se lo abbiamo testato in laboratorio in maniera approfondita). È derivato dalla nostra vita e dalla nostra relazione.

All'inizio del nostro matrimonio, prima di aver elaborato la teoria e gli interventi sui legami d'amore, eravamo intenti a cercare di risolvere un problema che si era arenato, e non ci stavamo in alcun modo riuscendo. Questo era il problema in sintesi: vivevamo a Seattle, una città frenetica. John la amava. Julie no. John era cresciuto a New York e per lui la fiumana di persone, il trambusto del traffico, il rumore e il caos di una città erano familiari e confortanti, l'esperienza sensoriale di *casa*. Per Julie, che era cresciuta a Portland in una casa ai margini di una delle più grandi foreste urbane degli Stati Uniti, la natura era casa. Ricercava la calma e il silenzio degli alberi. Spesso, sgattaiolava fuori di casa per dormire nella foresta, rientrando il mattino successivo prima dell'alba. I suoi genitori non lo avevano mai saputo. La natura profonda, incontaminata, era ciò che la manteneva sana di mente.

Un fine settimana, avevamo affittato un piccolo cottage a Orcas Island, nella parte più a nord-ovest dello Stato di Washington, raggiungibile dalla città dopo un lungo viaggio in auto e in traghetto. Julie si era innamorata subito di Orcas. Aveva sempre immaginato di avere un giorno una piccola casetta da qualche parte nella foresta e dopo essere tornati sull'isola più volte, lottando ogni volta per trovare degli alloggi in affitto, aveva realizzato che quello era il posto magico per lei. Perciò, un giorno aveva condiviso la cosa con John.

"Voglio proprio comprare un cottage a Orcas", aveva affermato.

"Cosa?", aveva detto John, sbigottito. "Assolutamente no."

E semplicemente in questo modo avevamo iniziato a litigare. Il litigio era degenerato: entrambi avevamo battuto in ritirata, arrabbiati e insoddisfatti. E abbiamo continuato a litigare sulla questione, ancora e ancora, per *sei anni*. Julie non riusciva a rinunciare a quella prospettiva amata della casetta nei boschi. E John non riusciva a farsi persuaso, l'idea di comprare una casa sull'isola gli sembrava stravagante e non necessaria. Lui si impuntò. Lei si impuntò. Eravamo in una situazione di stallo.

Divenne una questione abbastanza importante all'interno della relazione, un ostacolo che si faceva sempre più grande giorno dopo giorno, con il quale non potevamo fare a meno di scontrarci. Il risentimento per questo problema trapelava in altre conversazioni e si stava infiltrando nelle nostre interazioni quotidiane; la negatività stava prendendo il sopravvento. Perciò ci rivolgemmo a un terapeuta di coppia (sì, anche i terapeuti di coppia hanno bisogno dei terapeuti di coppia!). A questa terapeuta, consigliataci da un amico, piaceva molto John. Lo trovava brillante, loquace e affascinante. Stava dalla sua parte, e questo durante la terapia emerse. Julie passava in secondo piano. Un giorno, mentre eravamo seduti nel suo studio, discutendo, cercando ancora una volta di trovare un modo di superare lo stallo, la terapeuta disse: "Sai, John, tu hai tutto il diritto di dire no e lei lo deve accettare. Potete creare dei confini, le buone relazioni si basano sui confini. Di' semplicemente *no*!".

Al termine, camminammo insieme in silenzio verso la macchina. John stava chiaramente ripercorrendo con la mente la seduta, era immerso nei suoi pensieri. A casa, posò le chiavi della macchina e si rivolse a Julie: "Sono così? Come quella terapeuta? Tutto quel 'Di' semplicemente no?'".

"In effetti, sì", disse Julie.

"Be'", rispose John, "non è il tipo di marito che voglio essere".

Decidemmo di licenziare la terapeuta.

Poi ci sedemmo lì, nel nostro salotto anziché nello studio di qualcun altro, e iniziammo a svolgere, per conto nostro, quello che presto sarebbe diventato il modello dell'esercizio per i "sogni all'interno del conflitto".

Abbiamo smesso di discutere riguardo al fatto di acquistare o meno la casetta. Abbiamo smesso di tentare di persuaderci a vicenda. Abbiamo cominciato a porci l'un l'altra delle domande e semplicemente ad ascoltare.

Abbiamo parlato del passato e del futuro. Julie ha raccontato a John quanto stesse male a casa quando era giovane, una casa piena di critiche, di disprezzo, e a volte di abusi fisici. Non sapeva mai quali parole taglienti le avrebbe rivolto sua madre; non sentiva mai di potersi rilassare o di poter abbassare la guardia. Perciò, se la svignava dalla porta sul retro a tarda notte, quando la situazione era tesa e pesante in casa, e correva via nella natura selvaggia preservata nel cuore di Portland. Ha descritto come alcune volte rimanesse fuori tutta la notte, dormendo sotto uno dei cedri rossi piangenti. Nella natura si sentiva al sicuro. Era il luogo dove poteva andare per assorbire la bellezza amorevole degli alberi e per ricaricarsi spiritualmente.

"La città mi prosciuga" ha detto, "la foresta mi rivitalizza".

Poi è stato il turno di John. Ha raccontato a Julie la storia dei suoi genitori, una giovane coppia sposata che viveva a Vienna all'inizio della Seconda guerra mondiale. Una notte erano venuti a sapere che nel giro di ventiquattr'ore la Gestapo sarebbe arrivata nel loro quartiere per rastrellare la gente e mandarla nei campi di concentramento. Erano scappati, lasciando la città che era casa loro e avevano attraversato il confine con la Svizzera con nient'altro che i vestiti che avevano addosso e qualche pacchetto di sale e di zucchero che si erano infilati nelle tasche. Si erano lasciati tutto alle spalle, i loro lavori, le famiglie, gli studi, gli amici, il loro appartamento e tutto ciò che conteneva, i libri e le amate fotografie, i mobili, i cimeli di famiglia. Dalla Svizzera erano scappati verso la Repubblica Dominicana, dove John era nato nel 1942; alla fine avevano raggiunto New York come rifugiati dell'Olocausto.

Avevano insegnato a John ciò che avevano appreso: non si accumulano cose o proprietà. Non si sa mai quando dei nazisti sotto un altro nome ti daranno la caccia e dovrai lasciarti tutto alle spalle. Le tue risorse dovrebbero essere investite in qualcosa dentro di te, che puoi portare con te, come l'istruzione e le abilità. Avevamo già una casa, non ce ne servivano due, e il pensiero di questa cosa faceva sentire John appesantito e spaventato quando pensava ai suoi genitori e alla loro storia.

Dopo aver condiviso queste storie, ci siamo entrambi sciolti. Dall'altro lato di questa conversazione, sembrava tutto diverso. La compassione riempiva l'aria. Di sicuro entrambi avremmo fatto il possibile per onorare i sogni l'uno dell'altra.

Piuttosto rapidamente, in seguito a ciò, abbiamo raggiunto un compromesso: avremmo comprato una piccola casa a Orcas Island. E se dopo un paio di anni John avesse sentito che era stato un cattivo investimento, l'avremmo rivalutato e avremmo considerato se fosse il caso di venderla. Nel frattempo, Julie avrebbe fatto da mangiare secondo la cucina kosher, cosa che John desiderava profondamente.

Abbiamo trovato una casetta rustica sul lato nord dell'isola, su un promontorio chiamato Raccoon Point, da cui si vedeva lo stretto fino al Canada. John amava quel luogo, anche se tendeva a passare il proprio tempo nella baita a leggere rilassato sul divano, mentre Julie si allacciava gli scarponi e percorreva i sentieri, e dopo un anno era entusiasta di aver comprato il cottage.

Il processo è stato per noi così riuscito che abbiamo pensato: "Dobbiamo portarlo in laboratorio".

Portare i sogni all'interno del laboratorio

Siamo tornati a esaminare i video e i dati del laboratorio e abbiamo scandagliato più attentamente le conversazioni bloccate. Abbiamo scoperto che, nel caso delle coppie in stallo o in difficoltà, c'era sempre un sogno alla base che si nascondeva sotto la superficie della discussione e che non era stato portato alla luce o articolato in modo chiaro. Invece, nelle coppie che stavano attraversando i propri conflitti con successo, questi sogni venivano trattati apertamente e direttamente.

Via via che mappavamo tutto ciò che i maestri dell'amore facevano in modo corretto, abbiamo notato dei fili conduttori forti e coerenti: passavano del tempo a costruire e a espandere le reciproche "mappe dell'amore", il che significa fare domande conoscitive, essere reciprocamente curiosi e comprendere il mondo interno l'uno dell'altra. Condividevano un affetto e un'ammirazione genuini e li esprimevano quotidianamente. La maggior parte delle volte, accettavano i tentativi di connessione del partner. Mantenevano un punto di vista positivo l'uno sull'altra, era più probabile che notassero le rispettive cose buone, ciò che il partner faceva *bene* rispetto alle cose negative o alle cose sbagliate o non fatte. E quando si arrivava a un conflitto, esaminavano quasi immediatamente ciò che era fondamentale per loro dal punto di vista filosofico, storico ed emotivo; le loro credenze, i valori, i ricordi, e i sogni.

Il nostro approccio, quel giorno, quando c'è stata una svolta nel nostro litigio bloccato, non è stato unico. E questa era una buona notizia perché significava che si trattava di una strategia ripetibile e praticabile da altre coppie. Abbiamo risolto il nostro maggiore conflitto proprio come facevano i maestri dell'amore all'interno del laboratorio e ciò ci ha dato la sicurezza necessaria per elaborare questo intervento: una serie di domande progettate per aiutare le coppie ad andare a fondo dei conflitti anziché girarci intorno in superficie.

Abbiamo iniziato testando l'intervento nei nostri seminari di coppia. Ci siamo assicurati di organizzare lo scenario in modo chiaro. Le regole: ci sarebbero stati un oratore e un ascoltatore. Il compito dell'oratore era quello di essere onesto e aperto, di parlare con il cuore e di utilizzare gli interventi trattati finora in questo libro: l'inizio morbido per introdurre la propria posizione sulla questione, descrivendo unicamente i propri bisogni anziché i difetti del partner. Nel frattempo, il compito dell'ascoltatore era di garantire che il partner fosse aperto e condividesse il sogno sotteso alla sua prospettiva sulla questione. La missione dell'ascoltatore era quella di concedere al partner il beneficio del dubbio e di ascoltare con pazienza il suo punto di vista. Senza giudicare. Senza porsi sulla difensiva.

Successivamente, l'ascoltatore avrebbe letto a voce alta una serie di domande e avrebbe semplicemente ascoltato le risposte dell'oratore senza esprimere il proprio punto di vista. Una volta che l'oratore avesse risposto a tutte le domande una per una, i partner si sarebbero scambiati i ruoli: chi aveva iniziato come ascoltatore sarebbe ora stato l'oratore e viceversa. Avevamo iniziato con una lunga lista di domande che l'ascoltatore avrebbe dovuto porre, ma dopo aver testato e perfezionato l'esercizio, l'abbiamo ridotta a queste sei.

LE MAGICHE DOMANDE ACCHIAPPASOGNI

1. Che cosa pensi di questa questione? Hai qualche valore, principio o credenza che si rifà alla tua posizione su questo?
2. La tua posizione è connessa in qualche modo alla tua storia o alla tua infanzia?
3. Perché la tua posizione sulla questione è importante per te?
4. Quali sono i tuoi sentimenti sulla questione?
5. Qual è il tuo sogno perfetto in questo caso? Se avessi una bacchetta magica per ottenere proprio ciò che vuoi, che cosa sarebbe?
6. C'è qualche scopo o obiettivo sottostante a questa cosa per te? Quale?

Questo esercizio funziona perché *schiude lo spazio e il tempo.* Espande la conversazione in modo che possa respirare. E richiede dei ruoli definiti tra i partner: un oratore e un ascoltatore. Fornisce a entrambi uno spazio calmo e protetto per comprendere e articolare quale sia il loro sogno o la paura più profonda.

Non è possibile risolvere nulla finché non si comprende, a un livello più profondo, l'approccio del partner alla questione. Quando si ascolta la posizione del partner usando un inizio morbido, comunque si ascolta solo una frase o due. A malapena si scalfisce la superficie; c'è molto di più che va compreso.

Ciò significa che è fondamentale mantenere i ruoli dell'ascoltatore e dell'oratore. Assicuratevi che ciascuno di voi porti a termine l'esercizio. Portarlo a termine significa che inizialmente l'oratore fornisce il proprio inizio morbido e successivamente risponde alle domande riguardanti i "sogni all'interno del conflitto" poste dall'ascoltatore. Non interrompetevi a vicenda! Non saltate nessuna domanda! L'ascoltatore dovrebbe scorrere la lista e fare all'oratore ogni domanda, una per una. Non proseguite finché non è stata ottenuta una risposta il più esaustiva possibile.

Il vostro obiettivo è di scoprire tutto quello che potete sul vostro partner e su questa questione: perché è molto importante da dove deriva la sua posizione in merito, in che modo la sua storia personale interagisce con la sua posizione. Non sempre si riesce a estrapolare dalle esperienze di una persona il modo in cui prenderanno forma le sue credenze e i suoi valori. Per esempio, soprattutto tra le generazioni più anziane, i soggetti venivano puniti fisicamente dai propri genitori quando erano bambini. Alcune di queste persone ricaveranno da quell'esperienza il fatto di essere cresciute bene, di non essere state ferite, di aver appreso in questo modo una lezione preziosa e che va bene così. Altre persone penseranno: *Quello era un abuso. Non ho imparato nulla. Ho imparato solo la paura; non alzerò mai le mani sui miei figli.* Le esperienze pregresse sono importantissime, ma notiamo che le stesse esatte esperienze pregresse possono creare dei sistemi di valori divergenti. Ci si deve addentrare in queste esperienze per comprendere le reciproche posizioni su una determinata questione.

Persino le persone che hanno tutto in comune (classe sociale, etnia, città di provenienza, assetto familiare, religione) possono avere due punti di vista totalmente diversi su un certo argomento in quanto il fondamento fisico, emozionale, spirituale e intellettuale di ciascuna persona si relazionerà in maniera diversa con quel contesto condiviso e produrrà qualcosa di unico.

Per esempio, Manuel e Shanae avevano molte cose in comune per quanto riguardava la loro infanzia. Avevano entrambi vissuto momenti difficili, con genitori assenti, caregiver incostanti e una storia di deprivazione e povertà. Ma da queste speculari esperienze di vita si erano costruiti dei sistemi di valori completamente differenti.

Manuel e Shanae: non era una questione di soldi

Nel caso di Manuel e Shanae sapevamo che il primo passo per sbloccare la situazione di stallo era quello di mettere da parte il conflitto in corso riguardo al denaro. Abbiamo invece parlato delle loro storie. Abbiamo domandato loro: qual era la cultura dei regali nella tua famiglia quando eri piccolo? I tuoi genitori o caregiver mostravano il loro amore in questo modo? Quale significato attribuisci ai regali in relazione a ciò che hai vissuto da piccolo?

Le loro risposte sono state incredibilmente chiarificatrici: quando Shanae era piccola, i suoi genitori non c'erano. Suo padre era in carcere e sua madre era una tossicodipendente; amava Shanae ma era incapace di essere una figura genitoriale affidabile e di provvedere a lei. Per buona parte della sua infanzia, Shanae aveva vissuto con gli zii, che a Natale avevano l'abitudine di fare moltissimi regali ai loro figli. Per lei confezionavano un paio di calzini nuovi. Tutto qui. Solo calzini. Lei notava quello che i regali simboleggiavano: che lei non contava. I regali equivalevano all'amore, e lei non ne stava ricevendo neanche un po'.

Nel frattempo, Manuel non riceveva nessun regalo. I suoi genitori erano assenti, abusivi e alla fine divorziarono. Si era sostanzialmente cresciuto da solo. L'unica persona che gli aveva mai fatto dei regali e lo aveva fatto "sentire ricco", come diceva lui, era un'amica di famiglia, la sua madrina, con cui trascorreva le vacanze e le estati. Gli sembrava l'unica persona nella sua vita sulla quale potesse contare. Ma successivamente, quando era adolescente e aveva iniziato a spacciare droga per mantenersi, lei gli aveva detto di non poter accettare quello stile di vita e aveva smesso di colpo di vederlo, per sempre. Di conseguenza, non si era mai più fidato completamente di nessuno. Quando qualcuno gli faceva un regalo, la sua risposta istintiva era: *Perché mi stai facendo un regalo? Probabilmente per manipolarmi.*

Abbiamo chiesto a Manuel se era possibile che non fosse in grado di accettare regali da Shanae perché questo significava aprirsi ad accettare il suo amore e tutta la vulnerabilità a esso connessa, e lui aveva ammesso che era così. Nel frattempo, lei aveva estremamente bisogno di dimostrazioni d'affetto da parte sua. La coppia stava covando questo litigio letteralmente da anni, con il pretesto dei soldi. Ma non aveva nulla a che vedere con i soldi. Riguardava in realtà il significato nascosto, sottostante all'amore: come lo si esprime, come lo si riceve, come ci si apre a esso.

Quando affrontarono le domande acchiappasogni, il tenore della loro conversazione fu completamente diverso. Con questo formato – fare a turno, parlare di se stessi e della propria infanzia, prendersi il tempo di rispondere a ciascuna domanda – divennero ricettivi e veramente in grado di ascoltarsi a vicenda. Manuel, che in genere tendeva a essere maggiormente esplosivo, fu molto più calmo e meno intenso mentre svolgeva l'intervista a sei domande, il che a sua volta consentì a Shanae, che era maggiormente evitante, di sentirsi al sicuro nell'aprirsi e nel condividere le sue risposte.

Quando Manuel ha domandato a Shanae: "Che cosa provi riguardo a questa questione?" e Shanae ha risposto: "Mi sento di nuovo una bambina piccola che aspetta ancora e ancora di essere importante per qualcuno" abbiamo notato l'espressione sul viso di lui mutare via via che iniziava a comprendere.

Quando è toccato a lui e Shanae è arrivata alla quinta domanda e gli ha chiesto: "Se potessi avere una bacchetta magica e avere esattamente ciò di cui ha bisogno, che cosa sarebbe?" Manuel ha risposto: "Sarebbe che tutto fosse più facile tra di noi. Sai che ti amo a prescindere da tutto".

Manuel e Shanae non smisero di avere dei conflitti su questo argomento. Ma la volta successiva in cui esplose il conflitto, la conversazione andò molto diversamente.

SHANAE: (*guardando dentro le buste della spesa che Manuel aveva appena portato a casa con un sospiro di delusione e gli occhi al cielo)* Ah, una scatola di chiodi del ferramenta. Proprio quello che una ragazza sogna.

MANUEL: Ti avevo detto che mi sarei fermato dal ferramenta. Che cosa ti aspettavi che portassi a casa? Un anello di diamanti?

SHANAE: Ho solo pensato che magari oggi mi avresti regalato qualcosa. Mi è mancata una dimostrazione di affetto da parte tua. Non mi hai praticamente considerata negli ultimi tempi.

MANUEL: Shanae, sto cercando di ultimare queste riparazioni così da poter subaffittare questa casa e cercare un appartamento più grande. Ne abbiamo parlato. Credevo fosse quello che volevi!

SHANAE: È così. Vorrei solo che tu mi mostrassi che ci tieni a me, una volta ogni tanto. È quello che fanno le persone in una relazione, Manuel. È normale volerlo.

MANUEL: (*sospiro frustrato*) Semplicemente non capisco proprio perché i regalini sono così importanti per te. Sai che ti amo. Perché non è abbastanza?

SHANAE: Be', penso che se si ama qualcuno, glielo si voglia dimostrare. Non basta semplicemente dirlo a parole. Chiunque può dirlo a parole senza pensarlo davvero. Se si compra un regalo a qualcuno significa che si sta pensando a quella persona. Richiede impegno. Richiede tempo. Richiede un pensiero per la persona che si ama.

MANUEL: Sì, ma io non ho tempo!

SHANAE: Lo so, lo so.

MANUEL: Senti, so che quando eri piccola questo era un problema per te. E ci sto provando. Ma non voglio che perdiamo questo appartamento perché non possiamo pagare l'affitto.

SHANAE: È questo l'unico motivo?

MANUEL: Be', suppongo di avere ancora la stessa vecchia reazione quando tu parli di volere che io ti regali qualcosa come se stessi cercando di ottenere qualcosa da me. Mio padre mi ha insegnato a non fidarmi mai di nessuno perché ti fregheranno. E di fatto, le persone lo hanno sempre fatto. Le persone ti danno qualcosa quando vogliono qualcosa in cambio. Ricordo che i ragazzi mi davano delle cose, come delle caramelle o delle sigarette, e mi dicevano che era il mio turno di provare a rubare la birra, così ero io quello che doveva rischiare. Sono davvero abituato a essere usato. Mi sono fatto furbo quando avevo all'incirca quattordici, quindici anni. Ho smesso di lasciare che le persone mi usassero e mi manipolassero.

SHANAE: Ma io non ti voglio manipolare! Non è affatto questo che sto dicendo.

MANUEL: Intendo che ora lo so, ma mi provoca ancora quella sensazione.

SHANAE: (*abbracciandolo dolcemente*) Potrei almeno manipolarti perché mi porti una di quelle barrette al cioccolato che mi piacciono la prossima volta che andrai in città?

MANUEL: (*ridendo*) Okay, okay, possiamo probabilmente permetterci una barretta di cioccolato senza perdere l'appartamento.

La differenza valoriale riguardo ai soldi e ai regali rimarrà un problema perpetuo per questa coppia e si manifesterà in modi diversi lungo il corso della loro vita. In futuro, a volte l'automatica tendenza di Manuel a considerare i regali come una manipolazione si scontrerà con la credenza radicata di Shanae che i regali corrispondano all'amore. Ma la conversazione sui "sogni all'interno del conflitto" ha modificato completamente lo schema di funzionamento dei loro litigi. Continuano a litigare su questo argomento, ma non si trovano più in una pericolosa situazione di stallo. Sono solitamente in grado di raggiungere un qualche tipo di soluzione o di compromesso. È meno probabile che si sentano giudicati e attaccati. Stanno ora operando da una posizione di profonda comprensione reciproca, una consapevolezza delle vulnerabilità permanenti che entrambi si portano dietro, perciò, anche se questo problema non sarà mai propriamente "risolto", ha smesso di essere una fonte di dolore e di incomprensione.

I peggiori conflitti sono le migliori occasioni di intimità

Questo in un certo senso è controintuitivo: quando un determinato argomento è qualcosa che voi e il vostro partner non potete affrontare senza che si scateni un litigio terribile, stressante e da cardiopalma, i cui effetti durano per giorni, o più a lungo, la risposta più naturale sembrerebbe quella di evitare l'argomento. C'è una particolare logica nel comprendere: *Okay, questo è un conflitto perpetuo ed è troppo doloroso da affrontare, perciò non affrontiamolo e basta*. Anche all'interno dello stallo, le coppie possono iniziare a sentirsi senza speranza: *Abbiamo trattato questo argomento fino allo sfinimento; non ha più senso ormai*. Oppure: *Ho sposato la persona sbagliata, vuole che io sia qualcuno che non sono. Non sarò in grado di tenere in piedi questa relazione a meno di non cambiare interamente la mia personalità*.

Ciò che abbiamo scoperto lavorando con le coppie soprattutto in laboratorio, dove guidiamo le persone passo dopo passo nell'intervento sui "sogni all'interno del conflitto", è che l'87% delle volte, le sei domande portano a svolte significative nei conflitti bloccati. A volte è vero che non siamo compatibili[1] – non staremo qui a dirvi che tut-

1. I dati statistici provengono da coppie intervistate dopo i nostri workshop.

te le relazioni possano o debbano essere salvate. I dati non lo confermano e nemmeno la nostra pratica clinica con le coppie. A volte due personalità sono troppo sfasate. A volte i sogni sono troppo opposti. Ma quasi il 90% delle volte non è così. Le persone hanno semplicemente bisogno di comprendere meglio i reciproci sogni sottostanti per poi essere in grado di superare lo stallo e di avere un conflitto in generale maggiormente produttivo.

Negli anni, una delle grandi sorprese, per noi come ricercatori, è stata realizzare quanto i conflitti delle persone siano radicati e quanto in fin dei conti permeino le loro esistenze. Le piccole questioni ordinarie della vita quotidiana su cui le persone si accapigliano così rapidamente hanno dimostrato di essere connesse a doppio filo a problemi di maggiore importanza. Abbiamo persone di ogni genere in laboratorio, coppie provenienti da tutti i contesti demografici. E quello che abbiamo notato è che, a prescindere dal contesto di provenienza o dal livello di istruzione, ogni persona è un filosofo. Ogni persona si è confrontata con le stesse domande: *Perché sono qui? Qual è il mio scopo? Qual è il senso dietro al fatto che io sia qui, che io sia al mondo? Come voglio vivere quest'unica vita di cui dispongo?*

Gli esseri umani sono creatori di significato. Siamo narratori e lo siamo da millenni. Ci siamo raccontati delle storie sull'origine per spiegare la creazione del mondo. Ci raccontiamo le storie delle nostre vite, le nostre autobiografie. E mentre ci raccontiamo la storia della nostra vita, ne ricerchiamo il significato, la morale. A causa di ciò, le questioni minori, per esempio, se raccogliere o no i vestiti del marito dal pavimento, possono sembrare simboliche o connesse a qualche credenza o scopo sotterraneo che guida la vita. Questo è il motivo per cui sosteniamo che i conflitti più importanti possono essere la migliore occasione di intimità: perché possono fungere da riflettori, che pongono all'interno di un grande cerchio luminoso, affinché venga notato e compreso, qualcosa di molto importante riguardo a chi siamo, qualcosa che aiuterà il nostro partner a conoscerci.

Ma a volte i sogni sono così sotterranei, così sepolti che persino noi stessi non ne siamo consapevoli. Eppure le emozioni che li riguardano emergeranno comunque nei litigi. La conversazione sui "sogni all'interno del conflitto" può essere utile, ma potrebbe volerci un po' più di tempo per venirne a capo.

Lasciar spazio al sogno di emergere

Non sempre si è consapevoli dei propri sogni e bisogni. Ciò è molto comune, soprattutto nella cultura occidentale. Si lavora tanto, si passa così tanto tempo a cercare di sopravvivere, di ottenere un vantaggio, che spesso non si trascorre abbastanza tempo a riflettere su chi siamo o sul *perché* siamo come siamo. Questo significa che ci potrebbero essere delle occasioni durante il conflitto in cui non si è in grado di rispondere a una domanda perché non ci si è mai riflettuto sopra prima. Voi o il vostro partner potreste aver bisogno di tempo per riflettere.

È in questi casi che un terapeuta si rivela davvero molto utile. Se siete in terapia da un po' di tempo, il terapeuta avrà un'ampia conoscenza delle vostre preoccupazioni, dei vostri pensieri quotidiani, del vostro contesto, e probabilmente sarà in grado di intuire che cosa è importante per voi e come la vostra storia personale influenzi una determinata posizione su una questione. Potrà porre domande, indicare potenziali connessioni, fornire indizi su cosa potrebbe stare accadendo nella vostra vita. Ma le persone possono anche comprendere questi aspetti in autonomia se si concedono del tempo per analizzare i propri sentimenti e i propri ricordi per fermarsi e pensare: *Mi sono mai trovato in una situazione del genere? Ho già provato questo sentimento?* Una coppia in conflitto che stava litigando sul fatto se usare o meno i propri risparmi per acquistare una casa prima che i tassi di interesse avessero un'impennata, oltre che litigare in maniera incessante sul prezzo degli immobili nella loro città, in realtà aveva bisogno di porsi due domande totalmente diverse. Il partner numero uno aveva bisogno di esplorare *Perché il fatto di mantenere la mia vita stabile e sicura è così importante per me?* Il partner numero due aveva bisogno di esplorare *Perché il fatto di non mettere radici e di essere libero di viaggiare è così importante per me?*

Se ci si trova nel mezzo di un litigio, forse non si trovano le risposte a domande del genere. Questa coppia aveva bisogno di avere numerose conversazioni, e di pause di riflessione nel mezzo, per discutere delle proprie storie personali relative al senso di appartenenza a un *luogo* e a una *casa*, al fatto di aver avuto o meno, durante l'infanzia, un senso di permanenza e di sicurezza e di come ciò abbia determinato il loro attuale punto di vista su come vivere e a che cosa dare la priorità. Perciò, se siete nel mezzo di un litigio e vi trovate a pensare *Oh, accidenti, non ho idea di quale sia la causa di tutto ciò*, allora la prima cosa da fare è crearsi uno spazio per riflettere.

Dite: "Vorrei poter rispondere, ma credo di aver bisogno di un po' di tempo". Poi prendetevi il tempo per pensarci su!

Se avete difficoltà ad approfondire, ecco alcune cose che possono innescare connessioni e rivelazioni:

- Sfogliare vecchie foto, annuari o diari.
- Riflettere sulla natura delle passate relazioni romantiche o dei precedenti matrimoni e su come ci si sentiva.
- Riflettere sulla relazione con i propri genitori o caregiver o fratelli.
- Pensare alle prime relazioni con i coetanei e alle prime esperienze scolastiche.
- Ricercare modelli multigenerazionali all'interno della propria famiglia (per esempio: se si sta avendo un conflitto bloccato riguardo al denaro, è utile chiedersi: "Qual è l'eredità della mia famiglia riguardo al denaro?").

Infine, riunitevi e condividete le vostre riflessioni con il partner. Non è necessario avere già tutte le risposte. Non siete un puzzle "da completare". Condividete il vostro processo di pensiero con il partner. Descrivete qualsiasi cosa emersa che ritenete essere interessante o rilevante. Per esempio, nel pensare a un'eredità familiare riguardante il denaro: "Sono cresciuto in Alaska in una famiglia di pescatori e il denaro era sempre 'tutto o niente'. Non avevamo nulla, cenavamo con il formaggio fornito dal governo e poi tutto d'un tratto arrivava il granchio ed eravamo ricchi. Correvamo a comprare tutte le cose che avevamo aspettato di acquistare: i mobili, il cibo, le scarpe invernali. Successivamente i soldi erano di nuovo finiti e dovevamo resistere e aspettare. Penso di avere ancora questo impulso appena abbiamo un po' di soldi extra perché altrimenti spariranno di nuovo".

L'aspetto meraviglioso del fare pratica nella conversazione "sogni all'interno del conflitto" è il fatto che diventa un'abilità da costruire. Più voi e il vostro partner vi confronterete sui vostri rispettivi obiettivi, sia grandi sia piccoli, e sulla vita che desiderate, meno vi ritroverete ad avere conflitti dannosi fomentati da sogni non riconosciuti o repressi. Qualcosa che un tempo si sarebbe potuto trasformare in un grande litigio diventa invece un momento di connessione e di collaborazione in cui voi e il vostro partner vi unite per affrontare una sfida.

Avvicinarsi ai propri sogni aiuterà nel conflitto

Una coppia appartenente a uno dei nostri studi longitudinali all'interno del Love Lab ci ha mostrato quanto ciò possa essere profondo ed efficace. Li chiameremo George e Marianne. Erano sposati solo da qualche anno quando hanno preso parte allo studio; per entrambi, questo era il secondo matrimonio, al quale arrivavano con due figli ciascuno; stavano ora crescendo insieme quattro adolescenti. Abbiamo iniziato, come sempre con le coppie partecipanti, con l'intervista orale sulla storia di coppia condotta nella loro casa.

L'intervista orale sulla storia di coppia è uno strumento di valutazione che abbiamo perfezionato nel tempo allo scopo di ottenere un'idea generale della storia relazionale di una coppia *prima* che giunga in laboratorio per l'osservazione. John e il suo allora partner di ricerca, Lowell Krokoff, avevano preso ispirazione dal lavoro di Studs Terkel, il presentatore radiofonico e scrittore vincitore del premio Pulitzer, che aveva realizzato delle pionieristiche interviste a comuni cittadini americani sulla loro vita durante il periodo della Grande depressione, elaborando alcune tra le più accattivanti e profonde narrazioni orali di quel periodo mai realizzate. Quando abbiamo iniziato a somministrare l'intervista orale sulla storia matrimoniale, essa era libera e variegata e comprendeva qualsiasi possibile domanda relazionale e poteva durare da qualche ora a un giorno intero. Con il tempo, l'abbiamo ridotta alle domande più essenziali, che si concentravano direttamente sui momenti più importanti in una storia di coppia: come si erano conosciuti? Come è stato il periodo del fidanzamento? Come si è sviluppata nel tempo la relazione? Quali sono stati finora gli alti e bassi nella loro unione?

Una delle grandi rivelazioni insite nell'intervista orale è stato il fatto che il modo in cui una coppia narrava la storia era predittivo del suo futuro relazionale (Buehlman, Gottman, Katz, 1992).

Nel corso del tempo, tramite follow-up ogni paio d'anni, abbiamo notato che la soddisfazione matrimoniale era strettamente connessa al modo in cui la coppia aveva descritto la propria storia: avevano parlato con affetto del loro primo incontro, ne avevano ricordato i dettagli? Avevano rievocato e parlato amorevolmente delle ragioni che li avevano fatti innamorare del partner? Avevano parlato della loro vita insieme con un senso "del noi" (usando *noi* anziché *io*)? Come avevano descritto i momenti difficili e i conflitti passati? C'era la sensazione che potessero e volessero unirsi per superare le sfide?

Quando abbiamo chiesto a George e Marianne di descrivere un periodo impegnativo, hanno subito avuto una storia da raccontarci. Era accaduto subito dopo il loro matrimonio e l'unione dei due nuclei familiari. George era un abile addetto alle vendite e per avere spazio per la loro famiglia allargata avevano appena comprato una casa più grande, sbilanciandosi un po' dal punto di vista finanziario. Un giorno, poco dopo che si erano sposati, George era andato al lavoro e il suo capo lo aveva trascinato in una riunione: "Sto per riorganizzare le cose e voglio che diventi commesso viaggiatore", gli aveva detto. "Ti sto facendo avere un grande, nuovo territorio. Questo potrebbe comportare un significativo aumento di stipendio se farai del tuo meglio. Congratulazioni!"

Seduto lì nell'ufficio del suo capo, George non aveva la sensazione che gli stesse facendo le congratulazioni. Non gli sembrava affatto una cosa positiva. Lo aveva compreso immediatamente: non era ciò che voleva. Aveva risposto che avrebbe rifiutato la promozione. Il suo capo era scioccato e gli aveva detto che quello era il suo nuovo lavoro, perciò prendere o lasciare.

"Va bene, lascio", aveva affermato George, "mi licenzio".

Era tornato subito a casa, era entrato e aveva annunciato alla moglie: "Ho dato le dimissioni al lavoro".

La sua reazione? Era andata in panico.

"Tu hai fatto *cosa*?", aveva gridato. Erano sposati da meno di un mese. I ragazzi andavano a scuola, c'era l'università da pagare, un mutuo ancora più costoso. "Perché lo hai fatto? Non ne avresti dovuto parlare prima con me? George, non riesco a crederci!"

"Sì, l'ho fatto", aveva risposto lui. "Dovevo farlo. Ho semplicemente capito: sono a un punto della mia vita in cui non è questo che voglio. Ho fatto il lavoro itinerante. Ho fatto l'errore di anteporre la mia carriera al mio matrimonio e non ha affatto funzionato. Ora sono sposato con una persona che amo e dalla quale non mi voglio allontanare. Non mi voglio allontanare da te né dai nostri figli."

Marianne si stava ancora riprendendo dalla notizia... ma capiva.

"Be', okay" aveva detto. "Dovremo dirlo ai ragazzi."

Quando ebbero riunito i figli e comunicato loro la notizia, il figlio maggiore di George era intervenuto con un suggerimento: "Papà, perché non fai qualcosa di concreto? Ti offri sempre volontario per fare attività di motocross. Lo adori. Perché non apri una pista tutta tua?".

George ci aveva riflettuto su e aveva detto che ci avrebbe provato se tutti avessero dato una mano. I ragazzi si erano detti d'accordo. E lui si era messo all'opera. Aveva fatto richiesta per un prestito e aveva aperto un negozio e una pista di motocross. Vendevano bici, offrivano lezioni, facevano riparazioni. L'attività funzionava, era un successo. Quando la coppia è arrivata al laboratorio qualche anno più tardi, George la gestiva ancora; i figli adolescenti, che erano studenti universitari, lavoravano ancora alcune volte al negozio. E George e Marianne erano una coppia affiatata, molto solida. Condividevano lo stesso umorismo, emerso immediatamente durante l'intervista orale: quando abbiamo chiesto loro come si erano conosciuti e che cosa li aveva attratti reciprocamente, George ha detto: "Oh, be', io sono stato attratto da subito... dal suo sedere". E Marianne è scoppiata a ridere. Lui ha proseguito: "Poi, chiaramente l'ho conosciuta... ho capito subito che l'avrei sposata".

Quando abbiamo chiesto loro di raccontarci di un periodo in cui hanno superato un conflitto ci hanno raccontato la storia di prima. Tuttavia, la cosa divertente della loro storia è il fatto che *non ci sia stata* una grande litigata. Ci sarebbe potuta essere: nel momento in cui George era rientrato a casa e aveva annunciato di aver lasciato il lavoro senza consultare la moglie sarebbe davvero potuta andare diversamente. Ma in quel momento di crisi, sono andati *dritti* ai loro sogni. George sapeva quello che voleva e quello che non voleva, e lo aveva espresso.

Durante l'intervista Marianne si è girata verso di lui e gli ha detto: "Ancora non riesco a credere che tu lo abbia fatto così rapidamente. Non eri spaventato?".

"Certo che ero spaventato" ha risposto lui. "Ma sapevo che sarebbe andato tutto bene. Insieme a te posso fare qualsiasi cosa."

Quali sono i sogni all'interno del vostro conflitto?

Provate l'esercizio sottostante insieme al vostro partner per andare più in profondità in uno dei vostri conflitti. C'è un bagaglio di conoscenze reciproche che si possono acquisire, che possono realmente cambiare la relazione e la vita, se si è in grado di accedervi.

Scegliete un problema bloccato o perpetuo da discutere. Se avete bisogno di aiuto per decidere che cosa scegliere, date uno sguardo alla lista che abbiamo stilato qui di seguito e vedete se qualcuna delle voci colpisce nel segno. Per quanto le coppie possano trovarsi in una situazione di stallo per qualsiasi argomento e i problemi perpetui possano assumere diverse forme, esistono alcune aree problematiche comuni sulle quali molte coppie si trovano in conflitto. Sceglietene una o, se preferite, ciascuno può scegliere un argomento e potete svolgere il procedimento due volte.

I problemi perpetui potrebbero avere origine da differenze in queste aree:

- Ordine e organizzazione in casa.
- Educazione dei figli, compresa la divisione della cura, la disciplina, severità *versus* dolcezza ecc.
- Frequenza sessuale ottimale.
- Stile amoroso privilegiato (per esempio, un partner considera il sesso come una strada per l'intimità, mentre l'altro ha bisogno dell'intimità come prerequisito per il sesso).
- Avere a che fare con la famiglia allargata (si desidera una maggiore indipendenza o una maggiore vicinanza alla famiglia?).
- Gestione delle finanze (un partner è maggiormente conservativo e si preoccupa se non si risparmia; l'altro è più spendaccione e apprezza il fatto di vivere alla giornata).
- Divisione delle faccende domestiche (per esempio, un'equa divisione del lavoro *versus* un assetto più tradizionale).
- Socializzare e relazionarsi con gli amici e con la comunità (estroversione *versus* introversione).
- Fedeltà all'interno della relazione (cosa significa essere reciprocamente fedeli?).
- Bisogno di divertimento e avventura.
- Ambizione e attribuzione di grande importanza al lavoro (un partner è più orientato al lavoro e al successo in quell'ambito rispetto all'altro).
- Religione.
- Desiderio di indipendenza (un partner potrebbe desiderarne di più).
- Valori fondanti (ci sono delle differenze significative in ciò che vi importa maggiormente e a cui date la priorità nella vita?).

Che cosa non è presente in questa lista? Ci sono delle differenze di personalità, modi di vivere, valori o credenze sul modo in cui le cose dovrebbero essere che sono emerse nei vostri conflitti? Aggiungetele qui:

____

____

____

____

____

____

____

Poi, trattate questo problema utilizzando le seguenti linee guida:

La vostra missione: Lavorare su un conflitto bloccato o perpetuo aiutando il vostro partner a comprendere i sogni, la storia, le credenze o i valori alla base della vostra posizione sulla questione.

Il compito dell'oratore: Il vostro compito è quello di parlare in maniera onesta dei vostri sentimenti e delle credenze concernenti la vostra posizione sulla questione. Esplorate cosa significa per voi questa posizione, quale sogno potrebbe esserci alla base. Parlate delle origini di questo sogno o di questa credenza: da dove deriva e che cosa rappresenta? Dovete essere chiari e onesti. Che cosa volete *veramente*? Perché questa questione è importante per voi? Cercate di far sì che il vostro partner comprenda.

- Non argomentate e non cercate di persuadere il partner circa la validità del vostro punto di vista; spiegate semplicemente la vostra visione delle cose. Rendete noti al partner tutti i pensieri e i sentimenti alla base della vostra posizione sulla questione.

- Potreste voler dare uno sguardo alla lista a p. 190 per avere un esempio di sogni che le persone a volte hanno (o hanno perso) che potrebbero essere alla base del vostro punto di vista sulla questione.

Il compito dell'ascoltatore: Il vostro compito in questo caso è quello di far sentire il partner sufficientemente sicuro da dirvi cosa sta alla base della sua posizione sulla questione: una sua credenza, un sogno o una storia. A tal fine, *ascolterete* come farebbe un amico. *Ponete le domande* elencate nella pagina successiva come esempio di domande per "l'acchiappasogni" (tocca a voi!) che possono aiutare il vostro partner a esprimere il suo punto di vista. Tentate di *sospendere il giudizio*: il vostro compito non è quello di valutare o analizzare la storia del vostro partner ma solamente di ascoltarla.

- Non cercate di arrivare a una soluzione. È decisamente troppo presto. Prima bisogna che poniate fine al contrasto dei sogni e che diventiate amici anziché nemici. Cercate di comprendere il senso del sogno del vostro partner. Siate interessati!
- Realizzate che l'obiettivo non è risolvere questi problemi. L'obiettivo è quello di passare dallo stallo al dialogo e di comprendere, in profondità, il punto di vista del partner.
- Non esponete il vostro punto di vista. Semplicemente ascoltate e fate domande.

La conclusione: Non è auspicabile avere il tipo di relazione in cui si vince e si influenza la relazione ma si finisce per distruggere il sogno del partner. È desiderabile il tipo di relazione in cui i sogni di entrambi vengono supportati. Se i vostri sogni sono collegati, tanto meglio.

Venire a capo della conversazione sui sogni

Qui di seguito trovate qualche appunto sugli stili conflittuali e sul modo di gestire con successo questa conversazione a seconda del vostro stile conflittuale e di quello del vostro partner:

- *Suggerimenti per gli evitanti:* Potreste essere riluttanti ad affrontare questa conversazione. Sarà molto utile avere la sensazione che l'ascoltatore non reagirà negativamente alle vostre risposte ma al contrario assorbirà le informazioni e imparerà da esse. È possibile aiutare un individuo evitante ad aprirsi facendo davvero proprie le istruzioni rivolte agli ascoltatori: ascoltare come farebbe un amico. Sospendere il giudizio. Non intromettersi e non interrompere. Come per tutti gli stili conflittuali, ma soprattutto per gli evitanti, il senso di sicurezza durante questa discussione è imprescindibile.

- *Suggerimenti per i validanti:* I validanti solitamente hanno minori difficoltà con questa conversazione, si devono solo ricordare di concedersi reciprocamente molto spazio per rispondere e di non passare troppo in fretta alla persuasione. Ricordate l'obiettivo: imparare a conoscersi per avvicinarsi. Non si sta ancora passando alle soluzioni, è decisamente troppo presto. Ricordatevi di rimanere nel momento presente, nella fase di esplorazione, fino a che non avrete affrontato le domande in modo approfondito. Se dovessero sopraggiungere delle ipotesi di soluzione o di compromesso, allontanatele per il momento.

- *Suggerimenti per gli esplosivi:* Potreste avere maggiori difficoltà a non interrompere il partner o a esprimere il vostro punto di vista nel bel mezzo delle domande dell'acchiappasogni. È possibile che proviate delle emozioni negative scatenate dalle risposte del partner e sentiate l'impulso di interromperlo: tendete a esplorare le emozioni con una modalità di discussione botta e risposta, invece, per questo esercizio, c'è bisogno di fare pratica con *l'attesa e l'ascolto.* È difficile! Ma il vostro compito è quello di resistere alla tentazione di interrompere e dibattere o persuadere. Bisogna attendere che sia voi sia il vostro partner abbiate avuto la possibilità di rispondere in profondità a queste domande, senza interruzione.

Il fatto che questa sia sostanzialmente una intervista, in cui si procede lungo la lista, si pone al partner una intera sequenza di domande e non si esprime in alcun modo il proprio pensiero, potrebbe inizialmente risultare strano. Ma noi lo consideriamo il più grande regalo insito in questo esercizio. Quando si è nel mezzo di un litigio, c'è *molta* botta e riposta. C'è discussione. C'è contestazione. Al contrario, questo formato crea un sacco di tempo e di spazio. Le persone possono esprimersi senza dover gestire la risposta del partner. Senza *litigare.*

Un'ottima tattica, se si hanno problemi a evitare la persuasione e ad ascoltare semplicemente, è quella di prendere appunti. Sul serio! Tirate fuori una penna e un foglio e scrivete le risposte del partner. È un modo semplice per far sì che vi concentriate solo su ciò che il partner sta dicendo e non facciate quello che il cervello umano tende a fare, cioè formulare una risposta.

Ultimo suggerimento: non abbiate fretta

Avrete probabilmente notato che all'interno delle istruzioni per questo esercizio non si è ancora arrivati alla parte delle soluzioni o del compromesso. Ci si arriverà! In effetti, è il prossimo punto. Ma abbiamo notato che la comprensione del problema a un livello più profondo rende il compromesso molto più facile da raggiungere e molto più efficace. Il nostro motto è: *la comprensione deve precedere la risoluzione.*

Ora, una volta che i sogni sono stati esplicitati, c'è chiaramente ancora del lavoro da fare per realizzarli. Che cosa accade se si svelano i sogni e sembrano essere opposti?

A volte accade che i sogni opposti possano significare la fine di una relazione, come nell'esempio trattato precedentemente in cui un partner vuole dei figli e l'altro no. Ma più spesso c'è spazio per entrambi i sogni. Non è necessario avere lo stesso "grande sogno della vita" per avere una relazione meravigliosa, appagante e riuscita. Quando ci siamo conosciuti, il sogno di Julie era di portare un gruppo di donne sull'Everest, oltre il campo base e fino a 5600 metri, e di vivere una vita avventurosa con molte esplorazioni nella natura. Invece il sogno di John era di creare delle equazioni differenziali non lineari delle relazioni umane, preferibilmente seduto su un accogliente divano, di fronte al camino e con una gigantesca pila di libri nelle vicinanze, *non* di addormentarsi su delle rocce in cima al mondo dove non c'è ossigeno. Eppure, trentacinque anni dopo, siamo qui: ed entrambi sentiamo che i nostri sogni sono stati onorati.

Il prossimo passo sarà quello di trovare una strada futura che faccia spazio a entrambi i vostri sogni. Ma per ora rimanete qui nella fase di esplorazione e scoprite il più possibile dei rispettivi sogni. Più ne sapete, meglio andrà la prossima fase.

Lista di domande e di sogni

ESEMPI DI DOMANDE Per l'acchiappasogni (l'ascoltatore)	**ESEMPI DI SOGNI** Per l'oratore di sogni
❑ Che cosa ne pensi di questa questione?	❑ Avere una percezione di libertà
❑ C'è una storia dietro?	❑ L'esperienza della pace
❑ Questa questione si collega in qualche modo al tuo contesto di provenienza?	❑ Unione con la natura
❑ Dimmi perché questa cosa è così importante per te.	❑ Esplorare chi sono
❑ Questo si collega a qualche credenza o valore?	❑ Avventura
❑ Il tuo contesto e la tua storia infantile sono connessi alla tua posizione sulla questione?	❑ Un viaggio spirituale
❑ Perché questo problema è così importante per te?	❑ Giustizia
❑ Che cosa provi rispetto a questa questione?	❑ Onore
❑ Quale sarebbe il tuo sogno perfetto rispetto a questa questione?	❑ Unione con il mio passato
❑ C'è uno scopo o un obiettivo più profondo per te sotteso a questa questione?	❑ Conoscere la mia famiglia
	❑ Diventare tutto ciò che sono in grado di essere
	❑ Avere una percezione di potere
	❑ Affrontare il fatto di invecchiare
	❑ Esplorare un lato creativo di me stesso
	❑ Diventare più potente
	❑ Superare ferite passate
	❑ Diventare più competente
	❑ Chiedere perdono a Dio
	❑ Esplorare una vecchia parte di me stesso che avevo perso
	❑ Superare un complesso personale
	❑ Essere più ordinato
	❑ Essere più produttivo
	❑ Un luogo e un momento semplicemente per "esistere"
	❑ Essere in grado di rilassarsi davvero
	❑ Riflettere sulla vita
	❑ Mettere in ordine le priorità
	❑ Finire qualcosa di importante
	❑ Esplorare il mio lato fisico
	❑ Essere in grado di gareggiare e di vincere
	❑ Viaggiare
	❑ Quiete
	❑ Fare ammenda
	❑ Costruire qualcosa di importante
	❑ Chiudere un capitolo della vita
	❑ Dire addio a qualcuno
	❑ Amare

Litigio #4

Lo stallo

Errore: gareggiare per vincere

Nella teoria dei giochi, "un risultato a somma zero" si verifica quando a una vittoria di un giocatore corrisponde una perdita esattamente uguale dell'altro giocatore. Il poker ne è un buon esempio; quante *fiches* perdi tu, tante ne guadagno io. Alcune situazioni sono effettivamente "a somma zero". Non c'è altro modo di giocare. Ma la ricerca ha scoperto che molte persone tendono a interpretare situazioni ricche di sfumature e complesse come "a somma zero" anche quando non lo sono (Meegan, 2010). Queste persone potrebbero essere predisposte, per qualche motivo, a considerare qualsiasi scenario, persino le relazioni di coppia, come un gioco a somma positiva o negativa. All'interno del conflitto, siamo tutti particolarmente vulnerabili a questo schema di pensiero.

Volete che il vostro partner lavi i piatti dopo cena; lui vuole rispondere a delle email urgenti di lavoro. Ha inizio un litigio su chi fa cosa in casa e sul fatto che il lavoro di qualcuno (quello del vostro partner) sembra sempre avere la precedenza sulle faccende domestiche; voi fate notare che avete lavato i piatti tutte le altre sere della settimana. Il vostro partner accetta di pulire ma è chiaramente stressato. Voi avete vinto; lui ha perso.

Il vostro partner vuole che i bambini vadano al campo estivo perché lui ci andava quando era bambino, voi volete risparmiare i soldi per alcune riparazioni urgenti in casa e il campo estivo è un lusso, non una necessità. Litigate, la situazione degenera, entrambi urlate e vi interrompete, diventate sopraffatti e sommersi e vi arrendete. Va bene, mandali. Metti i soldi su una carta di credito. Lui ha vinto, voi avete perso.

Volete parlare del fatto di trasferirvi più vicino alla vostra famiglia di origine, che vive dall'altra parte del Paese; il vostro partner pensa che sia una idea fallimentare in partenza in quanto lì ci sono meno opportunità di carriera, e il mercato immobiliare non è dei migliori, non è un buon momento per vendere e trasferirsi. Voi gli fate notare i vantaggi economici insiti nell'essere vicini ai nonni, che possono aiutarvi con i bambini, ma il vostro partner dice che "è fuori questione" e conclude la conversazione. Lui ha vinto, voi avete perso.

Punteggio finale? Siete sotto di uno, in negativo.

Spesso, si cerca di "vincere" in quanto si ritiene con tutto il cuore che la propria opinione sia quella giusta o l'unica. Sembra così ovvio, certo che dovresti lavare tu i piatti dato che sono io a occuparmi di tutto ogni sera! Certo che dovremmo tirare un po' la cinghia cosicché i bambini possano andare al campo estivo, è un'esperienza impagabile e se solo potessi spiegare un po' di più la questione, capiresti. È ovvio che non ci possiamo trasferire in questo momento, con questo mercato immobiliare. Cosa sei, fuori di testa?

Nella nostra mente siamo logici, neutrali, corretti, il nostro partner deve semplicemente essere persuaso a vederci chiaro. Perché dovremmo cercare di raggiungere un compromesso quando la sua posizione è così chiaramente errata o impossibile?

Se tu potessi vedere le cose a modo mio

Vince e Jenny, una coppia di sessantacinquenni, vivevano a Bellingham, nello Stato di Washington, una tranquilla cittadina universitaria a nord di Seattle, sullo stretto di Puget Sound. Avevano vissuto lì, nella stessa casa su una collina sopra il centro città, per quasi tutta la loro vita adulta. Vince era un pescatore professionista che spesso viaggiava lungo la costa verso l'Alaska per pescare granchi e halibut; Jenny faceva l'insegnante ma aveva smesso per crescere i figli. Ora i figli erano adulti e avevano le proprie vite, Vince era alle soglie della pensione ed entrambi sognavano che cosa fare in questo nuovo capitolo della loro vita.

Il problema era che sognavano cose *molto* diverse tra loro.

Vince aveva sempre desiderato viaggiare. Amava la sua vita con la sua famiglia a Bellingham, ma ora voleva vedere il mondo. Per anni aveva sognato di andare in pensione, di vendere la casa e di comprare una barca a vela, non quegli ingombranti pescherecci sui quali aveva trascorso la vita, gabbie mobili piene di granchi sul ponte sotto la pioggia gelida. Voleva una barca grande, splendida, un trenta piedi simile a una Catalina o a un Islander, con le cabine sottocoperta dove lui e Jenny potessero vivere e navigare in giro per il mondo.

Nel frattempo, anche Jenny nutriva un sogno per la loro pensione. Sognava di vendere la casa e di tornare a vivere nella fattoria della sua famiglia, nella bellissima vecchia fattoria di inizio secolo in cui aveva trascorso le estati da bambina e che aveva sempre considerato "casa". La fattoria apparteneva alla sua famiglia da generazioni e pur essendo stata a volte una fattoria funzionante e a volte semplicemente una casa, era sempre stata abitata e amata dalla sua famiglia, a partire dai suoi trisnonni fino ai suoi genitori, e ora, sperava, da lei e Vince. E dove si trovava la fattoria?

In Iowa.

Il problema era evidente.

Abbiamo conosciuto Jenny e Vince quando sono venuti a Seattle per un workshop della durata di un fine settimana. Quando sono arrivati, era da più di un anno che si stavano scontrando su questo argomento senza aver fatto alcun passo avanti verso un compromesso. Come potevano raggiungerlo? I loro sogni erano agli antipodi e nessuno dei due era disposto ad abbandonare la propria visione di come sarebbe andata la loro vita. A questo punto, quei sogni erano diventati parte di loro, un'intera vita per la quale avevano fatto progetti, di cui si erano innamorati e che non riuscivano a lasciar andare. Non esisteva "via di mezzo": non c'era l'oceano in Iowa; non c'era una fattoria di famiglia nel mezzo del Pacifico. Arrivati a questo punto, entrambi avevano quasi interamente rinunciato ai propri sogni. Il risentimento e l'amarezza erano radicati.

Eppure, non sembravano in grado di rinunciare al loro matrimonio. Avevano alle spalle molti anni positivi. Nel complesso, erano stati reciprocamente dei buoni partner, gentili e supportivi. Si erano impegnati molto e avevano dato tutti se stessi nel crescere bene i figli. Ma erano entrambi un po' addolorati: per tutto quel tempo avevano creduto di star lavorando verso una visione comune e veniva fuori che non era così. Ora, per la prima volta nella loro lunga relazione, passavano il tempo a litigare e queste liti erano intrise di risentimento e di disprezzo come mai prima. Avevano esaurito le scorte di buona volontà e di amicizia che si erano costruiti; erano appesi a un filo. L'amarezza trapelava in ogni interazione.

All'interno del workshop, quando abbiamo chiesto alle coppie di pensare a un conflitto rispetto al quale avevano delle difficoltà a raggiungere un compromesso, Vince e Jenny non avevano avuto problemi a scegliere l'argomento. E ci si erano gettati a capofitto. Abbiamo notato che quando le coppie sono fortemente in disaccordo su qualcosa, possono facilmente dare vita a un conflitto acceso, sia che siano a casa da soli, o in un laboratorio con degli elettrodi in testa e delle telecamere puntate addosso o in una sala conferenze con altre milleduecento persone.

JENNY: Dobbiamo approcciare la questione logicamente.

VINCE: (*sbuffando in modo sarcastico*) Oh, *logicamente*, di certo una tua grande abilità.

JENNY: (*ignorando il sarcasmo per il momento*) Sì. Devi pensare alla questione in modo pratico. Stai parlando di correre un rischio enorme. Non hai mai fatto questo tipo di navigazione. Pescare i gamberi con un intero equipaggio non è la stessa cosa! Non ne sai nulla della navigazione in mezzo all'oceano. È una chimera, Vince! E stai tenendo in ostaggio le nostre vite per questo.

VINCE: Una chimera! Vado per mare da *trent'anni*. Pensi che non sappia cavarmela su una barca? Che mi sia comparsa quest'idea per un capriccio?

JENNY: No, ma...

VINCE: Per anni ho parlato di voler fare questa cosa, anni. "Sembra bello", hai sempre detto. Era una bugia?

JENNY: Vince, era come quando si dice: "Non sarebbe bello vivere sulla luna?". È un'idea folle! Non ho mai pensato che tu volessi realmente liquidare tutta la nostra vita e farlo!

VINCE: Ma va bene liquidare tutta la nostra vita e trasferirsi in *Iowa*? Sei tu quella che non sta ragionando lucidamente. Hai un'idea romantica dell'agricoltura: che cosa faremo, coltiveremo patate? Tutta questa storia è stupida.

JENNY: Ah, sono stupida. Stupida.

VINCE: Stai travisando le mie parole.

JENNY: Non lo capisco. Non so perché tu sia così egoista. Questo doveva essere il nostro momento per sistemarci, per parlarci, per avere un po' di confortevole tranquillità.

VINCE: L'ultima cosa che voglio in questo momento è della confortevole tranquillità. Suona al pari della morte.

JENNY: (*scuotendo la testa*) Mio Dio, sei così drammatico.

VINCE: Andiamo, cosa diavolo dovrei fare in una fattoria? Farò l'agricoltore? Siederò su una sedia a dondolo? Che cosa farò tutto il giorno? Ho lavorato su un peschereccio per quarantacinque anni e ora voglio fare qualcosa di divertente!

JENNY: (*amaramente*) Be', allora forza, vai a farlo se è questo che ti preme di più. Salpa. Salpa via da me.

A differenza della coppia dell'ultimo capitolo, qui non c'è alcun mistero su cosa stia alimentando il litigio, i sogni sono stati ben esplicitati! Ma questi sono talmente opposti da non riuscire a raggiungere un compromesso che non sembri una perdita enorme per uno o per l'altro partner. Sembra essere una evidente situazione a somma zero: se lei realizza il suo sogno, lui deve rinunciare al suo e viceversa.

Di conseguenza, entrambi si sono arroccati sulle rispettive posizioni, riluttanti, anzi incapaci di concedere terreno. Raggiungere un compromesso significherebbe perdere tutto a vantaggio del partner: *a somma zero*. Nessuno dei due può cedere.

Il grande problema di una dinamica "o vinci o perdi"

Nel 2010 John e il suo assiduo collaboratore Robert Levenson stavano portando a termine uno studio longitudinale della durata di vent'anni sulle coppie realizzato all'interno del laboratorio di Levenson presso l'Università della California, a Berkeley (Haase, Holley, Bloch et al., 2016). Lo studio aveva un formato simile ad altri che abbiamo condotto: le coppie venivano in laboratorio e si chiedeva loro di far emergere un motivo costante di conflitto e di discuterne. Registravamo l'interazione per quindici minuti. Poi li facevamo accomodare e mostravamo *loro* la registrazione. Guardavano la registrazione seduti di fronte a un pannello di controllo con una manopola di valutazione, muovendo la quale valutavano l'interazione momento per momento come positiva o negativa. Alcune coppie erano allineate la maggior parte delle volte, per cui quando un partner riteneva che

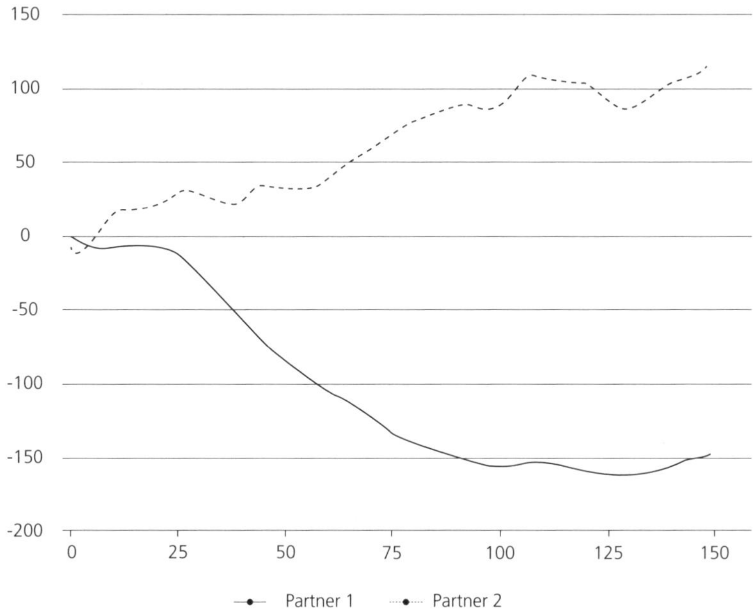

l'interazione stesse andando bene, la stessa cosa pensava l'altro. Ma c'era un'altra tipologia di coppie che mostrava la tendenza inversa: quando un partner valutava l'interazione in modo positivo, la valutazione dell'altro partner crollava. Al termine dell'esperimento, il loro grafico era uguale a quello in questa pagina.

Come si può notare dalle valutazioni di questa coppia, ogni incremento positivo da parte di un partner veniva matematicamente cancellato da un calo negativo da parte dell'altro partner. Abbiamo iniziato a chiamare queste coppie le nostre "coppie a somma zero": all'interno delle loro interazioni c'erano sempre un vincitore e un perdente. Il guadagno di un partner corrispondeva alla perdita dell'altro. Chiaramente, questa mentalità funziona alla perfezione nel poker, in cui lo scopo è quello di vincere *fiches*. Ma si sa che nelle relazioni, se una persona "vince" e l'altra "perde", accade che alla fine perdano *entrambe*.

Eravamo interessati a comprendere che cosa accada alle coppie a somma zero nel corso del tempo. Ma c'era un problema. Quando avevamo invitato, nel corso degli anni, le coppie a tornare in laboratorio per dei follow-up, molte delle coppie a somma zero non si erano presentate. Be', abbiamo pensato, forse l'esperimento per loro era stato troppo stressante e spiacevole e stavano semplicemente rinunciando. Ma quando li abbiamo contattati per conoscere la situazione, abbiamo scoperto che non si erano ritirati.

Erano morti.

Nello specifico, erano morti gli uomini. Il 58% dei mariti all'interno delle coppie a somma zero era morto durante i vent'anni dello studio, rispetto a solo il 20% all'interno delle coppie più collaborative.

Naturalmente questo fatto ha attirato la nostra attenzione. Abbiamo avviato un altro studio per comprendere la ragione alla base di questo fenomeno. Ecco ciò che abbiamo scoperto: all'interno delle coppie in cui erano presenti fiducia e cooperazione, il sangue di entrambi i coniugi scorreva più lentamente (Gottman, 2011). La loro frequenza cardiaca si manteneva più bassa e costante, non solo durante il conflitto ma *sempre*. Questo semplicemente giova alla salute complessiva, da un punto di vista molto elementare. Nelle coppie a somma zero, i coniugi avevano sperimentato un aumento significativo della frequenza cardiaca e dei livelli di ormoni dello stress. Questo tipo di reazione fisiologica al proprio partner ha un costo nel corso del tempo. La nostra conclusione? Un approccio a somma zero alle discussioni conflittuali aveva danneggiato non solo la loro relazione ma anche la loro salute. (Perché solo gli uomini? Riteniamo che le donne fossero maggiormente protette dagli effetti altamente stressanti del conflitto a somma zero per via del fatto che il corpo femminile, nei momenti di vicinanza e di connessione, produce ossitocina, che può neutralizzare la risposta allo stress.)

La conclusione in questo caso è che una dinamica a somma zero all'interno del conflitto non gioverà mai. Sfortunatamente, è una dinamica molto comune: delle quarantamila coppie che sono arrivate in terapia e che abbiamo valutato, l'84% delle coppie eterosessuali si stava confrontando con un'incapacità cronica di raggiungere un compromesso, con le coppie omosessuali maschili e femminili subito dietro con rispettivamente l'81 e il 78% (Gottman, Gottman, Cole, 2020). La logica a somma zero è una trappola in cui qualunque coppia può cadere durante le montagne russe di una discussione conflittuale.

In definitiva, quello che vogliamo è sostituire quel grafico a linee, in cui ogni guadagno di un partner equivale a una perdita dell'altro, con un modello matematico di conflitto differente: uno che mostri *un guadagno cooperativo*. In questa versione del grafico, gli alti e bassi del conflitto sono un'esperienza condivisa. Non si vede la valutazione di un partner crollare quando quella dell'altro aumenta. Si nota piuttosto una correlazione tra le due linee: le "vittorie" sono condivise e collaborative. Queste coppie hanno un'esperienza migliore del conflitto, un minore arousal fisiologico e una maggiore positività, e a lungo andare questo protegge non solo la loro relazione ma anche la loro salute.

Perciò, come ci si arriva? Come si arriva a una condizione di guadagno cooperativo anziché a una dinamica tossica a somma zero?

I dati provenienti dal laboratorio mostrano che le coppie più riuscite e quelle che funzionano meglio all'interno del conflitto sono quelle che riescono ad accettare *l'influenza* reciproca (Gottman, Coan, Carrère et al., 1998). Una scoperta controintuitiva dal Love Lab: se si vuole "vincere" all'interno del conflitto di coppia, è necessario concedere terreno.

"Cedere per vincere"

Esiste nell'aikido, un'arte marziale giapponese spesso definita "l'arte della pace", una filosofia di base chiamata "cedere per vincere" in cui si sfruttano l'energia e i movimenti del partner anziché combattere contro di lui. Se vi allenaste nell'aikido e vi muoveste verso il partner, non incontrereste nessun blocco fisico o resistenza; al contrario, il vostro partner si muoverebbe *con* il vostro slancio, unendosi al vostro moto in avanti e guidandovi nella direzione in cui sceglie di andare. Si è arreso a voi e nel fare ciò sta ora guidando l'azione.

Questa è esattamente l'energia desiderata nei litigi.

Si vuole consentire al partner di influenzarci, sia dentro sia fuori dal conflitto. Ci si vuole muovere *con* lui, non contro di lui. L'aikido insegna che non si può vincere se si tenta di forzare il partner, si brucerà soltanto energia. Lo scopo non è sopraffare il partner ma raggiungere un equilibrio. Lo stesso principio è valido all'interno delle relazioni romantiche. Sembra paradossale, ma più ci si lascia influenzare dal partner, più *si avrà* la capacità di influenzarlo. Chiaramente, nell'aikido si tratta di un'influenza di tipo *fisico*: muoversi insieme, rimanere centrati. Quando si parla di accettare l'influenza del partner all'interno di una relazione romantica, si intende una sorta di aikido emozionale: muoversi insieme, rimanere centrati, non tentare di sopraffare l'altro. Per essere chiari, "accettare l'influenza" non significa semplicemente cedere a qualsiasi cosa voglia il vostro partner. Significa essere aperti alle sue idee ed essere disposti a cambiare la propria prospettiva via via che si apprende maggiormente come il partner si sente e perché.

I nostri studi al Love Lab hanno rilevato che all'interno dei matrimoni eterosessuali gli uomini che permettevano alle mogli di influenzarli avevano nel tempo dei matrimoni più felici ed era significativamente meno probabile che divorziassero rispetto a coloro i quali resistevano all'influenza delle mogli (*ibidem*). Infatti, gli uomini che si rifiutavano di condividere il potere e il processo decisionale con le mogli avevano l'81% di probabilità di separarsi. È una percentuale alta!

Il focus in questo caso è sugli uomini per una ragione: a causa del processo di socializzazione e dei messaggi che si ricevono sulla mascolinità e sulla femminilità dal momento in cui si nasce, gli uomini tendono a fare più fatica delle donne ad accettare di essere influenzati. Persino oggi, gli uomini che sono consapevoli di questa dinamica culturale di genere, e che lavorano per rendere la propria relazione egualitaria, sono vulnerabili a questo condizionamento sociale profondamente radicato in base al quale essere influenzati e cedere terreno, in particolare a una donna, significa essere "deboli". Anche se non si crede ciò a un livello cosciente, questo messaggio culturale è codificato lì da qualche parte, come un programma informatico furtivo che si muove sullo sfondo.

Genere, sessualità e accettare l'influenza

All'interno delle coppie omosessuali notiamo che accettare l'influenza è più facile. John e il suo collaboratore Robert Levenson hanno condotto per più di un decennio uno studio osservazionale con ventuno coppie dello stesso sesso, noto come "Lo studio dei dodici anni" (Gottman, Levenson, Gross et al., 2003). Innanzitutto, hanno osservato che le coppie omosessuali sembravano avere una migliore capacità di fare autoironia: all'interno del conflitto tendevano a non prendere le cose così tanto sul personale come le coppie eterosessuali. Spesso inoltre erano più positive e ottimiste durante i litigi; era più probabile che utilizzassero l'umorismo e l'affetto, persino nel bel mezzo di un conflitto. E, insieme a ciò, si sono registrati livelli più bassi di arousal fisiologico, minor senso di sopraffazione. Ma forse l'aspetto più rilevante per il tema di questo capitolo è il fatto che fossero automaticamente più aperti all'influenza del partner. Erano molto meno sulla difensiva rispetto alle coppie eterosessuali e molto più inclini a ritenere che il partner potesse avere ragione.

Perché succede ciò? Be', ce lo siamo chiesti a lungo. Secondo l'ultimo sondaggio Gallup, solo il 7,1% (Gallup, 2022) della popolazione degli Stati Uniti d'America si identifica come gay, lesbica o transgender e molti di coloro i quali si identificano come LGBTQ crescono sentendosi isolati o soli. Forse, abbiamo teorizzato, quando trovano l'amore sono predisposti a essere maggiormente accoglienti. Un'altra possibilità è che questi individui potrebbero essere stati sottoposti a più difficoltà e rifiuti da parte della famiglia di origine, statisticamente in misura molto maggiore rispetto agli individui cisgender o eterosessuali. A causa di ciò, potrebbero avere più empatia nei confronti del dolore del partner e desiderare di alleviarlo accettandone l'influenza.

Qualunque sia la ragione, i dati hanno mostrato che le coppie dello stesso sesso provenienti dallo "Studio dei dodici anni", conclusosi nel 2003, erano molto più attente *a non dominarsi a vicenda*. Lo abbiamo notato in particolar modo con le donne: la maggior parte delle donne ha sperimentato, all'interno di questa cultura, misoginia e oggettificazione messe in atto tramite la dominazione maschile, la soppressione e l'oppressione. Le donne che hanno una relazione con altre donne non vogliono mostrare questa stessa dinamica con il partner, perciò potrebbero farsi in quattro per evitarlo. Lavorando a livello clinico con le coppie, abbiamo osservato che le coppie lesbiche a volte finiscono per parlare a vuoto pur di non sopraffare il partner; nessuno vuole prendere una decisione ed essere il più influente. (Julie ha avuto una coppia che scherzava: "Uno studio lungo dodici anni, eh? Ci vorranno dodici anni per decidere dove andare a cena stasera!".)

Alcuni uomini all'interno di relazioni eterosessuali sostengono: "Ci dividiamo a metà la cura dei figli e le faccende domestiche, accettare l'influenza per me non costituisce un problema". Noi rispondiamo: le radici della misoginia sono profonde. Risalgono all'inizio dei tempi. Alcuni storici indicheranno delle culture, esistite nel corso della storia, all'interno delle quali le donne esercitavano più potere o che erano maggiormente egualitarie; tuttavia erano poche, rare, e persino dove il potere femminile esisteva, la misoginia coesisteva (Graeber, Wengrow, 2021). Le donne sono state storicamente ridotte in schiavitù durante le guerre, sono state vittime di violenza sessuale. Sono state vendute come schiave e come pedine politiche. Sono state considerate al pari di oggetti o di proprietà, valutate in base alla loro presunta fertilità e all'abilità di produrre eredi. Le loro voci sono state universalmente soppresse. Fino alla metà degli anni Settanta, una donna non poteva ottenere una carta di credito senza il permesso del marito; oggi le donne si scontrano ancora contro il soffitto di cristallo, guadagnando ottantuno centesimi per ogni dollaro guadagnato da un uomo. E da una su quattro a una su tre donne è vittima di stupro, ma ipotizziamo anche di più, visto che molte donne non denunciano. Il mondo è semplicemente un posto più pericoloso per le donne che per gli uomini: per una donna la probabilità di essere aggredita nell'arco della vita è pari al 40%. Per gli uomini al 9%.

Le donne hanno una relazione particolare con l'emozione della *paura*; per millenni, gli uomini sono stati i protettori e gli aggressori, mentre le donne erano quelle che rimanevano vigili. È possibile notarlo nei nostri cugini primati, con le femmine che si prendono cura dei propri piccoli all'interno di un cerchio, così da poter mantenere una visuale a trecentosessanta gradi su qualsiasi pericolo in avvicinamento. Per migliaia di anni, un'accentuata consapevolezza della minaccia e del pericolo è stata imprescindibile per la sopravvivenza femminile e questa eredità persiste. Per esempio, le donne tendono a necessitare di un senso di sicurezza per poter considerare erotica una situazione. "Le donne hanno bisogno di una ragione per fare sesso", ha affermato una volta Billy Crystal. "Gli uomini hanno bisogno solamente di un luogo." È una battuta, ma ha molto a che fare con la paura: per le donne, la sicurezza fisica e quella emotiva sono strettamente legate.

Tutto questo per dire: *l'influenza* e chi la possiede all'interno di una relazione non esistono in un vuoto. Esistono delle pressioni evoluzionistiche, storiche e culturali che si manifestano all'interno dei conflitti, in particolare quando si tratta delle capacità di esercitare e di accettare l'influenza. Le ragazze e le donne, ed è così da migliaia di anni, percepiscono a qualche livello di essere apprezzate solo in base alle misure del corpo e al modo in cui si mantengono all'altezza degli standard giornalieri. Questa convinzione vive nelle ossa delle donne, che la percepiscono, la conoscono, anche se non sanno esattamente da dove provenga. Permea la nostra cultura. È la ragione per la quale chiediamo in particolare agli uomini di riflettere sulla propria capacità di farsi influenzare dal partner. È la ragione per la quale, quando svolgiamo i laboratori, John tratta dell'accettazione dell'influenza e di quanto ciò sia fondamentale. (Tutto questo bagaglio umano ancora oggi costituisce lo sfondo delle nostre relazioni.)

Julie ha notato, lavorando con le coppie dal punto di vista clinico, di trovarsi spesso di fronte a una sfida con le coppie eterosessuali nelle quali l'uomo è abituato ad avere il potere, o lo ha avuto per tutta la vita oppure è stato combattivo, ha lottato duramente per raggiungere un certo livello di influenza e di potere e non vuole perderlo. Alla base di tutto ciò, spesso c'è molta insicurezza riguardo alla propria mascolinità. Perciò, una cosa che facciamo è esplorare *cosa significhi per lui la mascolinità*. Questo significa distinguere tra l'essere *un dominatore* e l'essere *un protettore*.

Molti uomini nella nostra cultura hanno confuso le due cose. Ma cosa significa realmente essere un "protettore"? Uno dei compiti principali di un protettore nei confronti della donna che ama è quello di proteggere la sua umanità. Che forma assume questa protezione? Come si protegge l'umanità di una donna in questa cultura? Be', non si sa cosa ci sia alla base della sua umanità fino a quando non le si domanda: *Quali sogni hai? Chi vuoi essere? Come proteggo il tuo percorso verso la realizzazione dei tuoi sogni? Quali ostacoli devi affrontare e come posso aiutarti a eliminarli?*

Siamo spesso stati intervistati alla televisione e alla radio e l'intervistatore finiva per essere evidentemente di parte verso l'autorità di John, mentre snobbava l'analoga competenza di Julie. In un programma, l'intervistatore ci aveva posto una domanda sul nostro lavoro clinico. Julie aveva risposto. Senza alcuna replica di alcun genere nei confronti di Julie, come se non avesse detto nulla, l'intervistatore si era girato verso John e aveva detto: "Dottor Gottman, lei cosa ne pensa?". (Da notare: siamo entrambi dottori, ma si è rivolto così solo a John).

John aveva risposto: "Ritengo che Julie abbia risposto alla sua domanda".

John quel giorno ha dimostrato di essere l'amorevole protettore di Julie. Stava proteggendo il diritto di Julie di essere a sua volta rispettata come una figura autorevole.

Fare davvero ciò, essere il protettore di cui una donna ha bisogno, può a volte essere in contrasto con le idee profondamente radicate che si potrebbero avere dal punto di vista culturale riguardo alla mascolinità. Per esempio, lei vuole tornare a studiare per prendere la laurea. Come protettore, ci si fa maggiormente carico della cura dei figli cosicché lei lo possa fare. Si entrerà nel ruolo di caregiver, recependo i bisogni dei bambini, occupandosi della logistica del pettinare i capelli e del preparare il pranzo. Domandiamo alle coppie che fanno fatica con i ruoli: questa è un'attività maschile o femminile? La riposta classica è "femminile" perché, tradizionalmente, questo tipo di caregiving viene codificato così. Noi sosteniamo che sia altrettanto "maschile" in quanto il marito la sta proteggendo come essere umano nel suo diritto di realizzarsi. C'è molto potere insito in ciò.

Quando nostra figlia aveva otto anni, John si è dimostrato ancora una volta l'eroico protettore di Julie. In che modo? Imparando a fare la treccia ai capelli ricci.

Fin dall'inizio del nostro matrimonio, Julie sognava di portare un gruppo di donne al campo base del monte Everest e ancora più in alto. John, perfetto pantofolaio, era molto preoccupato per la sicurezza di Julie, ma comprendeva quanto fosse importante per lei quel sogno. Così appoggiò la sua decisione di andarci. Ma questo significava anche prendersi cura da solo della figlia, per un mese intero! Per la prima volta, John imparò a fare la treccia ai lunghi e poco collaborativi capelli ricci di Moriah. Era un compito arduo, ma John dimostrò di esserci piuttosto portato e, ogni mattina, per ventotto giorni, con pazienza pettinò i capelli di sua figlia e realizzò quella treccia!

Un altro esempio che ci riguarda molto da vicino: quella stessa figlia è cresciuta, si è sposata e ha recentemente avuto un bambino, il nostro primo nipote. Lo sta nutrendo con il suo latte, il che, come sa chiunque abbia allattato, è molto faticoso. Dato che ha bisogno di molto riposo per produrre la quantità di latte necessaria, il marito fa il turno di notte con il bambino. È lui che si alza più volte per notte, riscalda del nuovo latte dal frigorifero e nutre il piccolo seduto su una sedia a dondolo cosicché la moglie possa dormire. Lo ho fatto tutte le notti fin dalle prime settimane di vita del bambino, che sono state molto pesanti per lei, perché non si stava riposando abbastanza e la riserva di latte stava diminuendo. Perciò quando Moriah ha detto al marito: "Ho bisogno che le cose siano organizzate in modo diverso", lui cosa ha fatto? Ha accettato la sua influenza; ha cambiato le sue aspettative riguardo al suo ruolo come padre; l'ha protetta sia fisicamente sia emotivamente garantendo il suo riposo notturno.

Ne parliamo, con il permesso di nostra figlia e di nostro genero, perché è difficile opporsi alle pressioni culturali e sistemiche. Le aspettative profondamente codificate riguardanti i ruoli di genere sono una forma di pressione che può rendere difficile, soprattutto per gli uomini in questa società, accettare l'influenza anche quando lo si dovrebbe fare. Ma chiunque di noi può faticare ad accettare l'influenza. E, paradossalmente, il rifiuto di accettare l'influenza è il modo principale in cui *si rinuncia* alla propria influenza.

Non fate la roccia!

Questa è la morale della favola per tutte le persone e tutte le coppie: quando non si può essere smossi o influenzati, *si perde tutto il proprio potere* all'interno della relazione. Se siete qualcuno che risponde sempre "no" a qualsiasi cosa il vostro partner voglia o proponga, diventate un ostacolo. Rappresentate un vicolo cieco per il partner. Non c'è nessuna nuova informazione lì, nessuna breccia verso una connessione e nessun modo collaborativo di andare avanti. Perciò, il vostro partner troverà un modo per aggirarvi. Se state facendo un'escursione su un sentiero e incontrate un grosso masso in mezzo al percorso, cosa fate? Cercate di ragionare con il masso, di convincerlo a levarsi dal sentiero? Certo che no, trovate semplicemente un modo per aggirarlo. Quando non si accetta di farsi influenzare perché non si vuole rinunciare al potere o al controllo all'interno di una situazione, si diventa il masso che il partner sta semplicemente aggirando. E così non si ha alcun potere. Non si ha alcuna influenza.

L'unico modo di avere potere in una relazione è essere capaci di accettare l'influenza. È solo quando c'è un reale dare e ricevere che una persona ha un effettivo potere. Ciò significa trattare il partner, le sue emozioni, i suoi bisogni e i suoi sogni con onore e con rispetto. Essere disposti a vedere le cose dal suo punto di vista. Essere disposti a mostrare flessibilità in determinate aree per assecondare i suoi bisogni e i suoi sogni. Questo ha implicazioni enormi per quanto riguarda la prontezza *del partner* ad ascoltare il vostro punto di vista e a mostrarsi flessibile per assecondare i *vostri* bisogni e i vostri sogni.

Quanto prontamente siete in grado di accettare l'influenza del vostro partner?

Come ciascuno di voi risponderebbe alle seguenti domande: generalmente vero o generalmente falso?

- Sono interessato a conoscere l'opinione del mio partner su una questione.
- Ascolto con curiosità il punto di vista del mio partner e faccio domande.
- Penso che il mio partner abbia molto buon senso.
- Imparo qualcosa dal mio partner persino quando siamo in disaccordo.
- Sono disposto a provare a fare le cose alla maniera del mio partner.
- Voglio che il mio partner si senta influente e rispettato all'interno di questa relazione.

Il gioco di Gottman della sopravvivenza su un'isola

Volete approfondire la dinamica dell'influenza? Provate a fare la seguente attività con il vostro partner. Può essere divertente e gettare luce su alcuni problemi comuni relativi all'influenza, aiutandoci a divenire consapevoli delle condizioni che ci portano a resistere all'influenza e a diventare rigidi e irremovibili. Lo chiamiamo "Il gioco di

Gottman della sopravvivenza su un'isola" e le regole di base sono semplici: avete fatto naufragio su un'isola e vi dovete mettere d'accordo su quali sono gli oggetti fondamentali di cui avete più bisogno per sopravvivere. Vi forniremo una lista di opzioni; voi e il vostro partner vi dovete mettere d'accordo su dieci oggetti essenziali presenti in questa lista.

Se iniziate questa attività e uno di voi diventa rapidamente critico nei confronti del partner o scivola in un atteggiamento autoritario, che suona come: "Lascia che risponda io a questa; lascia che lo risolva io; non sai di cosa stai parlando", allora provate a pensare: tendete a fare ciò anche durante il conflitto vero e proprio? Se è così, usate questo esercizio come "allenamento di influenza". Questo è uno scenario immaginario a basso rischio, il che lo rende un'ottima opportunità per sperimentare un diverso modo di essere aperti e disponibili ad assecondare l'energia di qualcun altro. Concedete al vostro partner più spazio e libertà d'azione per prendere le decisioni. Ricercate il suo contributo. Chiedete: "Tu cosa ne pensi?". Se non siete d'accordo con una delle sue scelte, seguitela comunque! Vedete che cosa si prova. Vedete se ciò cambia il modo in cui *il partner* reagisce ai vostri suggerimenti. Vedete se è possibile utilizzare questo esercizio per esplorare la dinamica di accettazione dell'influenza e del movimento sincrono, in stile aikido.

Ora immaginate che la vostra nave da crociera sia appena affondata nei pressi dei Caraibi e voi vi risvegliate da soli su un'isola deserta. Ecco lo scenario:

- Voi e il vostro partner siete gli unici superstiti.
- Uno di voi è ferito.
- Non sapete assolutamente dove vi trovate.
- Pensate che ci sia una qualche possibilità che qualcuno sia a conoscenza di quanto accaduto alla nave ma non ne siete certi.
- Sembra che stia arrivando una tempesta.
- Decidete di dovervi preparare a sopravvivere su quest'isola per un po' di tempo e di dovervi anche assicurare di essere notati da una squadra di soccorso.
- Ci sono alcuni oggetti sulla spiaggia provenienti dalla nave ma ne potete trasportare solo dieci.

La vostra missione è composta da tre fasi:

Fase uno

Ognuno di voi faccia un cerchio intorno a quelli che considera i dieci oggetti più importanti da tenere dall'elenco dell'inventario della nave qui di seguito. Poi ordinate in senso gerarchico gli oggetti a seconda della loro importanza: attribuite un 1 all'oggetto più importante, un 2 al secondo oggetto più importante e così via. Non esistono riposte giuste o sbagliate!

L'inventario della nave:

- Due cambi di vestiti
- Ricevitore radio AM/FM
- Dieci litri d'acqua
- Pentole e padelle
- Fiammiferi
- Pala
- Zaino
- Carta igienica
- Due tende
- Due sacchi a pelo
- Coltello
- Piccola scialuppa di salvataggio con la vela
- Crema solare
- Fornello e lanterna
- Corda lunga
- Due walkie-talkie
- Cibo liofilizzato per una settimana
- Un cambio di vestiti
- Una bottiglia di whisky
- Razzi
- Bussola
- Mappe aeree della regione
- Pistola con sei proiettili
- Cinquanta pacchetti di preservativi
- Cassetta di primo soccorso contenente penicillina
- Bombole di ossigeno

Fase due

Condividete la vostra lista con il vostro partner. Formulate insieme una lista concordata di dieci oggetti. Discutetene e lavorate insieme come una squadra per risolvere il problema. Entrambi dovete essere influenti nel trattare il problema e nel prendere le decisioni definitive!

La nostra lista concordata:

1. ....
2. ....
3. ....
4. ....
5. ....
6. ....
7. ....
8. ....

9. ....
10. ....

Fase tre

Quando avete terminato, valutate come è andato il gioco e rispondete insieme alle domande qui di seguito.

1. Quanto pensate di essere stati efficaci nell'influenzare il vostro partner?
2. Quanto pensate sia stato efficace il vostro partner nell'influenzarvi?
3. Uno di voi due ha tentato di dominare l'altro, eravate in competizione l'uno con l'altro?
4. Avete messo il broncio o vi siete ritirati?
5. Il vostro partner ha messo il broncio o si è ritirato?
6. Vi siete divertiti?
7. Avete lavorato bene in squadra?
8. Quanto eravate irritati o arrabbiati?
9. Quanto era irritato o arrabbiato il vostro partner?
10. Vi siete entrambi sentiti inclusi?

Se durante questo gioco avete avuto dei problemi ad accettare l'influenza e a divertirvi, parlate con il vostro partner di come una difficoltà nella condivisione del potere potrebbe emergere nei vostri conflitti e nella vostra vita insieme. Anche solo essere in grado di riconoscere che condividere il potere è faticoso per uno di voi o per entrambi, e assumersi la responsabilità di questa tendenza, è un enorme passo avanti.

Andando avanti: se vi accorgete di essere sulla difensiva, di essere rigidi, o riluttanti a condividere il processo decisionale in futuro con il vostro partner, domandatevi: Che cosa perderei in questa circostanza dando al mio partner maggiore influenza? Che cosa potrei guadagnare?

Guadagno collaborativo: verso un reale compromesso

Mentre stavamo scrivendo questo libro, abbiamo fatto un viaggio a cui tenevamo molto verso la punta settentrionale della Norvegia e poi su all'interno del Circolo polare artico. Era incredibilmente freddo e incredibilmente stupendo. John preferiva rimanere nell'accogliente cabina della nave, a godersi dall'oblò la vista delle rocce spoglie e del ghiaccio mentre si esercitava a suonare delle melodie irlandesi con il flauto; Julie, come sempre, era impaziente di esplorare il bellissimo paesaggio naturale. Ogni giorno faceva kayak o delle escursioni tra i ghiacci, ma sentiva la mancanza di John. Perciò, un giorno John aveva messo insieme tutto il suo amore per Julie e qualche strato caldo di vestiario in più e si era unito a lei in un'escursione.

Mentre ci stavamo preparando per cominciare la nostra escursione a terra, abbiamo notato un piccolo gruppo di kayakisti al largo. Il gruppo era diviso a coppie e stava pagaiando in tandem, cioè una persona stava seduta davanti all'altra e si occupava di mandare avanti il kayak; l'altra, seduta dietro, si occupava maggiormente di direzionare. Siamo andati molto in kayak in climi più caldi e sappiamo che il kayak in tandem richiede una buona dose di collaborazione e di buona volontà (proprio come in un litigio che si rispetti!). Abbiamo notato una coppia sul kayak più vicino alla riva. Stavano litigando ferocemente.

"Devi pagaiare più velocemente!", diceva la donna seduta davanti. "Non puoi semplicemente startene con le mani in mano come uno scemo mentre io mi occupo di tutto."

"Sto pagaiando", aveva riposto seccamente suo marito. "Sto tentando di virare intorno a quei blocchi di ghiaccio. Non è facile. Provaci tu."

"Sono occupata a pagaiare per entrambi."

"Non mi stai dando fiducia! Semplicemente pagaia dritto e calmati."

Erano spariti dietro a una sporgenza rocciosa, bisticciando per tutto il tragitto, in una conversazione intrisa di critiche e di insulti. Quando girammo intorno a un angolo di costa rocciosa, non restammo sorpresi da ciò che vedemmo: erano bloccati, il loro kayak biposto era incastrato su un pianale di roccia e ghiaccio.

"Non riesco ad avanzare. Spingi con la pagaia!"

"Non funzionerà! Ci incastreremo solo di più."

"Funzionerà, ci disincaglieremo, solo provaci. Sei tu che ci hai fatto rimanere bloccati quassù. Ascoltami per una volta."

"Chi ci ha portati dritti contro questo dannato iceberg? Non sono stata io! Ora afferra la roccia e spingi, dobbiamo andare in quella direzione."

"Vuoi rompere il kayak? È una pessima idea."

Alla fine, il responsabile della spedizione con il kayak ha dovuto richiamare tutto il gruppo di barche, ognuno si è dovuto dirigere verso il punto in cui il kayak era incastrato e tutti hanno dovuto dare una mano per tirare fuori dal ghiaccio la barca di quella coppia. Alla fine, tutto si è risolto. Nessuno si è fatto male. Ma la coppia in questione era rossa in viso, infuriata e si è rivolta a malapena la parola quando tutti gli escursionisti e i kayakisti sono tornati alla nave e sono rientrati nelle proprie comode e accoglienti cabine. Nell'osservarli mentre litigavano, è degno di nota il fatto che ognuna delle loro idee avrebbe probabilmente funzionato: se avessero spinto insieme con entrambe le pagaie, sarebbero scivolati in una direzione; se si fossero aiutati a vicenda a raggiungere lo scoglio e si fossero spinti nella direzione opposta, anche questo avrebbe probabilmente funzionato. Non c'era un modo giusto per liberarsi. Avrebbero potuto farlo come proponeva lei o come proponeva lui, avevano solo bisogno di essere più aperti all'influenza reciproca.

Avere influenza deriva dall'*essere* influenzati, e lo stesso accade per il guadagno cooperativo. Non c'è più la trappola del risultato a somma zero, in cui entrambi avete bisogno di vincere così tanto da rimanere bloccati sugli scogli. Vi disincagliate. Tutti vincono.

Ora, torniamo alla coppia di cui abbiamo parlato all'inizio del capitolo, Vince e Jenny. Quando li abbiamo lasciati, erano impegnati in una battaglia su chi avrebbe realizzato il proprio sogno una volta in pensione: lui o lei. I loro sogni erano agli antipodi, e ciascuno sentiva che se avesse ceduto anche solo un po' avrebbe rinunciato a qualcosa di fondamentale per la sua identità e per ciò che desiderava dalla vita. Non potevano raggiungere un compromesso, rischiavano di perdere troppo. E così erano bloccati, esattamente come la coppia sul kayak biposto. Avevano bisogno di una spinta per scendere dallo scoglio. E così ne abbiamo fornita loro una sotto forma di un intervento da noi denominato "Metodo Bagel".

Il Metodo Bagel ha lo scopo di aiutare le coppie in conflitto a trovare *un vero* compromesso: uno che vada bene a entrambi i partner. Offre un modo totalmente nuovo di approcciarsi ai "fatti" di un litigio. Consente ai partner di circoscrivere l'essenza fondamentale dei loro sogni, bisogni e obiettivi, e di eliminare le distrazioni inutili che si mettono fra i piedi. Consente a entrambi i partner di avere un'influenza senza pretendere che nessuno dei due rinunci a qualcosa di non negoziabile. E soprattutto, il Metodo Bagel mette a disposizione una grande quantità di spazio utile per realizzare entrambi i propri sogni.

OVALE DEL COMPROMESSO

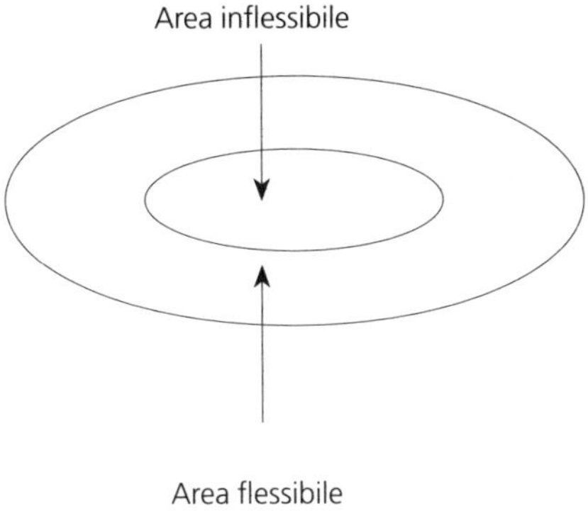

La mia area inflessibile o il mio bisogno essenziale su questa questione è:

Le mie aree maggiormente flessibili su questa questione sono:

L'intervento: il Metodo Bagel

Durante i primi tre litigi, continuavamo a dirvi di *rimandare la persuasione*. Be', non più! Ci siamo, finalmente. Siamo arrivati alla fase della persuasione.

Abbiamo denominato questa fase il Metodo Bagel, perché sembra letteralmente un bagel. Date un'occhiata all'immagine sopra.

Abbiamo chiesto alle coppie di fare questo semplice disegno su un foglio di quaderno. Poi abbiamo chiesto loro di fare due cose. Per prima cosa, identificare gli aspetti non negoziabili di questo sogno o obiettivo e scriverli nel cerchio interno. L'interno del bagel è la vostra area di inflessibilità, l'*essenza* dei vostri sogni o bisogni per quanto riguarda la vostra identità, chi volete essere, come volete vivere la vostra vita. È la cosa di cui non potete fare a meno per essere felici e completi e per avere una relazione riuscita. È la vostra categorica necessità.

Successivamente, pensate alla vostra area di flessibilità connessa a questa questione. Spesso si tratta dei dettagli pratici di *come* realizzerete questo sogno. Identificare che cosa per voi sia flessibile all'inizio può essere difficile; molti di noi si sono aggrappati a un sogno in maniera così decisa da sentirsi inflessibili su tutto, ma in questo caso, per interrompere l'ingorgo mentale, chiediamo alle persone di porsi delle domande simili a quelle che farebbe loro un giornalista al fine di carpire i fatti di una storia. Domande come:

- Quando?
- Dove?
- Quanto?
- Quanto spesso?
- Come comincerà?
- Quanto dovrebbe durare?
- Che cosa c'è nel mezzo?
- Che cosa c'è alla fine?

Nel momento in cui Vince e Jenny hanno iniziato questo esercizio, era da molto tempo che si trovavano nella situazione di stallo. Jenny era arrabbiata per tutte quelle volte, nel corso dei decenni di matrimonio, in cui le era stata portata via la possibilità di scelta, in cui aveva messo al primo posto suo marito e i bambini. E ora, a sessantacinque anni, aveva finalmente deciso: "Basta. Voglio vivere la vita a modo mio, per una volta". Nel frattempo, Vince era rimasto scioccato e spiazzato da questo atteggiamento di sua moglie, era qualcosa di nuovo e non gli piaceva. Il suo impulso era stato quello di rimanere fermo sulla sua posizione, aveva tentato di recuperare il terreno che temeva di perdere. Da sempre aveva assunto su di sé la responsabilità delle finanze e delle decisioni. Aveva portato quel fardello e gli era sembrato che sua moglie fosse contenta di lasciarglielo fare. Lei non aveva mai mostrato di apprezzare il fatto che lui se ne fosse occupato per tutti quegli anni.

Ma Jenny stava pensando a come *lui* non avesse mai mostrato di apprezzare tutto il lavoro che lei aveva fatto. Aveva fatto tutto per i bambini. Lui restava lontano per diverse settimane alla volta, in mezzo al mare di Bering, e lei era completamente sola a gestire la casa. Aveva abbandonato gli obiettivi di carriera che un tempo nutriva per mettere al primo posto la famiglia. Si era assunta, per decenni, il peso di pianificare e anticipare e di occuparsi dei bisogni di tutti.

Lei non aveva mai mostrato il proprio apprezzamento; lui nemmeno. Entrambi sentivano di essere dati per scontati rispetto a ciò che avevano dato alla famiglia. Entrambi sentivano di essersi già sforzati fin troppo. E questo era in gran parte il motivo per cui non riuscivano a raggiungere un compromesso: questa sensazione di *Io ho già rinunciato a così tanto.*

Sono venuti al nostro workshop credendo che la situazione fosse tutto o niente: il sogno di lui o quello di lei. Eppure, quando si è iniziato a seguire lo schema conflittuale, le cose hanno cominciato davvero a sbloccarsi. Nell'esercizio dei sogni all'interno del conflitto, hanno, per la prima volta, fatto a turno intervistandosi sui reciproci sogni. Hanno ascoltato l'altro parlare di cosa questa visione del futuro significasse davvero: per lui significava avventura… *insieme a lei.* Per lei significava vivere in un luogo significativo con una profonda connessione con il passato e con la sua famiglia… *insieme a lui.* Nessuno dei due voleva realizzare il proprio sogno se significava farlo senza il partner. Da questa posizione privilegiata, quando si erano trovati di fronte i propri "bagel" vuoti, erano riusciti a rilevare molta più flessibilità all'interno dei loro sogni rispetto a quanto erano stati in grado di notare in precedenza.

Ecco l'aspetto del loro diagramma, dopo aver completato l'esercizio:

Il cerchio interno di Jenny (inflessibilità): "Raccogliere l'eredità della mia famiglia vivendo nella fattoria."

Il cerchio interno di Vince (inflessibilità): "Sperimentare la libertà e l'avventura di navigare intorno al mondo."

Ma successivamente, questa era la cosa interessante, entrambi avevano identificato molte delle stesse potenziali aree di flessibilità, riassunte qui di seguito:

- Se vendere o meno la casa.
- Quale sogno ha la precedenza.
- Dove si va.
- Quando ha inizio la realizzazione del sogno e quando termina.
- Quanto dura.
- Se lo si fa part-time o full-time.
- Quanti soldi si spenderanno *versus* quanti se ne risparmieranno.

Vince e Jenny non avevano risolto tutta la logistica in un solo workshop della durata di un fine settimana, ma con questo esercizio avevano compreso che c'era molta più flessibilità di quanta erano stati in grado di notare in precedenza. Non si trattava in effetti di una situazione a somma zero, in cui uno doveva perdere e rinunciare al proprio sogno per accontentare l'altro. C'era spazio per entrambi i sogni, se tutti e due fossero stati disposti a essere flessibili.

Prima del termine del workshop, Vince e Jenny erano venuti da noi e ci avevano informato di aver deciso di fare entrambe le cose. Si sarebbero trasferiti alla fattoria per un anno e avrebbero vissuto lì; Vince avrebbe cercato un corso intensivo di vela da frequentare per poter colmare le sue lacune. E successivamente avrebbero cercato una barca da comprare e sarebbero andati per mare. Vince aveva riconosciuto il fatto di non voler probabilmente trascorrere i prossimi, diciamo, *trent'anni* vivendo su una barca; Jenny aveva ammesso che allontanarsi dalla fattoria in Iowa per qualche mese, magari in pieno inverno, sembrava piuttosto allettante. Non erano ancora sicuri se avrebbero venduto subito la casa di Bellingham o se l'avrebbero affittata, né dove sarebbero andati per il loro primo viaggio in barca, né quanto esattamente sarebbe durato. Forse avrebbero prima fatto dei viaggi più brevi per arrivare a uno più lungo. I dettagli stavano ancora emergendo. Ma per la prima volta da molto tempo, erano entrambi emozionati all'idea del futuro.

Ecco altri due brevi esempi di coppie che hanno utilizzato questo metodo con successo, così da poter comprendere il funzionamento interno del processo.

Coppia 1: pubblico versus *privato*

La situazione: Andrés, insegnante presso una innovativa scuola privata, vuole che suo figlio, che sta iniziando la quinta elementare, frequenti la scuola media dove lui lavora. La retta è piuttosto elevata, ma dato che lui insegna lì, la sua famiglia riceverebbe uno sconto significativo. Andrés aveva frequentato da bambino una scuola privata e vuole che suo figlio abbia la stessa opportunità di ricevere un'istruzione concreta ed elitaria. Moira, sua moglie, non la trova una buona idea: ha frequentato una scuola pubblica da bambina e ritiene che sia importante sostenere la comunità scolastica pubblica in quanto bene sociale. Inoltre, non si sente a proprio agio rispetto alla retta elevata e alla bolla di ricchezza e privilegio incarnata dalla scuola. Non riescono a raggiungere un compromesso. Lei vuole che il figlio continui a frequentare la scuola pubblica, che si trova proprio ai piedi della collina sotto casa loro e che lui potrebbe raggiungere a piedi; lui vuole che il figlio riceva la migliore educazione possibile. Inoltre, non vede davvero l'ora di avere suo figlio come studente e di andare a scuola insieme tutti i giorni.

Si siedono per usare il Metodo Bagel.

L'area di inflessibilità di lui: avere mio figlio come studente; far sì che nostro figlio riceva i vantaggi di questa scuola innovativa nella quale ho riversato la mia creatività e le mie abilità per creare un ottimo curriculum.

L'area di inflessibilità di lei: rimanere legati e impegnati con la nostra comunità e supportare l'educazione pubblica.

Aree di flessibilità: Andrés era flessibile riguardo alle attività extrascolastiche del figlio; Moira aveva realizzato che le sarebbe andato bene che il figlio frequentasse la scuola dove insegnava il marito se avessero potuto rimanere coinvolti in altri modi nella loro comunità locale. Ed entrambi avevano elencato qualcosa sulla linea di "Prendiamo in considerazione quello che vuole fare nostro figlio" come un'area di flessibilità.

Il compromesso: avevano parlato con il figlio e gli avevano esposto le opzioni; era indeciso ma alla fine aveva dichiarato che preferiva frequentare la stessa scuola del padre. Era d'accordo con sua madre di mantenere i contatti con i suoi amici e con la comunità del quartiere, così lo avevano iscritto a un doposcuola di calcio presso la scuola ai piedi della collina. Passato un anno, avrebbero considerato come stavano andando le cose e se tutti erano felici dell'accordo.

Coppia 2: Ginevra **versus** *Nigeria*

La situazione: lei viveva a Ginevra, lui viveva in Nigeria. Lei è caucasica, lui nero. Si erano conosciuti a un incontro di lavoro; lui si era recato a Ginevra per partecipare a un panel; lei era la relatrice seduta accanto a lui. Avevano flirtato, si erano trovati bene, avevano iniziato a uscire insieme. All'inizio era qualcosa di leggero e occasionale, lui era riuscito a ottenere altri viaggi a Ginevra e la chiamava quando era in città, ma si erano rapidamente innamorati. Lui le aveva chiesto di sposarlo. Lei aveva detto sì. E in quel momento avevano affrontato il discorso di dove vivere.

Il problema era emerso immediatamente: lei si era aspettata che lui si trasferisse a Ginevra. Lui aveva pensato che lei si sarebbe trasferita a Lagos. E per entrambi c'erano dei fattori a complicare le cose: i bambini.

Lui aveva due figli piccoli a Lagos e una famiglia allargata che faceva affidamento su di lui: nella cultura dalla quale proveniva, i figli adulti si prendevano cura dei propri genitori. Lui riteneva fortemente che lei si dovesse trasferire in Nigeria, lei aveva un unico figlio ed erano solo loro due. Ma suo figlio era autistico e aveva dei bisogni speciali e, dopo una vasta ricerca, lei non era riuscita a trovare una scuola a Lagos che potesse fornirgli il supporto di cui aveva bisogno.

Lei non poteva trasferirsi a Lagos ed essere la madre di cui suo figlio necessitava; lui non poteva trasferirsi a Ginevra ed essere il figlio di cui i suoi necessitavano. Si erano scontrati, incapaci di comprendere la ragione per cui l'altra persona non potesse cedere; i loro litigi erano diventati più frequenti e poi costanti. Il risentimento per la presunta testardaggine ed egoismo di ciascun partner trapelava in ogni aspetto della vita; la visione negativa si era abbattuta su di loro come una nuvola nera. Perciò si erano rivolti a noi.

Nel corso di numerose sedute di terapia, abbiamo lavorato sui sogni all'interno del conflitto e abbiamo scavato a fondo fino ai bisogni fondamentali. Sono arrivati a comprendersi reciprocamente a un livello davvero profondo. Lui ha colto, con grande empatia, l'amore e l'impegno di lei verso il figlio, il suo unico figlio, e alla fine ha capito che lei non poteva strapparlo all'incoraggiante comunità educativa che si erano creati a Ginevra. Sarebbe stato il più grande tradimento della sua missione di genitore: non dargli ogni risorsa possibile. Non aveva più la sensazione, come era accaduto inizialmente, che lei stesse "scegliendo suo figlio al posto suo". E si è resa conto dell'importanza che lui attribuiva al fatto di mostrare rispetto verso i suoi genitori e i suoi antenati. Era cresciuto in un piccolo villaggio molto unito, e doveva essere sicuro che, in quanto figlio maggiore, sarebbe stato presente per loro. Trasferirsi in un altro continente avrebbe rappresentato un enorme tradimento di ciò in cui credeva e della sua scala di valori nella vita.

Sono stati in grado di raggiungere l'essenza delle reciproche anime. Ciò che li alimentava come esseri umani. Ciò in cui trovavano il senso della vita.

Questa coppia aveva fatto molta strada per arrivare a questo punto e si erano quasi lasciati. Raggiunta questa comprensione, avrebbero facilmente potuto decidere che la relazione non avrebbe funzionato, anche se si amavano. E forse sarebbe andata bene così. Ma invece, da quella posizione di profonda compassione reciproca si erano impegnati a trovare una soluzione. Perché non fare qualcosa di non tradizionale? Avevano entrambi dei lavori che prevedevano molti viaggi e molta flessibilità, potevano usare questo fatto a loro vantaggio.

L'area di inflessibilità di lui: essere presente per i propri genitori secondo la tradizione della sua cultura.

L'area di inflessibilità di lei: assicurare a suo figlio la miglior istruzione possibile.

Avevano deciso che lei e suo figlio avrebbero passato metà dell'anno con lui a Lagos, portandosi dietro un tutor per garantire una stabilità educativa; il resto dell'anno, la coppia avrebbe vissuto separata e lui si sarebbe recato a Ginevra come facevano quando uscivano insieme. Questa organizzazione non funzionerebbe per tutte le coppie, ma loro due erano estremamente indipendenti ed entrambi erano convinti che per mantenere la relazione valesse la pena di affrontare i grattacapi logistici e la situazione abitativa non tradizionale. Alla fine, avevano fatto una cosa "in modo tradizionale": si erano sposati. E avevano organizzato due cerimonie: una a Lagos e l'altra a Ginevra.

Quando il litigio significa davvero la fine

Il Metodo Bagel si basa sull'accettazione dell'influenza e sul raggiungimento di un compromesso. Si arriva a comprendere: qual è il cuore pulsante del mio sogno? Qual è l'essenza del mio sogno? Non tutte le possibilità o gli aspetti logistici extra che si sono immaginati, ma la versione più essenziale di quello di cui si ha bisogno per sentirsi completi, per sentirsi se stessi, e per vivere la vita in modo autentico. E poi si tenta di essere flessibili intorno a ciò. Si consente ai bisogni, ai sogni e agli obiettivi del partner di influenzare il come, il quando, il dove e altri aspetti dello sviluppo di questi sogni.

Di solito, le coppie trovano questo procedimento molto utile e la stragrande maggioranza è in grado di far breccia nello stallo e andare avanti. Ma quando il sogno di una persona è l'incubo dell'altra, *e* quel sogno è l'essenza dell'identità, allora potreste dovervi separare.

Quando si riduce il proprio sogno al suo nucleo essenziale ed è ancora in diretta opposizione al sogno del proprio partner, quando tutta la flessibilità del mondo non renderà realtà entrambi i sogni, non c'è molto che si possa fare. Per esempio, quando i partner hanno sogni opposti rispetto al diventare genitori, come è avvenuto per John durante il suo primo matrimonio, non esiste compromesso possibile. Non si può avere mezzo figlio. Non si tratta di essere troppo rigidi, si tratta di essere fedeli ai bisogni della propria anima. Ma almeno ci si può separare sapendo di aver onorato se stessi e il proprio partner e che non è colpa di nessuno.

Se utilizzate questo schema conflittuale come abbiamo esposto finora in questo libro, esplorando insieme i problemi, ascoltando davvero e validando, analizzando i sogni all'interno del conflitto e completando l'esercizio in direzione del compromesso, e vi sembra *ancora* impossibile, come una enorme, dolorosa perdita, potreste essere costretti a domandarvi: *Quanto amo questa persona? Che cosa significa amare?*

A volte amare significa sacrificio. Questi compromessi non dovrebbero essere vissuti come una perdita d'identità, ma non saranno sempre facili. Per esempio, amo abbastanza il mio partner da lavorare meno e da rinunciare o rimandare una promozione che potrei ottenere cosicché il mio partner possa studiare? Lo amo abbastanza da trasferirmi lontano dalla mia famiglia per un'opportunità che rappresenta il suo sogno? Il mio partner farebbe o ha fatto la stessa cosa per me? Una vita intera con un'altra persona è una vita fatta di sacrificio e guadagno altalenanti, di dare e ricevere, a volte implica il fatto di portare il carico più pesante o di rinunciare a qualcosa per il bene comune dell'unità che voi due insieme rappresentate. E spesso, quando i partner fanno passi avanti nello schema conflittuale e tentano questo approccio al compromesso, sono in grado di acquisire l'utile consapevolezza del fatto che vale la pena questo determinato sacrificio, qualunque esso sia: che nel complesso, guadagnano molto di più di quanto non perdano. Possono essere sereni per il fatto di aver rinunciato a qualcosa a cui si erano aggrappati strenuamente, in quanto quando si allontanano e osservano il quadro generale, hanno molte più cose che contano.

Ma a volte, le coppie affrontano questo procedimento e realizzano che ci sono delle differenze inconciliabili nel modo in cui desiderano vivere le loro vite. I loro sogni non sono compatibili. I sacrifici sono troppo grandi. In quel caso, la scelta giusta potrebbe essere quella di andare avanti cosicché entrambe le persone possano avere la possibilità di vivere una relazione in cui i loro sogni *possano* essere onorati e realizzati. Quando si tratta di relazioni, persino quelle lunghe, "il successo" non sempre "è per sempre". Si può onorare se stessi e ciò che la relazione è stata, anche quando si comprende che le strade si devono separare.

Dalla somma zero all'equilibrio di Nash

Abbiamo iniziato questo capitolo parlando della dinamica a somma zero che può affliggere i nostri litigi, bloccandoci in una mentalità di vittoria o sconfitta che rende davvero difficile il compromesso. Nello studio della teoria dei giochi, e in particolare nel modo in cui si svolge all'interno della politica e dell'economia, è stato a lungo generalmente accettato il fatto che qualunque negoziazione in un conflitto sarebbe stata una situazione a somma zero, in cui la vittoria di una parte avrebbe sempre significato la perdita dell'altra. Ma negli anni Cinquanta il matematico John Nash propose un altro modello in cui "il gioco" che si sta svolgendo raggiunge un punto di stabilità nel quale nessuno dei due giocatori può fare di meglio, considerata la strategia dell'avversario (Nash, 1953). Si è giunti al risultato ideale per entrambi i giocatori. Si tratta di un modello matematico, ma si applica alle relazioni, nel senso che diventa il punto in cui *entrambi* i partner vincono all'interno di un conflitto: sono scesi a compromessi ma sono anche soddisfatti del risultato. Non possono fare di meglio quale che sia la circostanza che la vita presenti loro.

Eppure, un aspetto fondamentale da ricordare è che, all'interno delle relazioni, non si è avversari. Nel campo dell'amore, si raggiunge l'equilibrio di Nash non cercando di "vincere" per noi stessi, ma *pensando per due*. Questa è una delle abitudini fondamentali delle coppie veramente riuscite: invece di pensare *Cosa è meglio per me in questa situazione?* pensano *Cosa è meglio per noi?* I loro conflitti sono pervasi dalla sensazione che entrambi i partner alla fine abbiano a cuore i reciproci interessi anche se sono in disaccordo. In ultima analisi, è da qui che proviene la capacità di raggiungere un compromesso: *la fiducia*.

Che si stia parlando di chi lava i piatti alla sera, di come spendere dei soldi faticosamente guadagnati, se si debba considerare un importante trasloco, se trasferirsi in una fattoria in Iowa o navigare intorno al mondo, la conversazione si svilupperà in modo molto diverso a seconda del "parametro della fiducia". Mi fido davvero del fatto che tu stia pensando a ciò che è bene per me, mentre stai pensando a ciò che è bene per te? Mi fido del fatto che tu prenda in considerazione il mio punto di vista e gli attribuisca il medesimo peso? Mi fido del fatto che tu sia una persona che può e che effettivamente modificherà la propria posizione quando la situazione lo richiederà? Mi fido del fatto che ti importi dei miei obiettivi e dei miei sogni e che provi a realizzarli? Quando la risposta a queste domande è *sì*, è molto più facile essere flessibili e trovare un compromesso che venga vissuto come la cosa migliore per *entrambi*.

Nessuna di queste strategie funzionerà senza fiducia e impegno. Perciò, nelle coppie in cui la fiducia è stata danneggiata, ecco da dove cominciamo: dal ricostruire sia la fiducia sia l'impegno.

Nelle coppie in cui l'impegno è calato, si notano due significative avvisaglie: 1) ci si lamenta del proprio partner con altre persone anziché trattare con lui delle questioni importanti; 2) si minimizza ciò che si ha e si massimizza ciò che manca. I partner si guardano tutto il tempo intorno e pensano: "Potrei avere di meglio". Persino nelle coppie con un livello di impegno basso, se si domanda loro "Lei ama il suo partner?" risponderanno "Sì". Ed effettivamente si amano! Ma non c'è un reale impegno. Non sono coinvolti emotivamente. Non stanno pensando per due. Non c'è nessun *noi*. E ciò è alla base delle loro difficoltà e la ragione per cui si trovano nel nostro studio.

Quello che diciamo alle persone in questa situazione: *è* terrificante impegnarsi con qualcuno! Spesso si entra nelle relazioni come atto di fede. Spesso ci si impegna con qualcuno per l'eternità prima di conoscerlo veramente. E chiaramente, nel corso del tempo, le persone cambiano e crescono. Questa persona che si è sposata cinque, dieci, venti, quarant'anni fa non è più la stessa. Nel corso del tempo e durante i conflitti, si scoprono aspetti sorprendenti del partner. Sopraggiungono eventi nella vita che ci sottopongono a una grande pressione. Nessuno è perfetto, tutti abbiamo dei difetti. Ciò che significa davvero impegnarsi è il fatto di comprendere che, per quanto il vostro partner non sia perfetto (e va bene, magari è anche un po' matto riguardo a quella o a quell'altra questione), alla fine, nessuno potrebbe prendere il suo posto.

La buona notizia qui: in qualsiasi momento si può lavorare per ricostruire la fiducia e l'impegno. E tutto quello di cui abbiamo trattato in questo libro costruisce la fiducia. L'avvicinamento. Gli inizi morbidi. L'ascolto attento e la validazione reciproca. L'espressione di empatia. Il porsi reciprocamente domande aperte sia dentro sia fuori dal conflitto. L'esplorazione condivisa dei sogni. Nel corso del tempo, tutto questo costruisce la fiducia e l'impegno così come quella mentalità di pensare per due che è una mentalità di guadagno cooperativo. Ed è un loop di feedback positivi: più si utilizzano queste strategie, maggiore fiducia si costruisce; più ci si fida reciprocamente, più queste strategie di gestione del conflitto divengono facili.

Provateci!

Decidete con il vostro partner un'area di conflitto da affrontare. Potreste scegliere un problema risolvibile che è in stallo; oppure una questione sulla quale avete lavorato nel precedente capitolo, nel corso dell'attività dei "sogni all'interno del conflitto".

Successivamente, fate i seguenti passaggi:

- Prendete due pezzi di carta e create un "bagel" per ciascuno di voi, con un cerchio interno e un cerchio esterno molto più grande. Potete copiare l'immagine a p. 211.

- Nel cerchio interno elencate gli aspetti della questione sui quali non potete cedere. Questi sono gli aspetti non negoziabili: i vostri bisogni di base minimi, le vostre credenze, i vostri valori.

- Nel cerchio esterno elencate le vostre aree di flessibilità. Questi sono gli aspetti della questione sui quali, se poteste avere ciò che è presente nel cerchio interno, sareste in grado di raggiungere un compromesso.

■ Ora... parlatene!

- Condividete il vostro diagramma con il vostro partner e viceversa.
- Domandatevi a vicenda: *Perché gli aspetti presenti nel cerchio interno sono così importanti per te?*
- Ascoltate attentamente le risposte. Se ne avete bisogno, prendete appunti sulle informazioni che il partner vi sta offrendo.
- Domandatevi a vicenda: *Dimmi di più di queste aree di flessibilità. Cosa significa essere flessibili in questo caso?*

■ Lavorate a qualche possibile compromesso! Cercate di capire quali nuovi modi per andare avanti potete trovare usando queste "mappe" dei bisogni fondamentali e delle aree di flessibilità. Provate a rispondere alle seguenti domande:

- Su cosa siamo d'accordo?
- Quali sentimenti abbiamo in comune?
- In che modo potremmo realizzare questi obiettivi?

■ Infine, raggiungete un compromesso, anche se è un compromesso parziale o temporaneo che in seguito rivaluterete per capire se stia funzionando, ed esponetelo qui di seguito:

- Un compromesso che onori i bisogni e i sogni di entrambi è:

____

____

____

____

____

____

Litigio #5

L'abisso nella stanza

Errore: rimuginare sul litigio

Il passato non muore mai. Non è nemmeno passato.
WILLIAM FAULKNER

Durante il primo anno della pandemia, Molly e Selena sentivano di star bene. Erano passati mesi da quando erano entrate in lockdown per il Covid-19 con le due figlie piccole; entrambe le mamme lavoravano da casa e facevano a turno per andare a fare la spesa una volta alla settimana. Non avevano contatti di persona con le famiglie che erano solite frequentare ospitando i bambini per i pomeriggi di gioco e i pigiama party, ma se la stavano cavando bene, solo loro quattro. Sembrava che i matrimoni tutto intorno a loro stessero cadendo a pezzi a causa dello stress della pandemia e dell'improvvisa intensità di ritrovarsi a stare insieme ventiquattr'ore al giorno, sette giorni su sette, con scarsa tregua o privacy; alcuni dei loro amici, coppie che conoscevano da anni, a quanto pare stavano capendo di non piacersi poi così tanto. Molly e Serena si erano ritrovate a congratularsi a vicenda per quanto tutto stesse andando bene, relativamente parlando: *Ehi, guardaci, ci piacciamo ancora, molto! Wow, sta andando alla grande!*

Ma poi avevano litigato. Era stato un grande litigio.

Era scoppiato riguardo a chi di loro si sarebbe allontanata una mattina dal lavoro per aiutare le loro due figlie, di 5 e 7 anni, con l'apprendimento da remoto. La didattica a distanza si era rivelata difficile. Le bambine erano troppo piccole per autogestirsi, o anche solo per stare sedute davanti al computer per più di dieci minuti senza che una delle mamme fosse seduta accanto a loro, per mantenerle coinvolte, spiegando loro quei concetti che semplicemente non erano spiegabili con una riunione Zoom. E Molly si era fatta carico della maggior parte del lavoro; come grafica freelance aveva un lavoro più flessibile rispetto a quello di Selena, che doveva essere alla scrivania e online a orari specifici insieme al gruppo di attivisti con cui lavorava (era la program manager di un'organizzazione internazionale no profit). Ma Molly aveva fatto le ore piccole per rimanere al passo con il carico di lavoro, era esausta e non aveva abbastanza tempo per seguire i suoi progetti. Quella mattina, Molly aveva detto a Selena di aver bisogno della mattinata per lavorare: "Non puoi rimandare qualche riunione? Ho davvero bisogno di mettermi in pari. Ho seguito le bambine nelle attività scolastiche per lo più da sola".

"Molly, non posso farlo con così poco preavviso" aveva affermato Selena. "In ogni caso tu puoi fare queste cose più tardi, no? Non credo che esista un'emergenza grafica." Era andata in camera loro, che fungeva anche da ufficio, e aveva chiuso la porta.

Molly l'aveva seguita. Il litigio si era svolto lì dentro, tramite sussurri nervosi in modo tale che le bambine non sentissero, con la telecamera di Zoom di Selena spenta, l'audio silenziato e le persone che entravano nella sala d'attesa. Molly sosteneva che Selena stesse sminuendo il suo lavoro: no, non si trattava di un'operazione di salvataggio internazionale, ma era comunque importante, lo era per *lei*. Selena sosteneva che Molly si stesse comportando da bambina, piombando nel suo ufficio nel mezzo di una riunione. Erano volate accuse: *Sei egoista. Sei ingiusta. Non hai mai pensato che il mio lavoro fosse importante quanto il tuo. Non essere ridicola!*

Poi Molly, frustrata e in lacrime, era sbottata: "Forse ti interesserebbe di più della scuola delle bambine se fossi quella che le ha messe al mondo".

C'era stato un lungo silenzio. "Non posso credere che tu me lo abbia appena detto" aveva alla fine detto Selena. "Sono la loro madre esattamente come te."

"So che lo sei, non intendevo..."

"Devo iniziare questa riunione" aveva detto Selena. "Esci, per favore."

Più tardi, quella sera, Molly si era scusata per ciò che aveva detto. Ma era ancora infastidita dal modo in cui la moglie aveva liquidato il suo lavoro. Anche Selena si era scusata e aveva suggerito in futuro di creare un programma più chiaro rispetto a chi avrebbe aiutato con l'apprendimento a distanza. Ma era profondamente ferita da quello che Molly aveva detto sul fatto che lei non fosse la madre biologica delle loro figlie.

In apparenza il conflitto era risolto, avevano elaborato un programma concepito in modo da lasciare a Molly più tempo per lavorare. Ma qualche giorno dopo avevano litigato di nuovo, e poi ancora e ancora, riguardo a quello che si erano dette quella mattina. Nessuna delle due riusciva a smettere di rivangare i dettagli. Discutevano su chi avesse iniziato il litigio, su chi avesse subìto il torto maggiore, su chi avesse detto che cosa.

"Hai detto che sono una pessima madre" aveva detto Selena in lacrime durante un litigio a tarda sera.

"Non l'ho fatto!" aveva urlato di rimando Molly. "Non l'ho mai detto!"

"Mi fai sempre sentire come se non fossi davvero un genitore. Mi rinfacci la questione del parto. Tu sei la vera madre e io sono solo di accompagnamento. Lo hai reso molto evidente l'altro giorno."

"In che modo lo avrei fatto? Stavo solo chiedendo aiuto. Non puoi avere entrambe le cose, Selena, lasci che io mi assuma maggiori responsabilità come genitore e poi ti lamenti del fatto che non stai facendo di più il genitore. Cosa vuoi che faccia in questo caso?"

"Be', per cominciare, potresti smettere di rinfacciarmi la mia infertilità ogni volta che vuoi averla vinta."

"Di cosa stai parlando?"

"Sai quello che hai detto! Non le ho partorite, perciò non mi importa davvero, giusto?"

"Oh Dio mio! Sai cosa c'è? Sarei felice di fare meno la mamma cosicché tu possa farla di più. Cosa ne dici se io tornassi a lavorare a tempo pieno e tu stessi a casa? Non dureresti un giorno a casa con le bambine."

Molly e Selena sono bloccate, non sembrano riuscire a smettere di litigare sull'argomento.

Che cosa fare, arrivate a questo punto? Si amano e sono dedite alla famiglia. Ma sono state dette e poi ripetute cose dolorose, e se non possono affrontare quanto accaduto senza causare altri danni si troveranno su un cammino molto accidentato. E non sono le sole, questo scenario è molto comune. Tra tutte le coppie all'interno del nostro studio internazionale, dal 77 all'84% aveva riferito di non riuscire a riparare a seguito di un litigio. Molte coppie si trovano come Molly e Selena a domandarsi: *Perché non possiamo semplicemente andare avanti?*, quando, in realtà, questo è esattamente il problema.

Il grande errore: cercare di "andare semplicemente avanti"

Non importa quanto si desideri litigare bene, a volte ci si ferisce a vicenda. Gravemente.

Abbiamo parlato a lungo in questo libro dei lati positivi del conflitto, del modo in cui i punti di attrito possono trasformarsi in varchi per comprendersi meglio a vicenda e diventare maggiormente connessi, più intimi. E questo è vero, ci si può riuscire e vogliamo davvero che le coppie comprendano che il conflitto è una parte normale, inevitabile e spesso positiva della vita e dell'amore. Ma la realtà è che il conflitto può anche essere intenso e persino traumatico. Il conflitto è disordinato. *Noi* siamo disordinati. Siamo umani e ciascuno di noi si porta dietro il proprio pesante bagaglio, derivante dalla vita, dall'infanzia, dalle relazioni precedenti. Abbiamo dei fattori scatenanti che si attivano. Grandi emozioni che ci colpiscono alla gola, al cuore, allo stomaco, o in qualunque parte del corpo avvertiamo il fatto di essere sommersi. Spesso non sappiamo ciò che vogliamo o di cui abbiamo bisogno; non ci esprimiamo chiaramente, ci fraintendiamo a vicenda; diciamo cose che non pensiamo o le diciamo nel peggior modo possibile. C'è questo schema ideale che possiamo seguire per affrontare il conflitto, ma alle volte ci si perde lungo la strada. Ci si lancia una schiera di taglienti frecciate verbali, e alcune di queste vanno a segno, direttamente al cuore.

Tutte le coppie a volte vivono degli incidenti spiacevoli, in cui entrambi i partner si allontanano dopo un conflitto sentendosi arrabbiati, rancorosi, profondamente feriti, persino traditi dalle cose dette dall'altro. Succede a tutti noi. Succede ai maestri dell'amore. Ma ecco dove si sbaglia davvero: *nel non elaborare il litigio*. Non si è imparato come affrontare gli incidenti spiacevoli una volta che sono accaduti e perciò semplicemente non lo si fa.

Invece, ci si scusa troppo in fretta, prima di comprendere per che cosa ci si stia davvero scusando.

Si cerca di nascondere la questione sotto il tappeto. Quel litigio è stato pessimo, non ripetiamolo. Si è ancora arrabbiati, ma lo si tiene per sé.

Oppure si parla del litigio semplicemente per riprenderlo. Si è tornati al conflitto vero e proprio, in piena escalation. Uno spiacevole incidente diventa un ulteriore spiacevole incidente.

Nel corso del tempo, i litigi non elaborati creano un divario, o sotto forma di maggior conflitto o sotto forma di una minore connessione e di comportamenti di evitamento. L'intimità si guasta. Ciascuno erige muri, siete stati feriti, perciò ora vi proteggete. Potete essere seduti l'uno accanto all'altro nel nostro studio, ma a livello emotivo tra voi c'è un abisso grande quanto il Gran Canyon.

Le ferite emotive lasciate da un brutto litigio non si sanano da sole. Quando non si rimedia in seguito a un litigio dannoso, queste ferite perdurano. La negatività del litigio perdura. E nel corso del tempo, come una sostanza caustica, inizia a corrodere la connessione positiva tra i partner. È difficile rimanere legati, rimanere vicini quando si hanno delle ferite aperte, quando si sta ancora andando in giro con quelle frecce conficcate nel cuore. Quando si verificano gli incidenti spiacevoli, bisogna elaborarli e guarire da essi. Altrimenti, ci si porterà dietro il residuo di quel litigio per il resto della propria vita insieme.

Alcuni litigi durano per sempre… se non li si elabora

Quando negli anni Venti l'influente psicologa Bluma Zeigarnik era una studentessa che lavorava a un dottorato in Psicologia presso l'Università di Berlino e stava scrivendo la sua tesi sulla memoria, uno dei suoi professori menzionò qualcosa che aveva notato in un ristorante della zona. Il ristorante era noto per avere un personale di sala che non scriveva mai gli ordini, i camerieri erano in grado di ricordarli perfettamente, anche quelli di grandi tavolate con molti ospiti. Parlando con il suo cameriere, il professore aveva notato che egli ricordava in modo chiaro gli ordini dei tavoli che non aveva ancora comunicato allo chef, ma che una volta recapitato l'ordine non era più in grado di ricordarne i dettagli. Ciò sembrava sottintendere che "le faccende in sospeso", gli ordini non recapitati, rimanevano impressi nella mente del cameriere in maniera più vivida rispetto a quelli che aveva già portato a termine.

Zeigarnik decise di testare questa idea in laboratorio. Nel corso di una serie di esperimenti che coinvolsero 164 partecipanti, compresi studenti, insegnanti e bambini, condusse le persone in laboratorio una alla volta e diede loro una semplice consegna: *Completate questa serie di compiti il più rapidamente e correttamente possibile*. Ciascuno doveva affrontare una lista di circa venti piccoli compiti, come mettere insieme una scatola da spedizione, risolvere un puzzle, costruire una piccola figura di creta, svolgere un'equazione. Mentre ogni partecipante lavorava, un ricercatore lo interrompeva subdolamente per circa la metà del tempo, irrompendo nella stanza e insistendo sul fatto che ci fosse qualcosa che non andava nell'allestimento della scrivania o con qualche altra scusa. I soggetti non erano quindi in grado di completare quel determinato compito nel tempo stabilito ed erano costretti a passare al compito successivo senza averlo terminato.

Successivamente Zeigarnik fece a ciascun partecipante alcune domande: Quali compiti ha appena svolto? Quali le sono piaciuti? Che cosa ricorda del suo lavoro in ogni compito? Scoprì che i partecipanti erano in grado di ricordare i dettagli dei compiti interrotti con il 90% di accuratezza in più rispetto a quelli che erano riusciti a portare a termine in modo soddisfacente. Sembrava che il desiderio di "terminare" qualcosa, la sensazione che fosse incompleto o irrisolto facessero sì che quell'evento venisse conservato nella memoria in modo molto più vivido. Quindi, l'atto di *completare* qualcosa era ciò che consentiva al ricordo di iniziare a sbiadire, di essere dimenticato.

Questa scoperta è stata così importante e ripetibile (è stata corroborata da studi successivi) che è arrivata a essere chiamata "effetto Zeigarnik". E ha delle implicazioni con i litigi. Quando si hanno delle questioni in sospeso, quando non si è risolta una questione dolorosa, quando ci sono sentimenti che non si è riusciti a esprimere, quando sono state dette cose offensive non elaborate, si conserva un ricordo chiaro di quel litigio. Quel litigio è vivido e tagliente come se fosse accaduto ieri. Inoltre, i ricordi immagazzinati nella memoria a lungo termine spesso contengono eventi traumatici e la memoria traumatica è potente. Quando questi ricordi vengono richiamati, tutte le diverse componenti sensoriali di quel preciso evento riaffiorano, si ripiomba in quel momento come un viaggiatore nel tempo, e il corpo reagisce di conseguenza: il cortisolo e l'adrenalina iniziano a circolare; si è sommersi. A livello corporeo, quel litigio originale *si sta* verificando nuovamente.

L'effetto Zeigarnik dimostra che, a meno che qualcosa non venga completamente elaborato, in particolare a livello emotivo, rimane completamente all'interno della memoria. Successivamente, ed ecco il colpo di scena, questo ricordo inizia a diventare distorto. Le moderne neuroscienze hanno scoperto che i ricordi, persino quelli che rimangono vividi e sembrano reali e sconvolgenti, non sono stabili. Ogni volta che li rievochiamo, cambiano. Vengono "editati". Il modo in cui ricordiamo si sono verificate le cose diventa sempre più polarizzato dalla *nostra parte*, a significare che quanto più si ripercorrono e si rimugina su di essi, tanto più i nostri ricordi di quell'evento potrebbero trasformarsi. Ci siamo *sentiti* in un certo modo, e ora il nostro ricordo degli eventi e delle cose dette si allinea sempre di più con quel sentimento. Alla fine ci si ritrova con un litigio, un evento a cui entrambi abbiamo preso parte, un'esperienza condivisa, quindi, eppure ora abbiamo due ricordi molto diversi di ciò che è accaduto.

Durante un litigio, è molto probabile che io avrò una percezione degli eventi e tu un'altra. Io percepisco il tuo tono di voce come sprezzante e impaziente; la mia versione è che tu mi abbia ignorato e che non abbia alcun interesse a sapere alcunché della mia vita. Nel frattempo, la tua realtà è che sei stressato, mentalmente consumato da un problema lavorativo e, di colpo, io sono arrabbiata e sono su tutte le furie con te, e mi sto comportando in modo totalmente irrazionale. Entrambe queste realtà sono valide. Entrambe hanno avuto luogo! Questo è quello che ciascuno di noi ha sperimentato.

Non esiste una percezione incontaminata, nessuna "telecamera divina" che guarda giù e registra ciò che è "realmente" accaduto, che si può controllare per vedere chi ha ragione e chi ha torto. Esiste solamente la semplice, vecchia *percezione*, il modo in cui voi avete percepito gli eventi e il modo in cui li ha percepiti il vostro partner. Poi c'è la nostra plasmabile, corruttibile memoria umana. Quando si tratta dei "fatti" rispetto a quello che è successo, non esistono "fatti". Esiste solo ciò che ciascuno ha sperimentato.

E quando si tratta del processamento cerebrale, è come se non esistesse il tempo all'interno della memoria. Queste esperienze possono essere fresche come se fossero appena accadute e per questa ragione altrettanto sconvolgenti, in particolare per le cose che sembrano incompiute o irrisolte. E quanto più tempo si passa a ricordare e a rimuginare su questi eventi, tanto più di parte e distorti i ricordi possono diventare.

Perciò, se non si processano questi aspetti con il proprio partner, in particolare a livello emotivo, non se ne andranno. Si inaspriranno. Ci si ricorderà delle parole, dei sentimenti, dell'adrenalina che piomba nel corpo. Ci si iperfocalizzerà su tutti quei minimi dettagli, su ogni critica o commento ingiusto fatto dal partner, su ogni volta che ha alzato gli occhi al cielo in modo sprezzante, esattamente come quel cameriere che ricordava ogni piatto dell'ordine non consegnato. Questi ricordi taglienti e potenti non sono qualcosa a cui volete aggrapparvi. Sono dannosi per la vostra mente, per il vostro cuore, per il vostro corpo, per la vostra relazione, per il vostro futuro. Un brutto litigio non elaborato sarà come un sassolino nella scarpa, non si può continuare a camminare con quello dentro, zoppicando e soffrendo. Ci si deve fermare, sedersi e toglierlo.

Segnali del fatto che bisogna affrontare un evento passato

Quando nel vostro passato è presente un evento spiacevole, recente o anche distante, la vostra relazione potrebbe mostrare determinati sintomi. Potreste aver bisogno di sedervi e di elaborare qualcosa se…

- *Parlarne genera ancora più conflitto.* Come Molly e Selena, ci si ritrova nel mezzo di un conflitto acceso e inasprito quando si prova ad affrontare la questione, come in una sorta di zona grigia.

- *Si litiga sul litigio.* Non si riesce a smettere di riaprire il litigio, scontrandosi su chi ha detto cosa, su come è stato detto, di chi è stata la colpa l'ultima volta, "quale" versione degli eventi è corretta. Diventa uno schema. Litigare sul litigio porta ad altri litigi sul litigio, una sorta di catena del conflitto.

- *Si sta evitando del tutto l'argomento e, in generale, si sta parlando e comunicando meno.* L'ultima volta che si è affrontato l'argomento è andata così male che non si vuole fare un altro tentativo: ci si tiene per sé i propri sentimenti ed è probabile che si inizi a sentirsi distanti o distaccati dal proprio partner. Spesso, il sesso diminuisce.

- *Si litiga di più riguardo a questioni (all'apparenza) non collegate.* Disaccordi su altre problematiche potrebbero emergere più rapidamente; si è più duri l'uno con l'altro in quanto trapela il risentimento accumulato per episodi passati. Questo sembra "...".

- *Reazioni eclatanti che sembrano comparire dal nulla.* Voi chiedete: "Puoi fare un salto al supermercato e comprare del latte?". Il vostro partner risponde: "Per te non faccio nulla! Sei stato tremendo con me! *Accidenti!*". Questo tipo di risposte fuori dalle righe o eccessive a cose che sul momento sembrano totalmente inoffensive sono spesso il segno di qualche fiume sotterraneo di lava incandescente che scorre sotto la superficie a causa di un evento passato non elaborato.

Tutte queste reazioni a un litigio doloroso che fa ancora male sono perfettamente normali e perfettamente umane. Ma non servono a nulla. Cosa fare invece? La risposta è *elaborare*, il che sostanzialmente significa essere in grado di parlare di quanto accaduto senza riprendere il conflitto. E questa è una specifica abilità che prevede alcuni specifici passaggi.

Come elaborare un litigio

Proprio come i camerieri nel ristorante di Bluma Zeigarnik, c'è bisogno di mettere giù il piatto di cibo per poter andare avanti. Fino a che non lo si fa, si andrà in giro portandosi dietro questo dolore, questo risentimento, questi sentimenti di rabbia, tradimento, confusione e molto altro ancora.

Lo schema per elaborare con successo un litigio emerse da uno dei nostri litigi. (Qualsiasi errore compiamo in amore e nel conflitto, tendiamo a incanalarlo nella ricerca di laboratorio nella speranza di sviluppare degli interventi per gli altri, e questo ha dato i suoi frutti!) Ecco come è andata: una mattina, mentre entrambi ci stavamo preparando per andare al lavoro, Julie ha raccontato a John un brutto sogno che aveva fatto la notte prima. Nel sogno, John l'aveva tradita, era stato infedele. Era davvero scossa e turbata e mentre apriva l'acqua della doccia e vi entrava ha raccontato tutte le cose terribili che "il John del sogno" le aveva fatto.

Ascoltando il racconto, John si è arrabbiato. "Non sono quella persona" è scattato. "Che cosa ho mai fatto per suggerire una qualsiasi di queste cose? Io non sono così!" Le ha mosso delle critiche rispetto al fatto che lei lo accusasse sempre di qualcosa, del fatto che lui non riuscisse mai a fare nulla di buono. "Perché me lo hai raccontato?" Era uscito infuriato dal bagno.

Julie ormai stava piangendo nella doccia. Lui ha suggerito il fatto che lei fosse una cattiva persona per avergliene parlato, che era esattamente ciò che accadeva nel sogno: lui che si rivoltava contro di lei. Lei ha chiuso l'acqua della doccia, si è gettata addosso un asciugamano e gli è corsa dietro.

"Stai dimostrando che il mio sogno era vero!" ha urlato.

Un po' di tempo dopo, quando entrambi eravamo più calmi (e nel caso di Julie più asciutti), ci siamo seduti e ne abbiamo parlato.

"Non capisci?" ha detto Julie. "Stavo cercando di dirtelo. Nel sogno, tu sei semplicemente un sostituto di mia madre che mi ha sempre trattata in modo orribile, con disprezzo. È solo simbolico. Non riguarda te. Pensavo lo avresti capito."

Ne abbiamo parlato e abbiamo elaborato tutto quello che era accaduto in bagno, la ragione per la quale Julie aveva sollevato la questione in quel modo, il motivo per cui John aveva reagito così. Julie provava questi sentimenti provenienti dall'infanzia, residui di una relazione di quando era bambina che si erano sovrapposti a questa relazione. Si possono avere dei sentimenti nel qui e ora, nel momento presente, che non hanno un senso. Così, in maniera inconscia, si analizzerà l'ambiente circostante alla ricerca di qualcosa o di qualcuno che si adatti vagamente al tema dei nostri sentimenti. Successivamente si punta la pistola e si *spara*. Non riguarda quella persona, ma si immagina che sia così.

Questo è *un fattore scatenante.*

Ed è gran parte del motivo per cui i conflitti iniziano e per cui degenerano. Tutti entriamo nell'età adulta con un bagaglio. E portiamo questo bagaglio all'interno delle nostre relazioni. Abbiamo punti deboli, aspetti di fragilità e vecchie ferite che hanno lasciato delle cicatrici. Il tessuto cicatriziale è più fragile rispetto al tessuto sano; si lacera facilmente. A volte, si preme sui reciproci tessuti cicatriziali e questi si lacerano di nuovo. E fa male. Si esplode. Si ha una reazione eccessiva che il partner non comprende. E ciò alimenta le fiamme di un conflitto come se si trattasse di puro ossigeno. *Whoosh*.

Dopo aver discusso del nostro conflitto, abbiamo pensato: *Questo aspetto è molto comune. Come possiamo aiutare altre coppie a elaborare dei momenti del genere?* Così abbiamo iniziato a creare un intervento volto all'elaborazione dei conflitti, ispirato a ciò che aveva funzionato per noi, insieme alle strategie basate sui dati provenienti dal laboratorio che sapevamo funzionare.

La chiave di un'elaborazione riuscita: entrambe le realtà sono legittime

Volevamo soprattutto occuparci del modo in cui le persone ricordano i litigi in modo così diverso: il fatto che ciascuno abbia una propria "realtà" di come si è svolto il litigio.

Tutto viene filtrato attraverso le proprie percezioni, emozioni, supposizioni, interpretazioni ed estrapolazioni. Il vostro partner entra nella stanza con un'espressione turbata in viso e voi pensate: *è arrabbiato con me*. Questo potrebbe non essere affatto ciò che lui sta provando, è turbato per qualcosa che non ha nulla a che vedere con voi. È arrabbiato perché l'email è in ritardo. Perché il gatto ha fatto la pipì sul pavimento. Perché ha perso il portafoglio. Chi lo sa! Ma quando si prova a parlare di queste cose, le nostre supposizioni si insinuano all'interno del linguaggio. *Partner 1: Eri arrabbiato con me fin da quando hai messo piede nella stanza! Partner 2: Cosa? Non lo ero! Mi accusi sempre di cose del genere!* Per comprendere cosa sia accaduto e per rimediare al dolore causato, si deve davvero comprendere ciò che il partner ha visto, sentito e provato, anche se, e *in particolar modo se*, è diverso da ciò che abbiamo sperimentato noi durante il litigio.

Eravamo consapevoli del fatto che questa parte andasse strutturata con attenzione cosicché le persone non ricominciassero a litigare. Ciò che non vogliamo è che la conversazione di riparazione diventi un battibecco su quale realtà sia più corretta, su chi ricordi meglio il litigio. Quando ci si riunisce per elaborare quanto accaduto, si deve lavorare a partire dal presupposto comune che *entrambe le realtà sono legittime* e che ciascuna realtà soggettiva contiene una parte di verità. L'obiettivo non è quello di concordare su una serie di fatti riguardo a "ciò che è accaduto". È di comprendere l'esperienza del partner così da essere in grado di empatizzare con lui e di capire la sua posizione.

Perciò, quando si parla di quanto accaduto, è di fondamentale importanza parlare delle proprie percezioni ed esperienze utilizzando delle descrizioni in prima persona. Non si attribuiscono colpe, non si ipotizzano intenzioni, e non si dice al partner ciò che ha detto o fatto. Al contrario, si descrive ciò che si è sperimentato. Ciò richiede del lavoro e della pratica! Controllate il vostro linguaggio mentre parlate e, ogni volta che potete, ribaltate la vostra retorica in modo tale da affermare ciò che *voi* avete visto, sentito o provato anziché ciò che il vostro partner ha detto o fatto: ribaltatela. Invece di: "Eri arrabbiato con me da quando hai messo piede nella stanza!", dite: "Sei entrato e ho notato un'espressione arrabbiata sul tuo viso. Ho pensato che potessi essere arrabbiato con me". Provate delle frasi del tipo:

Ho pensato...
Ho supposto...
Mi è sembrato che...
Ho visto...
Ricordo...
Ti ho sentito dire...

Si può utilizzare questo tipo di linguaggio in prima persona, in modo autodescrittivo, per riportare fedelmente la propria esperienza senza accusare o criticare il partner o imporgli la propria versione degli eventi. Questo, a sua volta, consente al partner di essere molto più aperto, ricettivo e capace di empatizzare con la nostra esperienza.

Una volta che si sono condivise le proprie esperienze, invitandosi reciprocamente all'interno *della propria* realtà soggettiva per vedere come si sono sviluppati gli eventi dal punto di vista di entrambi, bisogna validarsi a vicenda. Bisogna dirsi l'un l'altra: *Questa cosa ha senso. Se questo è ciò che tu stavi sentendo, capisco perché tu abbia reagito in quel modo.* Non si deve concordare! Validare significa semplicemente comprendere una piccola parte dell'esperienza del partner.

Ora: *i fattori scatenanti.* I fattori scatenanti sono la scintilla incandescente che ha provocato questo processo e si sa che vanno affrontati. Sono estremamente potenti. Le persone avevano bisogno di ritornare con la mente al passato e comprendere che cosa questo litigio nel presente stesse riportando alla luce. I partner dovevano riflettere e successivamente dirsi quali parti di questo specifico litigio avevano suscitato in loro una significativa reazione emotiva. Quando si erano già sentiti in questo modo? Avevano questi sentimenti (di essere abbandonati, incompresi, criticati ecc.) prima di questa relazione? In una precedente relazione, durante l'infanzia, a scuola?

E poi, come ci si scusa veramente? Ci si vuole sempre scusare subito, per aggiustare immediatamente le cose. Ma quando ci si scusa subito, non si sa neppure ancora per che cosa ci si stia scusando, non si è ascoltato che cosa abbia turbato il partner e non si ha avuto occasione di esprimere il proprio vissuto del litigio. Affinché le persone siano in grado di assumersi la propria parte di responsabilità per il litigio e di scusarsi veramente a vicenda rimediando al dolore causato, ciò deve avvenire dopo tutto il resto. Bisogna davvero comprendere il reciproco vissuto e l'impatto reciproco prima di poter dire "mi dispiace" comprendendo appieno che cosa significhi.

Infine, abbiamo parlato di come le coppie possano proseguire dopo un conflitto. Come si fa a consegnare quell'ordinazione allo chef e poi lasciarsela alle spalle?

Alla fine, abbiamo elaborato un processo a cinque step. Vi forniremo qui le istruzioni di base e in seguito illustreremo il procedimento più nel dettaglio.

I cinque step

1. *Sentimenti:* Condividete ciò che avete provato. Non dite la ragione per la quale vi siete sentiti in quel modo e non commentate i sentimenti del vostro partner. Descrivete semplicemente i vostri sentimenti.
2. *Realtà:* Descrivete la vostra "realtà". Fate a turno. Sintetizzate e validate almeno una parte della realtà del vostro partner.
3. *I fattori scatenanti:* Condividete i ricordi o le esperienze vissute che potrebbero aver fatto degenerare l'interazione e raccontate perché questi, per ciascuno di voi, sono stati dei fattori scatenanti.
4. *Responsabilità:* Riconoscete il vostro contributo al litigio.
5. *Pianificazione costruttiva:* Pianificate insieme un modo in cui ciascuno di voi possa migliorare le cose la prossima volta.

Abbiamo raggruppato i cinque passi in una piccola guida e iniziato a perfezionarne i passi. Ma, prima ancora di avere una bozza definitiva, il nostro libriccino *Conseguenze di un litigio* ha sperimentato la propria prova del fuoco quando abbiamo avuto uno dei peggiori litigi di tutta la nostra vita matrimoniale.

Beta-testing i 5 step… su noi stessi

Iniziò con lo squillo del telefono, era nostra figlia Moriah che chiamava dal college. Era al secondo anno, aveva iniziato da poche settimane il semestre autunnale. Il suo primo anno era stato difficile. Aveva vissuto la fine di una relazione, aveva perso il gruppo di amici di cui faceva parte insieme all'ex fidanzato, si era sentita tagliata fuori, si era depressa e poi ammalata in maniera piuttosto seria, prendendosi lo streptococco, al punto che, quando era tornata a casa per l'estate, stava ancora male. Era guarita ed era tornata al college a settembre ma eravamo entrambi preoccupati per lei.

Tuttavia, ultimamente, pareva che le cose stessero migliorando! Si era iscritta a un corso di cucina dove si era fatta un nuovo gruppo di amici che sembravano gentili e supportivi. Moriah amava le lezioni di cucina. Ogni volta che telefonava, sembrava felice. Era un tale sollievo. Eravamo ancora preoccupati (dopotutto, *siamo* genitori), ma fiduciosi che passasse un anno positivo. E poi, quel pomeriggio, aveva telefonato. Aveva risposto Julie.

A partire da questo punto, vi forniremo due narrazioni diverse degli eventi: prima quella di Julie, poi quella di John.

La realtà di Julie

Non appena aveva risposto al telefono, Julie si era resa conto che sua figlia stava male. La voce di Moriah aveva un tono molle e debole. Un piccolo campanello di allarme si era acceso nel suo cervello di mamma, la figlia era sempre stata cagionevole da bambina.

Ma allo stesso tempo sembrava così felice! Julie si era davvero preoccupata molto per la depressione di Moriah e per la malattia. Era davvero contenta che ora fosse felice. Tuttavia, non è che le stesse tornando lo streptococco? Mentre sua figlia le raccontava incessantemente di aver imparato a preparare un nuovo piatto thailandese al corso di cucina e di essere rimasta sveglia fino a tardi a chiacchierare con i suoi nuovi amici, Julie si era trattenuta dal dire qualsiasi cosa potesse sembrare controllante e autoritario. *Non fare il genitore elicottero*, si era detta, *ha diciannove anni, sa badare a se stessa.* Julie avrebbe voluto dire: "Mi pare che tu ti stia ammalando di nuovo; dovresti fare le cose con calma", ma invece aveva detto: "Wow, sembra che tu ti stia divertendo molto, sono così felice per te!". Moriah era andata avanti a raccontare di essere rimasta sveglia fino alle tre e alle quattro del mattino con il suo gruppo di studio e Julie si era morsa la lingua ancora più forte. Era stata davvero una impresa olimpica non gridare: "Hai bisogno di dormire!", ma ci era riuscita. Invece l'aveva ascoltata e aveva detto: "Sono così contenta che ti stiano piacendo queste lezioni; sembra tutto molto interessante".

Quando aveva riattaccato, si era sentita fiera di sé stessa per aver tenuto per sé la propria preoccupazione ed essere stata semplicemente supportiva. *Starà bene*, si era detta. *Rimanere svegli e chiacchierare è quello che fanno gli studenti universitari.*

Mentre lei e John si stavano preparando per andare a dormire, aveva iniziato a riassumergli la telefonata. Aveva accennato al fatto che sebbene la figlia sembrasse felice, lei era preoccupata per la sua salute, con tutte quelle notti in bianco. A quel punto, John l'aveva interrotta.

"Smettila di cercare di controllarla", aveva detto. "Fatti da parte, lasciala vivere e basta! Questa è proprio l'essenza del college. Vorrei che la lasciassi semplicemente stare e la smettessi di dirle cosa deve fare!"

A Julie era sembrato che l'avessero schiaffeggiata, era profondamente offesa, immaginava che John avesse automaticamente dato per scontato il fatto che lei fosse stata controllante e autoritaria, quando era esattamente quello che aveva cercato di evitare. Riteneva che John non si fidasse evidentemente del fatto che lei, come genitore, possedesse la saggezza necessaria per fare attenzione alle parole, quando era proprio quello che aveva fatto. Aveva sentito la rabbia montarle dentro come lava incandescente e le erano balzate alla mente delle parole che sapeva non avrebbe dovuto pronunciare, ma le erano scappate comunque.

Ricordava di aver detto: "Be', vorrei avere un partner maturo come cogenitore".

Whoam. Il viso di John era diventato di un rosso acceso. Aveva urlato qualcosa di rimando, Julie non ricordava cosa, poi aveva afferrato il suo cuscino e se ne era andato, sbattendo la porta.

Julie non era dispiaciuta per ciò che aveva detto, non ancora. Era ancora furiosa. *Bene*, aveva pensato. *Ho il letto tutto per me, stanotte!* Si era sdraiata, aveva spento la luce e si era addormentata.

La realtà di John

Ancora oggi riusciva a ricordare Moriah, durante il suo primo anno di college, singhiozzare al telefono per il fatto di non piacere a nessuno, di sentirsi antipatica, di essere stata isolata dagli amici. Era stato orribile. Lei era lontana e c'era poco che lui potesse fare. Quando era tornata a casa per l'estate, ammalata e depressa, lui aveva provato a rassicurarla più volte dicendole che per lui era la creatura più amabile del pianeta. Quando era tornata a scuola, si era iscritta a un corso di cucina e si era fatta dei nuovi amici; John era entusiasta: era questo il senso del college. Restare svegli fino a tardi, chiacchierare tutta la notte, creare legami insostituibili. Non voleva che lei si perdesse tutto questo.

Sapeva che Julie aveva una grande influenza su Moriah, erano molto legate, e quando Julie aveva iniziato a parlare di quanto fosse preoccupata per tutte quelle nottate, lui si era allarmato, temendo che lei provasse ad allontanare Moriah da quelle esperienze.

"Concedile un po' di spazio", si era ricordato di aver detto, "e smettila di cercare di controllarla. Il college è il momento giusto per avere conversazioni profonde che durano tutta la notte, parlando dell'esistenza di Dio e del senso della vita. Lascia che trovi il proprio equilibrio".

Poi, dal nulla, aveva sentito Julie accusarlo di essere immaturo. Un cattivo genitore.

Aveva iniziato a reagire, aveva urlato qualcosa di crudele, non riusciva a ricordare cosa, e poi aveva deciso di andarsene prima di dire qualcosa di cui si sarebbe davvero pentito. Era uscito dalla loro camera pestando i piedi e aveva lanciato il cuscino sul divano, ma non era riuscito a dormire. Si era girato e rigirato tutta la notte, troppo agitato per dormire.

Che cosa succede ora? Elaborare il nostro litigio

Siamo ricercatori dell'amore, ben istruiti nella scienza delle relazioni. Abbiamo analizzato qualunque cosa possa essere sistematizzata in un diagramma e in un grafico su come avere successo in amore e all'interno di relazioni di lunga durata. Ma in fin dei conti siamo comunque due esseri umani in una relazione, ciascuno con i propri trascorsi di vita che ci hanno reso ciò che siamo e che ci hanno ferito.

Quanto più ci si conosce in una relazione, quanto più si impara l'uno dell'altra e si conoscono i reciproci mondi interni, tanto più si diventa consapevoli dei rispettivi fattori scatenanti o "delle vulnerabilità permanenti". Ma conoscere il proprio partner è un processo che dura tutta la vita, non un qualcosa che è proprio solamente "dell'inizio della relazione". Guardate noi: nel momento in cui abbiamo avuto questo litigio, siamo riusciti a calpestare i reciproci fattori scatenanti senza renderci effettivamente conto che lo stavamo facendo. E siamo sposati da vent'anni.

Ora, potremmo avere alle spalle quarant'anni di ricerca sull'amore e sul conflitto, ma siamo ancora vulnerabili a un brutto litigio esattamente come qualunque altra coppia. Tuttavia, dopo questo incidente, avevamo un vantaggio. Avevamo il nostro schema recentemente delineato per elaborare un litigio. Perciò, dopo esserci entrambi calmati, abbiamo deciso di sederci e utilizzare lo schema.

In questo caso, *essersi prima calmati* è fondamentale. Noterete il fatto che non abbiamo tentato di elaborare il litigio subito dopo averlo avuto, quella stessa sera. Eravamo entrambi ancora troppo furiosi per farlo! Se si è arrabbiati e sommersi, i cinque passi non funzioneranno. È necessario essere in grado di allontanarsi e osservare il litigio come se ci si trovasse tra il pubblico a una rappresentazione teatrale, seduti nella balconata, guardando l'azione sul palco. Bisogna stare calmi ed essere capaci di riferire e descrivere cosa è accaduto nella rappresentazione, atto per atto, così come lo si ricorda. Perciò, deve accadere quando si ha avuto modo di rifletterci su per un po'. Si sente spesso la gente dispensare il consiglio: *Non andate a dormire arrabbiati*. Non è vero! A volte, andare a dormire arrabbiati è proprio ciò di cui si ha bisogno per calmarsi e raggiungere quella distanza dal litigio, in modo da potervi sedere su quella balconata e guardare giù.

Il giorno dopo eravamo entrambi calmi e avevamo quella prospettiva. Così ci siamo presi del tempo per parlarne. Abbiamo tirato fuori il prototipo del nostro libretto e abbiamo seguito i cinque passi. Ve li abbiamo elencati sotto.

Step 1: i sentimenti

Condividete come vi siete sentiti ma non il perché. Descrivete a turno come vi siete sentiti durante il litigio. Potete scegliere dei sentimenti dalla lista sottostante oppure crearvi la vostra propria descrizione. Leggete *ad alta voce* le descrizioni che sono vere per voi. Fate commenti semplici e attenetevi al formato "Mi sono sentito...". Evitate affermazioni come "Mi è sembrato che *tu*...". Non commentate i sentimenti del partner. (Di seguito è presente un elenco sintetico di termini ed espressioni che descrivono i sentimenti; l'elenco completo compare all'interno della Guida rapida alla fine di questo libro.)

Mi sono sentito...

> Sulla difensiva, non ascoltato, come se i miei sentimenti fossero stati feriti, completamente sopraffatto, arrabbiato, triste, non amato, incompreso, criticato, come se non ti piacessi, non accudito, preoccupato, spaventato, in pericolo, teso, come se io avessi ragione e tu torto, come se avessimo entrambi in parte ragione, fuori controllo, frustrato, giustamente indignato, moralmente giustificato, ingiustamente preso di mira, non apprezzato, privo di attrattiva, stupido, moralmente offeso, dato per scontato, desideroso di andarmene, desideroso di rimanere e parlarne, impotente, come se non avessi alcuna influenza, solo, allontanato, imbarazzato, abbandonato, esausto, pentito.

Abbiamo entrambi utilizzato l'elenco di sentimenti, scorrendolo fino a quando non abbiamo individuato le parole o le frasi che meglio descrivevano la nostra esperienza. (Potete nominare quanti sentimenti volete, tanti quanti ne avete provati.)

"Mi sono sentita sulla difensiva" aveva condiviso Julie. "Non ascoltata. Arrabbiata. Un po' triste. Incompresa e criticata. In pericolo, tesa, frustrata. Ingiustamente presa di mira. Priva di attrattiva... Mi sono sempre sentita priva di attrattiva. Impotente. Come se non avessi alcuna influenza. Sola. Abbandonata. E pentita."

"Anche io mi sono sentito sulla difensiva", aveva detto John. "I miei sentimenti erano feriti. Ero sopraffatto e arrabbiato. Mi sono sentito come se io avessi ragione e tu torto. Mi sono sentito giustamente indignato. Moralmente giustificato. Non apprezzato. Solo. E stanco."

Step 2: le realtà

a) Fate a turno a descrivere le vostre percezioni, la vostra realtà di quanto accaduto. Non descrivete il vostro partner. Evitate di attaccare e di attribuire colpe. Descrivete le vostre percezioni come farebbe un giornalista, fornendo una descrizione oggettiva. Dite: "Ti ho sentito dire..." anziché: "Hai detto...".

b) Riassumete e validate la realtà del partner. Utilizzate l'empatia dicendo qualcosa del tipo: "Posso comprendere perché questa cosa ti turbi". Validare non significa concordare, significa che si riesce a comprendere anche solo una parte dell'esperienza del partner.

c) Entrambi i partner si sentono compresi? Se è così, andate avanti. Se non è così, domandate: "Che cosa ho bisogno di sapere per comprendere meglio il tuo punto di vista?". Dopo aver validato, chiedete al partner: "Ho compreso la questione? C'è qualcos'altro?".

Aveva iniziato Julie.

Aveva descritto la sua realtà, il fatto di aver parlato con Moriah, mordendosi intensamente la lingua per trattenersi dall'interferire con la nuova indipendenza della figlia, poi l'aver terminato la telefonata sentendosi orgogliosa di averle concesso lo spazio per fare le proprie esperienze. Successivamente aveva espresso a John la propria preoccupazione per la salute di Moriah "... e la prima cosa che ricordo di averti sentito dire è stata *smettila di cercare di controllarla, lasciala in pace!* O qualcosa di molto simile. E io ho pensato, *pensa di dovermi dire cosa fare, di dovermi fornire delle istruzioni*. Mi sono sentita criticata e screditata... come se tu non ti fidassi di me in quanto genitore. E la mia rabbia è semplicemente esplosa. E ho pronunciato le parole... *Vorrei avere un partner maturo come cogenitore*".

"Oh sì", aveva affermato John in modo ironico. "Me ne ricordo bene."

(Avevamo riso entrambi.)

John aveva riassunto l'esperienza di Julie: "Perciò ecco quello che ho capito. Eri molto preoccupata per la salute di Moriah ma non hai tentato di controllarla. Non sei stata una mamma elicottero. E quando me ne hai parlato, quella sera, volevi che io mi unissi alla preoccupazione… e quando non l'ho fatto, e ti ho invece suggerito di lasciarla in pace, è stato offensivo. Perché non sei stata una mamma elicottero. Perciò eri profondamente ferita. Ho capito bene?".

"Sì" aveva confermato Julie. "Hai capito bene."

"Be', ha senso che tu fossi turbata", aveva detto John passando alla validazione. "Volevi ricevere supporto nella tua preoccupazione per la sua salute, che è una fonte di ansia per entrambi, e non l'hai ottenuto da parte mia. E capisco che tu te la sia presa per il fatto che io abbia ipotizzato il tuo essere stata un genitore elicottero quando in realtà non lo sei stata."

Successivamente è stato il turno di John. John aveva descritto la *sua* realtà, in particolare quanto fosse stato entusiasta del fatto che Moriah avesse trovato un nuovo gruppo di amici e si fosse unita a quel corso di cucina.

"Mia madre era la chef di un hotel" aveva spiegato John. "Aveva un vero talento per il cibo e anche io amo cucinare, perciò io e lei ne parlavamo e ci scambiavamo ricette tutto il tempo. Era un legame che avevo con mia madre. E sono stato così felice di averlo con mia figlia. Sapevo che eri preoccupata per la sua salute e che lei ti dà ascolto, avevo paura che l'avresti indotta ad abbandonare il corso di cucina e che io avrei perso quel legame con lei. E quando hai detto quella cosa sul fatto che io non sia un padre maturo, non ci ho visto più. Perché non esiste nulla che io abbia fatto nella mia vita che sia importante per me quanto essere suo padre. Tutto il resto impallidisce al confronto. Perciò, quando hai detto quella cosa… Be', se fossi rimasto nella stanza, avrei detto qualcosa di cui mi sarei pentito. Ero davvero arrabbiato."

"Posso capire perché tu ti sia sentito in quel modo" aveva detto Julie dopo aver riassunto l'esperienza di John e dopo che lui aveva confermato che lei aveva capito.

"Posso davvero comprendere come ciò sarebbe stato un grande timore per te. In particolare, perché quando Moriah era al liceo, voi due non eravate così legati. Perciò volevi mantenere questo ponte verso di lei. Non volevi perdere alcun mattone di quel ponte."

"Sì" aveva detto John. "È proprio così."

Step 3: i fattori scatenanti

a) Condividete che cosa secondo voi ha fatto degenerare l'interazione. Quali eventi all'interno del litigio hanno scatenato in voi un'importante reazione?

b) Ripercorrete all'indietro il video della vostra memoria e fermatevi a un punto in cui, in passato, avete provato la stessa serie di sentimenti. Ora raccontate la storia di quel momento passato al vostro partner in modo che possa comprendere perché per voi questo sia un fattore scatenante.

c) Condividete le vostre storie, aiuterà il vostro partner a comprendervi. Mentre pensate alla vostra storia precoce o alla vostra infanzia, c'è una storia che, secondo quanto ricordate, si collega a ciò che si è scatenato in voi, alle vostre "vulnerabilità permanenti"? Il vostro partner ha bisogno di conoscervi per essere maggiormente sensibile nei vostri confronti.

Per noi, durante questa specifica sessione di elaborazione, questo è stato lo step più rivelatorio: identificare i nostri fattori scatenanti.

Per Julie, il suo fattore scatenante era il timore pervasivo che la salute sia estremamente fragile e le conseguenze dell'inattività siano così elevate. Quando lei era piccola, suo padre era un cardiologo che si prendeva cura dei suoi pazienti, ma non della sua famiglia.

"Sostanzialmente non ci era permesso di essere malati", aveva raccontato Julie a John. "Per lui era in qualche modo offensivo, come se lo avessimo fatto apposta."

Quando aveva circa 10 anni, lei e il resto della famiglia dovevano ricevere il vaccino per la poliomielite che era stato appena messo in commercio. Era un vaccino vivo, somministrato attraverso un po' di sciroppo zuccherato. La sera prima dell'appuntamento, la guancia di Julie si era gonfiata. Era andata da suo padre, ma lui aveva detto che non era nulla di che, probabilmente solo una puntura di insetto.

Due settimane più tardi, Julie aveva improvvisamente sperimentato un fortissimo dolore a una gamba mentre era a scuola.

"È stato il peggior dolore che abbia mai provato" aveva detto Julie, "incluso il parto".

Aveva avuto la febbre alta per settimane. Alla fine, si era ripresa. Ma la sua gamba no. Si era alzata dal letto una mattina e la gamba non funzionava. La doveva trascinare. Non l'aveva detto ai suoi genitori. "Ricordati che non dovevamo essere malati!" Sviluppando molto equilibrio, lo aveva nascosto per tre mesi prima che qualcuno se ne accorgesse. Da quel momento, erano seguite numerose visite mediche, visite neurologiche, elettroshock giornalieri alla gamba e un pesante tutore di metallo, eppure nessuno era riuscito a capire quale fosse il problema. Alla fine, il Centro per la prevenzione e il controllo delle malattie ci era riuscito. La guancia gonfia di Julie quella mattina non era una puntura di insetto; era parotite, che aveva interagito con il vaccino, attivandolo in una vera e propria malattia. Julie era stata una tra le quattro persone in tutto il Paese ad aver effettivamente contratto la poliomielite dal vaccino.

"Prima di allora, ero molto atletica", aveva raccontato, "ma tutto questo chiaramente finì. Ho indossato un tutore per un anno e mezzo. E persino quando l'ho tolto, non sono mai tornata al 100% quella di prima".

È stato un incubo. E Julie, ancora oggi, si porta dietro la sensazione che se suo padre in quanto medico avesse prestato maggiore attenzione alla cosa e non le avesse fatto somministrare il vaccino quel giorno, quando stava male, nulla di tutto ciò sarebbe accaduto. La morale della storia: ora Julie era convinta che se avesse avuto un figlio malato o se in generale chiunque vicino a lei fosse stato male, lei se ne sarebbe fatta carico. Ed ecco che John le diceva di *ignorare la questione*, o così le era sembrato. Questo era il suo fattore scatenante: i suoi stessi genitori non avevano notato qualcosa che riguardava la sua salute e le ripercussioni erano state enormi, permanenti.

Anche il fattore scatenante di John proveniva dall'infanzia. Aveva raccontato di essere cresciuto a Brooklyn, era un ragazzino intelligente, studioso e aveva saltato due anni di scuola elementare. L'anno in cui aveva iniziato il liceo, la sua famiglia si era trasferita in una nuova città, nel New Jersey. Aveva cominciato il primo anno a 12 anni, circondato da quattordicenni che immediatamente lo avevano identificato per bullizzarlo e maltrattarlo: il ragazzino studioso, piccolo, ebreo, nuovo. Il bullismo, gli insulti, il costante stress quotidiano e i sentimenti di scarsa autostima che ne derivarono erano durati per tutti i quattro anni di liceo.

"Ho passato molto di ciò che ha passato Moriah durante il suo primo anno di college", aveva detto John a Julie. "Depressione, solitudine, il fatto di dubitare di me stesso. Poi, a 16 anni, me ne sono andato alla Fairleigh Dickinson University... ed era tutto un altro universo."

John viveva con i suoi genitori e lavorava part-time per pagarsi la retta universitaria, ma aveva comunque avuto un'esperienza universitaria incredibile. Al college, era giusto essere intelligenti. Era lecito appassionarsi alle attività intellettuali. Le persone volevano discutere! Volevano stare sveglie tutta la notte a parlare di filosofia e del senso della vita. John amava questa cosa. Per la prima volta nella sua vita scolastica, prosperava.

"Per me è stato una sorta di rinascimento, una vera rinascita" aveva detto. "È cambiato tutto. Potevo credere in me stesso. Avevo fiducia in me stesso. È stato un enorme punto di svolta per me, per la mia vita, e volevo davvero che Moriah avesse la stessa esperienza, semplicemente non potevo sopportare l'idea che qualcosa la sviasse da ciò."

È stato in questa fase dell'elaborazione, durante lo step 3, che entrambi abbiamo compreso, onestamente con una certa sorpresa, quanto intensamente queste vecchie questioni dell'infanzia ci avessero attivato emotivamente. Sì, a livello superficiale l'intero litigio riguardava il fatto che nostra figlia rimanesse alzata fino a un po' troppo tardi, ma la situazione aveva fatto emergere alcune questioni molto profonde che entrambi ci portavamo dietro da sempre e aveva ridato vita a questi vecchi dolori. In Julie, ciò aveva attivato un impulso a essere vigile e a non lasciarsi sfuggire, in quanto genitore, una malattia potenzialmente dannosa. Per John, si trattava dell'urgente bisogno di proteggere un'esperienza fragile ed emergente che poteva cambiare la vita ed essere positiva. Non era un litigio per una telefonata o per la questione se Julie fosse una madre elicottero e John un padre immaturo (nessuna delle due cose è vera!), ma riguardava vecchie questioni provenienti dall'infanzia che avevano segnato entrambi. L'aspetto interessante è stato che avevamo già trattato queste questioni in precedenza. Ricordate che siamo sposati da vent'anni! Naturalmente, John aveva già menzionato il fatto di essere stato bullizzato; Julie aveva già descritto la propria esperienza con la poliomielite. Ma non avevamo mai collegato i tasselli in questo modo prima d'allora, quando abbiamo realizzato l'impatto che queste storie avevano avuto su di noi e l'influenza che continuavano a esercitare nelle nostre vite e... nei nostri litigi.

In conclusione, è stato a causa di questi forti fattori scatenanti che il nostro litigio era diventato così spiacevole e il fatto di comprenderli è stato decisamente risolutivo. Entrambi siamo riusciti a validarci a vicenda, in modo autentico. Ed è stato sorprendente quanto la fase successiva, l'assunzione di responsabilità per il nostro ruolo nello scontro, sia stata più semplice una volta che ci siamo compresi e sentiti compresi a vicenda.

Step 4: l'assunzione di responsabilità

a) In circostanze ideali, avreste potuto affrontare meglio la questione. Che cosa vi ha portato ad avere questa cattiva comunicazione? Condividete i motivi che vi hanno portato in questo conflitto? Leggete a voce alta i punti di questa lista che erano veri per voi (qui di seguito è presente un elenco sintetico; la lista completa da cui scegliere compare nella Guida rapida al termine di questo libro):

- Ultimamente sono stato molto stressato e irritabile.
- Sono stato eccessivamente sensibile.
- Non ho condiviso molto del mio mondo interiore.
- Non sono stato emotivamente disponibile.
- Sono stato depresso.
- Ultimamente ho avuto il dente avvelenato.
- Non ho trovato il tempo per delle cose belle tra noi.
- Non ho chiesto ciò di cui avevo bisogno.
- Mi sono sentito un martire.
- Ho avuto bisogno di stare da solo.
- Sono stato molto inquieto.
- Non ho avuto grande fiducia in me stesso.
- Ho girato a vuoto senza energie.

b) In particolare, di cosa ti penti per quanto riguarda questo litigio o evento spiacevole?

c) Di cosa desideri scusarti?

- Mi dispiace di… (Non dovete scegliere qualcosa dalla lista, questi sono solo esempi. Rendete le vostre scuse specifiche al pari dei vostri rimpianti elencati sopra.)
  - Ho esagerato.
  - Sono stato molto negativo.
  - Ti ho attaccato.
  - Non ti ho ascoltato.

- Non sono stato rispettoso.
- Sono stato irragionevole.
- (Le vostre opzioni, o più opzioni in fondo al libro.)

"Sai, ultimamente sono stato stressato e irritabile", aveva detto John scegliendo la prima opzione dall'elenco soprastante. "E ho un gran dente avvelenato, recentemente mi sono stati rifiutati numerosi finanziamenti e ho appena saputo che l'Istituto nazionale di salute mentale ha deciso di non finanziare più la ricerca sulle relazioni. E perciò mi sono sentito un martire. Stavo decisamente cercando un litigio. Sono stato di umore davvero pessimo, arrabbiato in mezzo al traffico e cose così. Ma ciò di cui mi pento è di averti insultato in quanto madre. Perché tu sei una madre favolosa. Ti amo come madre. E mi scuso per aver pensato che tu volessi controllare Moriah. E mi voglio scusare anche per non aver compreso che dovevi essere stata messa in allarme, che c'era qualcosa alla base di quella forte reazione. Perciò, mi dispiace. Mi dispiace di aver esagerato e di non averti fatto nessuna domanda."

Ora, dopo che Julie aveva accettato le scuse di John, era il suo turno.

"Allora", aveva detto, utilizzando la lista soprastante (quella prima lista è così d'aiuto!), "probabilmente non ho espresso un grande apprezzamento nei tuoi confronti. Sono stata eccessivamente sensibile... come sempre. Penso di non aver trovato il tempo per delle cose belle tra di noi. Ho lavorato molto duramente e per molte ore... come hai fatto anche tu. E sono stata molto, molto in ansia. Probabilmente avevo bisogno di tempo da sola, in quanto introversa, per elaborare la mia preoccupazione. Perciò, ciò di cui davvero mi pento è averti detto quelle parole terribili sull'essere un partner e un cogenitore immaturo. Dio, mi sento così male per questo. Non ti meritavi una sillaba di quelle parole. Sei un padre e un partner fantastico. E oltre a ciò, sei piuttosto carino".

John, come si può immaginare, aveva accettato le sue scuse.

Step 5: i piani costruttivi

Condividete una cosa che il vostro partner può fare per migliorare la prossima volta che avrete una discussione su questa questione. (È particolarmente importante rimanere calmi mentre lo si fa.) Poi, mentre è ancora il vostro turno, condividete una cosa che *voi* potete fare per migliorare la questione la prossima volta. Che cosa c'è bisogno di fare per essere in grado di lasciarsi alle spalle questa situazione e andare avanti? Siate quanto più possibile d'accordo con i piani proposti dal vostro partner.

JOHN: Una cosa che posso fare, quando tu diventi molto emotiva, è fare domande anziché reagire. E una cosa che tu potresti fare diversamente sarebbe dirmi: "Questa è una conversazione che diminuisce lo stress". Ciò mi aiuterebbe a essere un miglior ascoltatore.

JULIE: Penso che una cosa che potrei fare diversamente è mordermi la lingua per la *settantaseiesima* volta e non dire qualcosa di terribile nella foga del momento. Davvero, devo lavorare sull'esercitare quel muscolo, perché dico cose che non penso. E John, una cosa che potresti fare diversamente è realizzare... che ogni nostra conversazione riduce lo stress!

Al termine dell'elaborazione, entrambi stavamo ridendo. Entrambi ci sentivamo meglio. Più vicini. E le cose che ci eravamo detti a vicenda non avrebbero continuato a tormentarci. Ci eravamo tolti i sassolini dalle scarpe.

Chiudere l'abisso

Eravamo così grati, dopo quel brutto litigio, di poter contare sui cinque step ai quali ricorrere. Questi step si trovano all'interno della Guida rapida al termine di questo libro, in modo tale che al bisogno si possa rapidamente consultarla. Sinceramente, noi la utilizziamo *ancora*. Anche se si è fatta ricerca sull'amore e sul conflitto per tutta la carriera, c'è qualcosa di davvero molto utile nell'avere questi step così chiaramente esposti, uno schema da seguire. Quando non si trovano facilmente le parole per esprimere i propri sentimenti, c'è un luogo dove cercare per ricevere aiuto.

Quando abbiamo introdotto per la prima volta l'elaborazione a cinque step all'interno di un workshop intensivo, i terapeuti che aiutavano a supportare i gruppi erano terrorizzati, gli hanno dato un'occhiata e hanno iniziato a scuotere la testa. Avevano alcuni timori: le persone non sarebbero state in grado di gestire la propria fiumana di emozioni! Questo processo avrebbe fatto emergere ancora più problemi! Avrebbe peggiorato le cose!

Avvenne l'esatto contrario.

Utilizziamo questo libretto ormai da dieci anni. Quando facciamo qualsiasi tipo di intervento nei nostri workshop, osserviamo i suoi effetti e le reazioni delle persone. Passiamo da una coppia all'altra, ascoltiamo, valutiamo. E ciò che notiamo costantemente utilizzando questo processo è il fatto che le persone non riprendono a litigare. Non si sentono sommerse. Ascoltano. Sono empatiche. A volte possono farsi sopraffare dalle emozioni ma restano calme. E molte volte stanno compiendo degli enormi passi avanti in questa conversazione.

Ed ecco un aspetto incredibile: la riparazione non ha limiti di tempo. Non è mai troppo tardi per elaborare un evento spiacevole. Potrebbe essere accaduto ieri o vent'anni fa. Lo si può ancora elaborare. All'interno di un workshop, abbiamo avuto una coppia sposata da quarant'anni che processava un episodio verificatosi durante la loro luna di miele.

In effetti, così è accaduto a Molly e Selena. Passò quasi un anno prima che elaborassero il loro litigio, un anno trascorso in modo confuso. Un anno di pandemia. Un anno a passarsi a vicenda le figlie come dei pacchi mentre una lavorava e l'altra cucinava i maccheroni al formaggio, metteva le bambine a letto, piegava il bucato. Un anno durante il quale avevano iniziato a parlarsi un po' meno. Tenendo un po' più nascoste le proprie preoccupazioni ed emozioni. Un periodo in cui avevano smesso di rivolgersi *in primis* l'una all'altra per trovare intimità e supporto e avevano iniziato a rivolgersi ad altri. Dicevano "Mi dispiace", ma stavano perdendo traccia l'una dell'altra.

Erano venute a un workshop perché percepivano l'abisso crescere tra loro. Erano consapevoli della distanza ma non sapevano come colmarla. Tuttavia, quando abbiamo introdotto l'esercizio "riparare un episodio spiacevole" e abbiamo chiesto a tutti di scegliere un litigio recente o passato che aveva causato ferite non ancora rimarginate, si erano fissate senza distogliere lo sguardo; entrambe sapevano perfettamente quale litigio avessero bisogno di elaborare.

Era passato così tanto tempo che si chiedevano se sarebbero state in grado di ricordare precisamente come si erano sentite. Ma ci erano riuscite. Il litigio era chiaro e vivido come se fosse accaduto il giorno prima. Erano ancora in grado di ricordare a livello viscerale precisamente come si erano sentite (Molly: *sommersa, preoccupata, data per scontata*; Selena: *sulla difensiva, non apprezzata, scioccata*). Erano state in grado di raccontarsi a vicenda, in modo dettagliato, la propria realtà soggettiva. Molly aveva descritto il modo in cui aveva vissuto ciò che era accaduto: si era rivolta a sua moglie per avere supporto, facendo quella che le era parsa una richiesta estremamente ragionevole, cioè che sua moglie modificasse il proprio calendario lavorativo per permetterle di rispettare la sua scadenza, proprio come Molly era stata flessibile con il suo lavoro durante l'anno passato per adattarsi alle esigenze lavorative di Selena. Aveva condiviso la sua grande preoccupazione di perdere aspetti della carriera a causa della genitorialità; essendo il suo lavoro maggiormente adattabile, era sempre lei a rimandarlo. E in quel momento, quella scadenza sembrava un'emergenza, anche se il progetto in sé e per sé non era chissà cosa; ultimamente aveva fatto così tanti errori che sembrava che se non avesse centrato il colpo questa volta, avrebbe totalmente perso la propria credibilità. "Ti ho visto allontanarti da me, andare in camera da letto, e chiudere la porta terminando la conversazione e ho pensato che mi stessi comunicando: 'Il tuo lavoro non ha importanza. Tu non hai importanza'.".

Selena aveva descritto la sua realtà: tutto il suo gruppo di lavoro che la stava aspettando su Zoom, una riunione che aveva preparato meticolosamente per mesi, in procinto di lanciare una grande nuova iniziativa presso la sua organizzazione allo scopo di supportare gli attivisti del settore che contavano su di loro… poi, dal nulla e apparentemente con disinvoltura, Molly le stava chiedendo di cancellarla. E quando lei non aveva potuto farlo, le aveva rinfacciato l'aspetto sul quale era in assoluto più insicura, il fatto di non aver messo al mondo le bambine. Aveva manifestato il suo profondo dolore per non essere stata in grado di portare lei stessa in pancia un bambino, di non aver vissuto quell'intera esperienza.

Si erano raccontate i propri fattori scatenanti: per Molly, l'essere cresciuta con una madre che aveva rinunciato alla propria carriera per stare a casa con i figli e poi se ne era pentita, lasciando che i figli notassero e percepissero quel risentimento. "Quando abbiamo deciso di avere figli, ho giurato che non lo avrei mai fatto." Per Selena, si trattava di una lunga relazione precedente che si era quasi trasformata in un matrimonio, all'interno della quale si era spesso sentita manipolata perché "dimostrasse il proprio amore". "Ho dovuto rinunciare a cose a cui tenevo davvero per dimostrarle che lei era più importante" aveva detto Selena "e la situazione continuava a degenerare. Nulla era mai abbastanza. A volte, persino adesso, mi sembra di dover mantenere la mia posizione perché, se non lo facessi, rinuncerei a troppe cose."

Quando erano giunte alla fase delle scuse, ogni cosa era diversa. Questa volta, *mi dispiace* significava davvero qualcosa.

SELENA: Mi pento di non aver notato quanto fossi in difficoltà. Avrei dovuto offrirti maggiore supporto ancor prima di arrivare a questo momento. Mi dispiace tanto di averti lasciata in sospeso.

MOLLY: Mi pento profondamente di ciò che ti ho detto. Me ne pento ogni giorno da un anno. Non lo pensavo veramente e non è vero; l'ho detto solamente per disperazione, credo per cercare di far cambiare le cose. Sei una madre meravigliosa per le nostre figlie e hai dato loro così tanto. Non hanno avuto bisogno di crescere nella tua pancia per essere uguali a te. Voglio dire, hanno entrambe il tuo senso dell'umorismo. Proprio ieri, stavano facendo le puzzette e ci ridevano su.

"Scusami, quello è il tuo senso dell'umorismo!" aveva detto Selena. Potevano finalmente voltare pagina dal loro terribile litigio.

Riparare nel modo giusto: le dieci insidie più comuni a cui prestare attenzione

Quando siete pronti, elaborate un vostro litigio. Ricordate: può essere recente o qualcosa accaduto molto tempo fa. Non c'è un limite di tempo! Potete utilizzare le istruzioni all'interno di questo capitolo o saltare alla Guida rapida per avere i cinque step interi, tutti nello stesso posto.

Ora, alcuni promemoria e suggerimenti per risolvere i problemi.

Non provate a intraprendere questa conversazione troppo presto! Questo è un errore molto comune. Non saltate direttamente all'elaborazione subito dopo il litigio. Non si possono affrontare queste fasi subito, sulla scia di uno spiacevole episodio. Bisogna riuscire ad allontanarsi, essere calmi e riesaminare il litigio da una certa distanza. Immaginate di essere su una balconata a teatro e di guardare giù verso il palco dove si sta svolgendo il litigio. Descriverete lo spettacolo atto per atto, così come ve lo ricordate. Potete osservarlo e descriverlo, o perlomeno potete descrivere la vostra percezione del litigio, ma non potete rientrarvi. Non state andando giù e saltando sul palco. Se percepite che ciò sta accadendo, è un segno che dovreste fermarvi ed elaborare in seguito.

Dovete procedere passo dopo passo. Non saltate! Non modificate l'ordine degli step! Non slittate o lasciate a metà le frasi! Se saltate fasi quali la validazione reciproca con l'esplorazione completa dei vostri fattori scatenanti ecc., avrete il medesimo problema quando tenterete di scusarvi: le scuse non cureranno davvero il dolore.

Ricordate che esistono due realtà. Lo abbiamo affermato molte volte ma lo sosteniamo di nuovo qui… perché può essere *difficile*. State ascoltando il vostro partner descrivere qualcosa che voi non ricordate in quel modo o che voi non avete sperimentato. Il vostro compito in questo esercizio di elaborazione non è ridiscutere gli eventi. La "verità" in questo caso è irrilevante, è semplicemente non accessibile. La percezione è tutto e ci sono sempre due punti di vista.

Immaginate di essere seduti dall'altro lato della stanza rispetto al vostro partner ed entrambi state guardando la stessa pianta in vaso. Se entrambi disegnate la pianta, queste due immagini appariranno molto diverse dai vostri due punti di osservazione. E questo è proprio il punto della questione: quando il vostro partner descrive ciò che ha percepito e voi non lo ricordate in quel modo, *non importa*. Accettate che quello è ciò che ha percepito. Si tratta di un'utile informazione per voi! Il vostro obiettivo è comprendere il punto di vista del partner a un livello più profondo, compresi i vecchi fattori scatenanti che avevano prodotto il suo comportamento.

Non fraintendete che cosa sia un fattore scatenante. Ricordate: un fattore scatenante è un evento del passato, relativo alla vostra vita *prima* di questa relazione che aveva generato un insieme di emozioni simili. *Non* riguarda questa relazione. Se in quella relazione si era verificato un evento simile a quanto successo in questa, dovrebbe essere elaborato separatamente utilizzando le medesime fasi.

Ricordate che dovete affrontare le fasi senza criticare o attribuire colpe. Fate attenzione al vostro linguaggio mentre descrivete il litigio atto per atto. Descrivetevi. Usate la prima persona singolare ogniqualvolta è possibile. Se avete bisogno di descrivere le parole o le azioni del vostro partner, utilizzate "Ti ho visto", "Ti ho sentito dire…".

Non state attribuendo un'intenzione o un significato alle sue parole o azioni in questo caso. Al posto di: "E poi mi hai detto quella cosa incredibilmente meschina", dite: "Ciò che ricordo è che tu abbia detto *x*, che è stato orribile e ho immaginato mi odiassi in quel momento". State usando le parole per dare l'idea del vostro *mondo interno*, non state descrivendo la cattiveria del vostro partner.

Se le scuse non vanno comunque a buon fine... Durante la fase delle scuse, potete accettare le scuse del partner oppure no e viceversa. Di solito, se si seguono meticolosamente le fasi, con ogni probabilità non rifiuterete le scuse del partner. Ma se una persona non riesce ad accettare le scuse dell'altra, domandatele: "Cos'altro hai bisogno di sentire per accettare le mie scuse?". Auspicabilmente, la prima persona descriverà ciò di cui ha bisogno cosicché le scuse vengano percepite come maggiormente complete, per esempio: "Ho bisogno di parlare di più di *x*", o: "Sento di non aver espresso l'impatto di *y* in modo che tu capisca davvero".

Non accumulateci sopra altre cose! Ciò significa: niente *kitchen sinking* e niente *schemi*. Non sedetevi a processare un litigio e sottolineate: "E tu mi hai fatto la stessa cosa la settimana scorsa, l'anno scorso e nel 1985!". Sentite, è naturale, le persone vogliono far notare uno schema di comportamento che sta dando loro fastidio. Ma non funzionerà. Gli schemi si formano nel corso di una serie di episodi e non è possibile elaborarli tutti insieme. Se ci si prova, al vostro partner sembrerà di venire sommerso da una valanga. Parlate di *un solo* episodio per volta. E spesso, se affrontate un singolo episodio all'interno di uno schema di comportamento, ciò risulterà essere sufficiente.

Se non basta, potrebbe esserci altro lavoro da fare. Se state tentando di elaborare uno specifico episodio spiacevole e voi o il vostro partner avete delle difficoltà a fidarvi l'uno dell'altra durante il procedimento, allora potreste avere quello che la psicologa Susan Johnson chiama *una ferita all'attaccamento*. Le ferite all'attaccamento si verificano quando una metà della coppia viola l'aspettativa del partner di esserci per lui e di fornire supporto nei momenti di difficoltà o di angoscia. Se si è verificata una ferita all'attaccamento, ciò può davvero mandare a monte il processo di riparazione. Potrebbe assumere la forma di un partner che non riesce ad accettare delle scuse o non accetta che il partner sarà in grado di attuare dei cambiamenti in futuro. "Sì, ma c'è stata questa altra volta... in cui non ci sei proprio stato per me." Potreste non essere in grado di riparare fino a quando non avrete affrontato la ferita all'attaccamento e ricostruito la fiducia. Per fare ciò, raccomandiamo un supporto professionale: la Gottman Referral Network (https://gottmanreferralnetwork.com/) è un buon punto di partenza.

Quando si tratta di qualcosa di veramente intenso, chiedete aiuto. Questo processo può gestire litigi davvero terribili in cui sono state dette cose sgradevoli, in cui ci si è allontanati o ci si è rivoltati l'uno contro l'altro, in cui ci si è attaccati, con ingiustizie, attribuzione di colpa, urla e grida. Questo quadro strutturale può guarire molto da quel punto di vista. Ma non può far fronte a enormi schemi a lungo termine di segretezza e tradimento. Se c'è stata una relazione extraconiugale, un tradimento finanziario o uno schema di disonestà, avrete bisogno del supporto professionale di un terapeuta per poterlo risolvere. Questo processo di riparazione è circoscritto a un singolo episodio. Perciò, se voi e il vostro partner state affrontando qualcosa di più ampio, avrete bisogno di maggior aiuto. Un punto di partenza è la Gottman Referral Network, un database di terapeuti formati sul metodo Gottman il cui accesso è gratuito e che vi potrà indirizzare a dei clinici nella vostra zona che pratichino il metodo per la terapia di coppia.

Infine, rimanete focalizzati sull'obiettivo. Non state tentando di risolvere il problema; state elaborando *il modo in cui la vostra comunicazione riguardo al problema è andata male*. Come sempre, ricordate che molti dei vostri conflitti sono irrisolvibili. Perciò, mentre entrambi, nello step 5, articolerete cosa fare in modo diverso in futuro per evitare, auspicabilmente, che un altro episodio come questo si ripeta, la vostra elaborazione del litigio non riguarda il trovare un rimedio o una soluzione per il problema che stavate trattando quando si è verificato l'episodio spiacevole. Si tratta di aggiustare il modo in cui comunicate sulla questione, così da scongiurare futuri episodi spiacevoli del genere attraverso una migliore comprensione reciproca, riparando le offese e ristabilendo la fiducia reciproca.

Siamo tutti umani. E commettiamo errori. Ma possiamo migliorare. Possiamo trasformare un episodio spiacevole in un'opportunità incredibile di apprendimento e in un modo di amarci meglio. I conflitti sono specchi perpetui della nostra umanità più profonda. Ci costringono a vedere e ad accettare l'intera e complessa umanità del nostro partner, sia le parti meravigliose sia i difetti. Ciò significa accettare le sue vulnerabilità, il suo bagaglio emotivo, i suoi traumi e le sue debolezze: tutte le sfumature che compongono l'intero individuo, il cuore e l'anima di questa persona di cui ci si è innamorati.

Conclusione

Il buon litigio

Megan e Abdul si erano incontrati su un autobus. Era diretto da Mumbasa verso l'entroterra, nel cuore del Kenya. Megan, una volontaria dei Peace Corps nel suo fine settimana libero, era salita a bordo del bus con una tazza di chai e un'arancia. Faceva un caldo torrido, il primo giorno di Ramadan.

Abdul era salito a bordo dell'autobus con suo padre e suo fratello minore, che era appena stato bocciato agli esami e non voleva sedere vicino al padre durante il lungo viaggio verso casa. Abdul aveva accettato di sedersi vicino al padre e di risparmiare a suo fratello la tortura di essere rimproverato per sei ore, ma mentre camminavano lungo il corridoio, aveva visto Megan seduta lì, con un posto libero a fianco. Non appena l'aveva vista, aveva affermato, si era sentito caldo dentro. Aveva afferrato il braccio di suo fratello.

"Se siamo in quella fila", aveva detto, "mi siedo accanto a quella ragazza".

Erano effettivamente in quella fila. Suo fratello aveva sospirato e si era unito al padre nell'altra coppia di posti, rassegnato al suo destino.

Avevano parlato per sei ore. Megan aveva iniziato indicando il tetto dell'autobus pronunciando il termine *swahili* che significava "sole". Faceva così caldo! Abdul aveva notato subito che il suo accento kenyota era buono, ma lui parlava perfettamente inglese. Lavorava come praticante legale per la Corte Suprema kenyota, e così erano passati all'inglese; lei gli aveva offerto parte della sua arancia.

"È il Ramadan", aveva detto lui, "sto facendo il digiuno".

Megan era in imbarazzo. Sapeva che era il Ramadan. E ora era apparsa come un'americana noncurante. Ma quando erano scesi dall'autobus, tutte quelle ore dopo, lui le aveva dato il suo numero di cellulare. Aveva espresso un desiderio all'universo: *Fa che la riveda*. Per i due giorni seguenti, non aveva mai poggiato il cellulare. Lo aveva portato ovunque. Lo aveva controllato un migliaio di volte. Lo aveva tenuto sotto il cuscino mentre dormiva. Alla fine, lei gli aveva mandato un messaggio.

Al loro secondo appuntamento, avevano camminato sulla spiaggia e parlato di tutto: religione, figli, famiglia, geografia, tutte le cose di cui si parla quando si sta progettando una vita insieme.

"Non ci siamo fidanzati ufficialmente fino all'anno successivo" afferma Megan raccontando la storia di come si sono conosciuti, "ma quella è stata la sera in cui entrambi abbiamo saputo che ci saremmo sposati".

Sono sposati da diciassette anni. E sono sempre stati sicuri: questa è la persona per me. Tuttavia, hanno attraversato un momento difficile che li ha davvero portati a pensare che avrebbero potuto non farcela.

Si erano appena trasferiti dal Kenya a Washington D.C. dove Megan aveva ottenuto un lavoro e Abdul era stato ammesso a un programma di specializzazione. Aveva rinunciato alla sua posizione presso la Corte Suprema kenyota per trasferirsi insieme a lei; sperava che il titolo che stava perseguendo lo avrebbe aiutato a trovare il suo posto negli Stati Uniti d'America. Ma Washington non gli piaceva. Quando erano in Kenya, aveva avuto un percorso chiaro; era stato un avvocato, indirizzato verso un avanzamento di carriera e comprendeva cosa ci si aspettasse da lui come uomo keniota. Lì a Washington si sentiva spaventato e sopraffatto dal solo fatto di uscire nel mondo. Il razzismo e il giudizio erano intensi e aveva costantemente la sensazione di non star cogliendo nel segno nelle interazioni sociali a causa delle differenti norme culturali.

"Ogni interazione mi terrorizzava" racconta. "L'unico luogo in cui mi sentivo al sicuro era la classe."

"Wow", afferma Megan, dieci anni dopo. "Non sono sicura di averlo neanche saputo del tutto fino a quando non me l'hai detto ora."

"L'unico spazio di potere che avevo davvero consisteva nel litigare con Megan" dice. "Ma era sul nulla. Piccole cose e la mia rabbia veniva fuori di traverso."

"Eravamo davvero molto fuori strada" concorda lei.

Litigavano continuamente. Ogni giorno sembrava una battaglia. La connessione naturale e istantanea che avevano sempre avuto fin dall'inizio sembrava ora difficile da ritrovare. Per lui, lei stava diventando un nemico, qualcuno che lo aveva trascinato in una vita che non voleva. Per lei, lui stava diventando un estraneo: chi era questa persona bellicosa? Questo non era l'uomo aperto, ottimista che aveva incontrato sull'autobus.

La situazione stava logorando entrambi in tutti i sensi.

"Quando litigavamo, ero fisicamente esausto" racconta Abdul. "Vedevo che lo era anche lei. Litigavamo mentre eravamo a letto e tutto d'un tratto lei si addormentava, nel bel mezzo di un litigio. Russando!"

I loro litigi avevano tutte le avvisaglie di una relazione che sta andando nella direzione sbagliata: inizi bruschi. Inasprimenti. I Quattro cavalieri. Entrambi venivano sommersi; Abdul urlava, Megan scappava e sbatteva la porta del bagno.

Un giorno, raccontano di essersi svegliati, di essersi guardati e di aver realizzato: "Non stiamo più bene in questa relazione. Non possiamo continuare ad avere questi litigi terribili sul nulla, su ogni e chissà cosa e semplicemente continuare ad andare avanti. Dobbiamo fermarci e trovare una soluzione".

In quel momento, avevano preso una decisione ponderata: *Rivogliamo indietro la nostra relazione.*

Si erano seduti e ne avevano parlato. Per ore. Era stato come quel primo, lungo viaggio in autobus, solo che questa volta non stavano iniziando la loro relazione, la stavano salvando. Avevano fatto un accordo reciproco: avrebbero cambiato il modo in cui interagivano l'uno con l'altra. Avrebbero affrontato il conflitto in modo diverso.

"È stata la prima volta nella nostra relazione che abbiamo realizzato di non dover essere controllati da questi schemi che emergono" racconta Abdul. "Avremmo creato un nuovo schema."

Quando iniziavano a percepire che un litigio sul "nulla" stava degenerando, si fermavano e si domandavano: Perché questa situazione sta degenerando? Per cosa stiamo effettivamente litigando? Che cosa c'è alla base? Cosa possiamo modificare nel modo in cui ci parliamo?

Avevano iniziato a utilizzare ciascun diverbio che cominciava a sfuggire al controllo come una sorta di finestra o di microscopio e, al pari degli archeologi, guardavano al di sotto degli strati per domandarsi: cosa sta davvero accadendo? Un litigio su chi avrebbe dovuto inviare la documentazione per il rinnovo del loro contratto di affitto era sostenuto dall'infelicità di Abdul in quella città e dal rimpianto per il fatto di aver lasciato la sua precedente carriera. Un litigio sul disordine del salotto era stato scatenato dalle aspettative culturali di genere rispetto a chi si occupasse dei lavori domestici. Un litigio sull'uso della freccia di direzione non aveva nulla a che vedere con il fatto che ultimamente i due non passavano abbastanza tempo insieme, lontano dai bambini e dalla logistica della vita, per connettersi e basta. È stato bello realizzare, in quel frangente, che non c'era un qualche enorme problema in agguato sotto la superficie, essere in grado di girarsi l'uno verso l'altra in macchina e dire: "Abbiamo bisogno di un appuntamento".

Non è sempre stato lineare. I litigi non procedono sempre in linea retta dall'inizio morbido, ai sogni, al compromesso, alla riparazione. Possono attraversare queste fasi più volte. Possono fare marcia indietro, possono peggiorare; vengono messi in pausa quando i bambini entrano sfrecciando dalla porta di ritorno da scuola, quando la vita interferisce in tutti i modi. Continuavano a dover tornare alla conversazione sui sogni nel momento in cui si rendevano conto di averla tralasciata; a dover ricordare a se stessi di iniziare in modo morbido, persino nel bel mezzo del litigio quando introducevano una nuova questione o un pensiero.

Ciò non cambiava il fatto che continuassero a presentarsi i problemi, come palle da baseball in una gabbia di battuta: è la vita! Ma ora cominciavano a sentirsi di nuovo come se stessero gestendo quelle palle insieme anziché tirarsele addosso a vicenda.

Sappiamo ora dalle nostre ricerche che si continuerà incessantemente ad avere gli stessi litigi, una e un'altra volta, e in qualche modo ci si dovrà semplicemente fare una ragione del fatto che non si risolveranno. Uno di voi sarà sempre disordinato; l'altro un maniaco del controllo. Uno di voi sarà sempre sregolato e libero, portato a godersi il tempo fuggevole dell'esistenza; l'altro sarà sempre portato a ricercare la sicurezza, bramando la calma e la stabilità della sicurezza futura. Uno di voi vorrà sempre andare alla festa, l'altro vorrà sempre rimanere a casa. Ci saranno problemi con i bambini. Con i lavori. Con i suoceri. Ci saranno momenti finanziari difficili. Ci saranno piatti nel lavabo della cucina. Bollette dimenticate. Grandi emozioni e cose dette senza pensare. Ci saranno dubbi. Ci saranno periodi in cui vorrete troppo sesso e periodi in cui non ne vorrete abbastanza. E ci sarà del *cambia-*

mento. Nessuno di noi è una creatura statica; cresciamo e ci evolviamo, regrediamo e cresciamo ancora. A volte, si dà al proprio partner esattamente ciò che aveva detto di volere... e non è più ciò che vuole.

Perciò, litigherete.

Ma ora, avrete dei buoni litigi.

Questo libro vi ha illustrato cinque significativi cambiamenti che potete mettere in atto per rompere i vecchi schemi e avere dei buoni litigi. Ricapitoliamo quanto abbiamo appreso nel corso degli ultimi cinque capitoli.

Ricapitolando: il buon litigio

In breve, ecco come appare un litigio sano:

- *Quando siete arrabbiati per qualcosa, descrivete voi stessi.* Descrivere il proprio partner anziché se stessi è uno dei primi errori compiuti dalle coppie ed è ciò che fa cadere esattamente in un inizio brusco: si inizia descrivendo i difetti nella personalità o le tremende caratteristiche del partner. Al contrario, descrivete i vostri sentimenti e descrivete *la situazione* per cui siete arrabbiati.

- *Spiegate i vostri bisogni positivi.* Il vostro bisogno positivo significa ciò che il vostro partner può fare per eccellere per voi, piuttosto che ciò che vi infastidisce. Lanciare un attacco genererà sempre e solo un'unica risposta: *il porsi sulla difensiva.* Offrite, invece, un'apertura alla collaborazione.

- *Parlate dei vostri sogni e di quelli del partner.* Rallentate le cose. Vi ponete a vicenda domande aperte che abbiano a che fare con la vostra storia su questa questione. Scoprite quali sono i bisogni fondanti, le credenze e i sogni fondamentali del vostro partner, gli aspetti della sua posizione circa una questione così importanti da non poterci rinunciare; e scoprite cosa è massimamente importante per voi.

- *Scendete a compromessi senza rinunciare a troppo.* All'interno di un buon litigio, si distingue ciò che è fondante ed essenziale all'identità, ciò che non si potrebbe mai sacrificare e ciò che esiste al di fuori di ciò, quelle cose sulle quali si può essere flessibili. Esistono sempre degli aspetti sui quali si può mostrare flessibilità senza che ciò impedisca la realizzazione di un bisogno o di un sogno fondamentale.

- *Infine, elaborate episodi spiacevoli passati e lasciateli andare.* Una volta riferita quell'ordinazione di cibo, la potete liberare dalla morsa d'acciaio della vostra memoria cosicché non si riversi nei litigi futuri. Il prossimo litigio che avrete può essere un buon litigio, senza il risentimento e le emozioni accumulate provenienti da un episodio passato non elaborato.

Tutti entriamo nelle relazioni con delle convinzioni e dei sentimenti riguardo al conflitto che ci portiamo dietro, dall'infanzia, da relazioni passate e da altre esperienze formative. Ciascuno ha il proprio stile conflittuale; ogni relazione ha la propria cultura del conflitto. Quando ci prefiggiamo di aiutare le coppie che sono incastrate nel conflitto, in stallo e infelici, non ci proponiamo di cambiare ciò che sono. Non si tratta di diventare una persona completamente diversa e neppure di cambiare il vostro "stile conflittuale". Gli evitanti, in una certa misura, potrebbero sempre tendere a evitare; i più esplosivi tra noi tenderanno a ricercare la passione e le emozioni forti. Ma ciò che *possiamo* cambiare sono gli schemi dei nostri litigi. Non dobbiamo continuare a ripetere gli stessi errori.

Non importa chi siamo, non importa quale sia il nostro passato, quale sia il nostro stile conflittuale o in che tipo di stallo ci troviamo con il nostro partner, si può al contrario imparare a realizzare questi cambiamenti. E più lo si fa, più diventerà un'abitudine e "un'impostazione predefinita", il fatto di far emergere i propri programmi in una maniera più gentile, di rispondere senza porsi sulla difensiva, di esplorare cosa ci sia alla base e di addentrarsi davvero nel profondo di queste questioni estremamente importanti e raggiungere gli aspetti *flessibili* onorando allo stesso tempo le rispettive aree di inflessibilità. Una enorme parte dell'essere un maestro del conflitto consiste nell'avere compassione delle reciproche vulnerabilità permanenti: nel notare e accettare i punti deboli e le fragilità del partner e prendersene cura, anche tramite il disaccordo, consentendogli di fare altrettanto.

Megan e Abdul litigano ancora? Certo. Ma è completamente diverso.

"Quando iniziamo a sentire che il litigio sta andando male, ci fermiamo e ne parliamo", dice Megan. "Questo è il fondamento. Abbiamo raggiunto il limite molte, molte volte ma ora compiamo una scelta diversa quando arriviamo a quel punto di rabbia o frustrazione. Non lasciamo semplicemente che la situazione degeneri."

"Non facciamo sempre centro", afferma Abdul. "Ma una volta superato il risentimento e ritrovata la connessione tra di noi, tutto il resto si sistema."

Megan e Abdul dicono di sentirsi più vicini che mai, anziché lontani e in disaccordo, persino quando litigano.

"Parlare con lui è esilarante" afferma Megan. "Lo è stato il primo giorno e lo è ora."

"Lei è incredibilmente intelligente" dice lui. "Ci facciamo venire le idee a vicenda."

"Inoltre, mi piace il suo sedere", dice lei.

"Ridiamo molto" dice Abdul ridendo. "Ridiamo tutto il tempo."

Avere dei buoni litigi, come Megan e Abdul hanno scoperto in anni di tentativi ed errori, è un processo. Non è un'unica conversazione. È una conversazione continua.

Perciò, per aiutarvi con i vostri buoni litigi, abbiamo raggruppato i nostri interventi sui conflitti più riusciti all'interno di una breve sezione qui, in fondo al libro. Questa guida raccoglie tutte le strategie provenienti da ciascuno dei cinque litigi in un unico luogo. In sostanza, è una mappa che potete seguire per affrontare un conflitto dall'inizio alla fine.

Non c'è nulla di male nel tirar fuori questo libro e sfogliarlo fino alla sezione della Guida rapida nella foga del momento! Non abbiate paura di fermare l'azione e di aprirlo sulla Lista di bisogni, o sulla checklist "Riparazione" così da ricordarvi tutti i modi che ci sono per dire *mi dispiace* e tornare in carreggiata. Non esitate ad ammettere un passo falso nel conflitto e a ricorrere a questa guida. Non c'è vergogna nel chiedere una seconda possibilità. *Mi sono espresso male: ci posso riprovare?* Poi passate al copione per un inizio morbido.

Persino certi individui che studiano l'amore e il conflitto da quarant'anni comunque consultano di frequente queste risorse e seguono la guida passo per passo. Ma non faremo nomi.

Guida rapida

Litigare bene

Mentre vi addentrate in una conversazione conflittuale, ricordate:

> **Il conflitto può essere sconvolgente e sgradevole**
>
> Si deve avere a che fare con le emozioni negative che di solito si cerca di evitare, come la rabbia, la tristezza e la paura.
> Ma il conflitto è un'opportunità per imparare ad amare meglio il partner.
> In effetti, abbiamo bisogno del conflitto per poter crescere e continuare a conoscerci a vicenda intimamente.
> Lo scopo di un qualsiasi litigio non è vincere.
> È comprendere il partner più profondamente.

1
Iniziare bene

> **Se avete bisogno di sollevare una questione...**
>
> Errori da evitare: Iniziare in modo brusco con le critiche.
> Come litigare bene: Iniziate in modo morbido anche se siete turbati.

Perché è importante

- Il 97% delle volte, il modo in cui un conflitto inizia è anche il modo in cui finisce. I primi *tre minuti* di un litigio impostano il tono per il resto della conversazione.
- Un inizio brusco sembra un attacco e lascia al partner una sola opzione in termini di risposta: *difendersi*.
- Iniziando in modo più delicato, aprite una conversazione conflittuale a tutte le possibilità di prosecuzione: apprendimento, soluzioni creative, risoluzione collaborativa di problemi, connessione.

Cosa fare: l'inizio morbido

"Provo (emozione) riguardo a (situazione/problema) e ho bisogno di (il vostro bisogno positivo)"

- (emozione): Descrivete *voi stessi* e *i vostri* sentimenti.
- (situazione/problema): Descrivete il problema senza criticare o incolpare il vostro partner. State parlando della *situazione*, non del vostro partner.
- (il vostro bisogno positivo): Esprimete il vostro bisogno *positivo*, identificate che cosa il vostro partner può fare per aiutare a migliorare questa situazione.

Promemoria per litigare bene

Non fate *kitchen sinking*! Non aggiungete altri problemi o esempi. Concentratevi solo su *questa situazione*, anche se il problema è uno schema che si ripete.

Se il vostro partner solleva una questione...

Errori da evitare: Difendersi, spiegare, contestare.
Come litigare bene: Posticipate l'espressione del vostro punto di vista sulla questione e limitatevi ad ascoltare.

Perché è importante

- Nei nostri studi, i maestri dell'amore erano coloro i quali riuscivano ad ascoltare *veramente* mentre il partner descriveva una preoccupazione senza esprimere subito il proprio punto di vista.
- La maggior parte delle persone entra in maniera troppo rapida nella fase del conflitto della "persuasione", saltando una fase fondamentale di acquisizione delle informazioni circa la questione.
- Le coppie riuscite si assicurano di aver compreso appieno una questione dal punto di vista del partner prima di andare avanti.

Cosa fare: essere un grande ascoltatore

■ *Ascoltate attentamente, senza introdurre il vostro punto di vista.* Quando il partner vi sottopone un problema, il vostro primo compito è comprendere completamente quale sia la sua rimostranza o il suo bisogno. Sintonizzatevi con il suo mondo. Ascoltate il suo dolore, anche se siete in disaccordo con i dettagli.

- *Ponete domande chiarificatrici o aperte per comprendere meglio il problema.* "Sembra che il problema non sia stato il fatto che io non fossi a casa, ma che non abbia chiamato fino all'ultimo?" "C'è qualcosa d'altro che ti preoccupa rispetto a questa questione?"

- *Sintetizzate quello che ascoltate.* Assicuratevi di aver compreso e che il vostro partner *si senta* compreso. "Perciò, hai la sensazione che tutta l'organizzazione dei bambini sia stata sulle tue spalle, ho capito bene?"

- *Offrite validazione.* Mettetevi nei panni del vostro partner e dimostrategli che capite, empatizzate e siete in grado di vedere le cose dal suo punto di vista. "Questa cosa è comprensibile. Capisco perché tu ti sia sentito in quel modo." "Lo capisco."

Promemoria per litigare bene

La validazione non significa che siete d'accordo. Significa semplicemente che riuscite a empatizzare con una qualche parte dell'esperienza del partner.

Se ci fosse bisogno, fate riferimento alla Lista di sentimenti/sensazioni e di bisogni a p. 127.

2
Rimanete collaborativi

Se state iniziando a sentirvi sommersi...

Errori da evitare: Rimanere nel litigio.
Come litigare bene: Non litigate quando vi sentite sommersi! Fate una pausa.

Perché è importante

– Non si può litigare bene mentre si è sommersi; sia nel litigio sia nella fuga non si ha accesso ai processi sani di risoluzione del conflitto, alla regolazione emotiva e all'elaborazione dell'informazione; ed è probabile che la situazione degeneri fino a trasformarsi in un episodio spiacevole che causa danni e deve essere elaborato.

- L'inondazione potrebbe essere *percepita* come: battito accelerato, fiato corto, rigidità corporea, pensieri frenetici, calore in ogni parte del corpo.
- L'inondazione potrebbe *apparire* come: sfogo, attacco, critica (rivolti verso l'esterno); chiusura, ostruzionismo (rivolti verso l'interno).

Cosa fare: prendersi una pausa!

■ *Parlate con il vostro partner.* Non andatevene, comunicate che vi sentite sopraffatti e turbati e avete bisogno di fare una pausa. Se vi sembra che il vostro partner sia sommerso, non dite mai: "Mi sembra che *tu* stia diventando sommerso". Dite: "Facciamo una pausa e riprendiamo questa conversazione tra..." (accordatevi su un orario).

■ *Prendetevi almeno venti minuti...* Questo è il limite minimo di tempo di cui il corpo ha bisogno per eliminare la norepinefrina, l'ormone dello stress, dal flusso sanguigno.

■ *... ma non più di ventiquattr'ore.* Va bene fare una pausa più lunga se serve. Non tornate sul conflitto se siete ancora sommersi. Ma una volta che vi siete calmati, riunitevi nuovamente per riprendere la conversazione; non nascondetela e andate avanti (vedete anche: Come elaborare un litigio, p. 231).

■ *Uscite dal campo visivo.* Quando si è inondati, c'è bisogno di allontanarsi dal cerchio di energia del partner. Durante una pausa, state con voi stessi e con nessun altro.

■ *Fate qualcosa di rilassante che vi distolga dal litigio.* Una pausa non è tale se la trascorrete impegnati in pensieri ripetitivi stressanti quali: *Non posso credere che lo abbia detto! Gli renderò pan per focaccia.* Non pensate al litigio! Fate qualcosa che riduca la vostra attivazione fisiologica.

Provate:

■ Una lunga passeggiata mentre ascoltate della musica o un podcast o prestate attenzione alla vostra esperienza sensoriale (il canto degli uccelli, gli alberi mossi dal vento, altri suoni della natura).

■ Sdraiatevi e respirate profondamente (ciò attiva il nervo vago e farà uscire il corpo dallo stato di attivazione fisiologica).

■ Meditate (allontanate quei pensieri che inducono stress circa il litigio).

■ Leggete un libro o una rivista.

■ Fate dei lavori in casa, giardinaggio, mettete in ordine, rispondete alle email, oppure occupatevi di qualsiasi altra faccenda o compito sulla vostra lista di cose da fare.

■ Quali altre cose trovate calmanti, coinvolgenti, rilassanti?

Scrivete qui di seguito le vostre idee nel caso in cui aveste bisogno di un promemoria in futuro:

____

____

____

____

Promemoria per litigare bene

Non c'è da vergognarsi a chiedere di fare una pausa. Non c'è nulla di male nel fermare un litigio e nel riprenderlo più tardi quando entrambi sarete più calmi. Va bene andare a dormire, anche se il problema non è risolto. Comunicate i vostri bisogni in modo chiaro, dite al vostro partner se sentite l'esigenza di allontanarvi e andate a fare una passeggiata o occupatevi di altre cose e fate sapere quando tornerete. Le pause sono una cosa buona!

> **Se vi state polarizzando...**
>
> Errori da evitare: cercare di risolvere il problema.
> Come litigare bene: risolvete il momento.

Perché è importante?

– La maggior parte dei nostri conflitti non è risolvibile ma perpetua: questi problemi ci accompagneranno per l'intera durata delle nostre relazioni.

- All'interno del conflitto, spesso c'è bisogno di riformulare l'obiettivo: l'obiettivo non è vincere. Non è persuadere il partner di qualcosa. Non è neppure arrivare a una soluzione.
- L'obiettivo è solamente rendere positiva *questa* conversazione sul problema.

Cosa fare: risolvere il momento

- Parlate di *voi stessi* e dei *vostri bisogni*. Proprio come nell'inizio morbido, continuate a descrivere voi stessi e la vostra situazione, anziché descrivere il comportamento o i difetti del partner.
- Non litigate mentre vi sentite sommersi. Calmatevi e respirate. Aiutatevi l'un l'altro a stare calmi.
- Riparate. I maestri dell'amore sono quelle coppie che mettono in atto delle riparazioni durante tutto il conflitto. Ambite alla proporzione magica! All'interno del conflitto, *per ogni* interazione negativa ce ne vogliono *cinque* positive per mantenere la conversazione in carreggiata. Non tentate di contare, ma ricordate che la negatività è una vera bomba; riempite le vostre conversazioni conflittuali di numerose piccole riparazioni e di altri elementi positivi.
  - Affetto.
  - Apprezzamento.
  - Validazione.
  - Tocco amorevole.
  - Delle scuse.
  - Un sorriso.
  - Un cenno di comprensione.
  - Umorismo.
  - Empatia.
  - Domande aperte per saperne di più su ciò che il vostro partner pensa e sente riguardo a questa questione.

Promemoria per litigare bene

Se avete la sensazione di trovarvi agli antipodi rispetto al vostro partner durante un litigio, utilizzate *la supposizione della somiglianza*. Significa semplicemente che se individuate una caratteristica positiva in voi stessi (*"sono razionale"*), provate a vedere un po' di quella caratteristica nel vostro partner. Se individuate una caratteristica negativa nel vostro partner (*"Lui è così rigido"*), tentate di notare i modi in cui anche voi potreste essere così.

Se risultasse necessario, fare riferimento alla checklist "Riparazione" alle pp. 160-161.

3
Arrivare ai sogni

> **Quando ci si blocca...**
>
> Errori da evitare: rimanere sulla superficie.
> Come litigare bene: comprendere per che cosa si sta effettivamente litigando.

Perché è importante

- A volte, un problema che pensavamo fosse risolvibile si rivela perpetuo e sebbene iniziamo in modo morbido, parliamo dei nostri sentimenti e bisogni, ripariamo, non riusciamo a trovare un modo per andare avanti e ci sentiamo come se stessimo sbattendo la testa contro un muro.
- I litigi perpetui di questo tipo possono *bloccarsi* e a quel punto iniziano a diventare grandi, pesanti, causano sentimenti di inondazione e di rifiuto, tradimento e dolore.
- Se avete un problema bloccato, o anche prima, interrompete il ciclo andando alle radici di questo conflitto.

Che cosa fare: i sogni all'interno del conflitto

■ Discutete un problema perpetuo o bloccato. Ponetevi a vicenda le domande di seguito. Aiutatevi reciprocamente a comprendere i sogni, i valori, le credenze o la storia alla base della vostra posizione sulla questione. Una persona dovrebbe essere per prima l'oratore, l'altra l'ascoltatore; poi ci si scambia.

■ Il compito dell'oratore: parlare onestamente dei propri sentimenti e delle proprie credenze sulla questione. Esplorare il significato che ha per lui questa posizione, quale sogno potrebbe esserci alla base della sua posizione; raccontare la storia della fonte di questo sogno o credenza: da dove arriva, che cosa rappresenta. Dovete essere chiari e onesti. Che cosa volete *davvero*? *Non cercate di persuadere di qualcosa il vostro partner in questo momento*. Spiegate solamente come voi vedete le cose, in modo chiaro, cosicché possa capire.

- Il compito dell'ascoltatore: il vostro compito è far sentire il partner sufficientemente al sicuro da raccontarvi questo sogno o questa storia. A tal fine, ascolterete come farebbe un buon amico. Sospendete il giudizio; concentratevi sull'apprendere maggiori aspetti della storia del vostro partner. Non cercate di risolvere nulla, è decisamente troppo presto. Il vostro unico compito è comprendere il sogno del partner.

Le magiche domande dell'acchiappasogni

1. Che cosa pensi di questa questione? Hai qualche valore, principio o credenza che si rifà alla tua posizione su questo?
2. La tua posizione è connessa in qualche modo alla tua storia o alla tua infanzia?
3. Perché la tua posizione sulla questione è importante per te?
4. Quali sono i tuoi sentimenti sulla questione?
5. Qual è il tuo sogno perfetto in questo caso? Se avessi una bacchetta magica per ottenere proprio ciò che vuoi, che cosa sarebbe?
6. C'è qualche scopo o obiettivo sottostante a questa cosa per te? Quale?

Promemoria per litigare bene

Se non riuscite a rispondere ad alcune di queste domande, dite: "Vorrei poter rispondere, ma ho bisogno di più tempo". Poi riflettete: Quale altra volta vi siete sentiti così? Vi siete già trovati in questa situazione prima d'ora? Perché questa cosa è così importante per voi? A volte i sogni impiegano un po' di tempo per emergere. Concedete loro lo spazio per farlo.

Ricordate che l'obiettivo nel parlare dei sogni non è risolvere il problema. L'obiettivo è passare dallo stallo al dialogo. L'obiettivo è conoscersi e comprendere le reciproche posizioni più profondamente. È imparare qualcosa.

Se risultasse necessario, fare riferimento alla Lista di domande e di sogni a p. 190.

4
Individuate le vostre aree di flessibilità

> **Quando è necessario lavorare sul compromesso...**
> Errori da evitare: competere per vincere.
> Come litigare bene: stare l'uno dalla parte dell'altro.

Perché è importante?

- Per raggiungere davvero un compromesso, ci si deve sentire sicuri, il che significa che prima bisogna capire su quali aspetti *non si è disposti* a scendere a compromessi, i bisogni fondamentali all'interno così importanti da non potervi rinunciare senza sacrificare troppo.
- Affinché ciò funzioni, bisogna provare il principio giapponese dell'aikido: cedere per vincere. Si cerca di accettare quelle parti della richiesta del partner riguardo ai nostri bisogni fondamentali che sembrano ragionevoli o possibili. Più noi riusciamo a dire di sì, più ci riesce il nostro partner e il problema diviene qualcosa su cui si sta lavorando insieme anziché l'uno contro l'altro.
- Affinché il compromesso abbia successo, si deve trovare un modo per andare avanti che onori i sogni più profondi e i bisogni fondamentali di entrambi i partner.

Che cosa fare: il Metodo Bagel

- Utilizzate l'immagine del bagel per tracciare i vostri bisogni fondamentali e le vostre aree di flessibilità.
- Nel cerchio interno elencate gli aspetti di questa questione ai quali non potete rinunciare. Questi sono gli aspetti non negoziabili: i vostri bisogni fondamentali minimi, le credenze, i valori su questa questione.
- Nel cerchio esterno elencate le vostre aree di flessibilità. Questi sono gli aspetti della questione sui quali, se poteste avere ciò che c'è nel cerchio interno, sareste in grado di scendere a compromessi.
- Adesso... parlatene! Chiedetevi a vicenda:
  - Perché gli aspetti presenti nel cerchio interno sono così importanti per te?

  • Come posso sostenere i tuoi bisogni fondamentali in questo caso?
  • Dimmi di più di queste aree di flessibilità. Cosa significa essere flessibile in questo caso?
- Confrontate le vostre "mappe" per trovare un modo per andare avanti:
  • Su cosa siamo d'accordo?
  • Quali sentimenti abbiamo in comune?
  • Quali obiettivi condividiamo?
  • Come potremmo raggiungere questi obiettivi?
- Un compromesso (anche se temporaneo, che rivaluteremo in seguito) che onori entrambi i nostri bisogni e i sogni è...

Promemoria per litigare bene

Non siate la roccia! Se tutto ciò che si fa è dire "no", allora si diventa un ostacolo che il partner inizia ad aggirare anziché fare squadra. Si perde tutto il potere all'interno della relazione. I partner che hanno la maggiore influenza sono quelli che *possono* essere influenzati.

Il compromesso non è mai perfetto. Al suo interno, tutti guadagnano qualcosa e tutti perdono qualcosa. La cosa importante è sentire che i propri sogni sono compresi, rispettati e onorati.

5
Elaborare litigi passati

Quando un litigio non è stato discusso...

Errori da evitare: Nascondere il problema sotto il tappeto.
Come litigare bene: Sapere in che modo elaborare episodi spiacevoli.

Perché è importante

- Tutti noi abbiamo dei litigi in cui diciamo la cosa sbagliata, facciamo la cosa sbagliata e finiamo per ferirci a vicenda. È inevitabile!
- Il grande errore che si commette è quello di cercare di superare l'episodio senza discuterne; i litigi non elaborati possono diventare al pari di un sassolino nella scarpa, che sfrega fino a scorticarci mentre tentiamo di camminare senza fermarci per toglierlo.

OVALE DEL COMPROMESSO

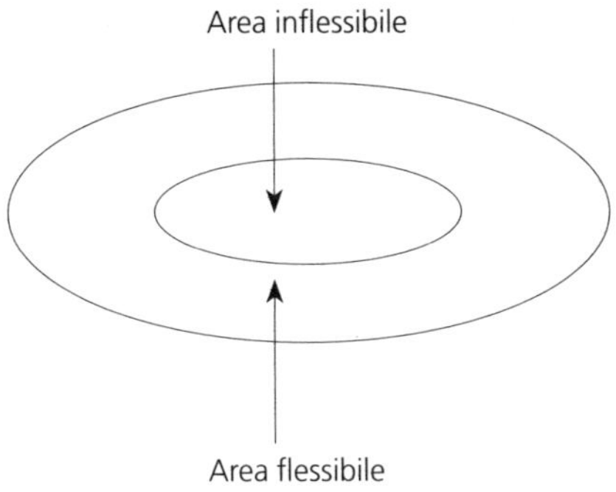

La mia area inflessibile o il mio bisogno essenziale su questa questione è:

____

____

Le mie aree maggiormente flessibili su questa questione sono:

____

____

– Bisogna affrontare gli episodi passati *senza riprendere a litigare*. Non vogliamo litigare per il litigio. Vogliamo elaborare quello che è accaduto per poter discutere meglio dello stesso problema la prossima volta.

Che cosa fare: elaborare il litigio

Preparazione: Prima di iniziare

Prendete posto nella balconata. Assicuratevi di essere calmi e di avere una certa distanza dagli eventi. Dovreste essere in grado di ripensare al litigio come se steste assistendo dalla balconata a un'opera teatrale che si sta svolgendo giù sul palcoscenico. Dovete riuscire a osservare ciò che è accaduto senza rientrare nella situazione.

Torniamo "ai fatti".

Ricordate che non c'è nessuna telecamera divina. Non c'è nessuna trascrizione basata sui fatti di ciò che è accaduto. Entrambe le vostre realtà sono valide, la percezione è tutto.

Come sempre, parlate di voi stessi.

Ricordate di parlare di voi e dei vostri sentimenti.

Non dite: "Eri arrabbiato con me". Dite: "Sembravi turbato e mi era parso che fossi arrabbiato con me". È una svolta piccola ma fondamentale.

Step 1: i sentimenti

Raccontate come vi siete sentiti ma non il perché. Scegliete tutte le opzioni che rispecchiano i vostri sentimenti.

- ❑ Sulla difensiva
- ❑ Fuori controllo
- ❑ Volevo vincere
- ❑ Non mi sono sentito ascoltato
- ❑ Frustrato
- ❑ Le mie opinioni non hanno avuto importanza
- ❑ I miei sentimenti sono stati feriti
- ❑ Indignato
- ❑ Ci sono stati numerosi botta e risposta
- ❑ Completamente sommerso
- ❑ Moralmente giustificato
- ❑ Non ho provato alcun sentimento
- ❑ Arrabbiato
- ❑ Ingiustamente preso di mira
- ❑ Non avevo idea di cosa stessi provando
- ❑ Triste
- ❑ Non apprezzato
- ❑ Isolato
- ❑ Non amato
- ❑ Detestato
- ❑ Alienato
- ❑ Incompreso
- ❑ Non attraente
- ❑ Imbarazzato
- ❑ Criticato
- ❑ Stupido
- ❑ Come se neppure ti piacessi
- ❑ Colpevole
- ❑ Moralmente indignato
- ❑ Ho preso una lamentela sul personale
- ❑ Non considerato
- ❑ Sul punto di andarmene
- ❑ Disposto a rimanere e a parlare della situazione
- ❑ Preoccupato
- ❑ Responsabile
- ❑ Sopraffatto dall'emozione
- ❑ Spaventato
- ❑ Abbandonato
- ❑ Sleale
- ❑ Non al sicuro
- ❑ Non calmo
- ❑ Esausto
- ❑ Teso
- ❑ Testardo
- ❑ Sciocco
- ❑ Tormentato dal rimorso
- ❑ Impotente
- ❑ Io avevo ragione e tu torto
- ❑ Scioccato
- ❑ Senza influenza
- ❑ Abbiamo entrambi in parte ragione

Step 2: le realtà

Supponiamo che tutte le realtà siano valide.

- *Innanzitutto*: Descrivete a turno le vostre percezioni, la vostra realtà di quello che è accaduto durante il litigio. Descrivete unicamente quello che *voi* avete visto, sentito e provato, non quello che pensate che il vostro partner intendesse o provasse. Evitate di attaccare o di accusare. Parlate di quello di cui avreste avuto bisogno dal vostro partner. Descrivete le vostre percezioni come un giornalista, fornendo una descrizione oggettiva momento per momento.
- *Successivamente*: Riassumete e validate la realtà del vostro partner. Dite qualcosa del tipo: "Per me ha senso che tu l'abbia vista in quel modo", o "Capisco il motivo per cui questa cosa ti turba". Validare non significa essere d'accordo ma riuscire a comprendere anche solo una parte dell'esperienza del partner.
- *Infine*: Controllate. Entrambi i partner si sentono compresi? Se la risposta è sì, andate avanti. Se la risposta è no, tornate indietro. Domandate: "Che cosa devo sapere per comprendere meglio il tuo punto di vista?". Dopo aver riassunto e validato, chiedete al vostro partner: "Ho capito? C'è qualcosa d'altro?".

Non fare...

Dare la colpa, ipotizzare un intento malevolo o dire al vostro partner quello che stava pensando o sentendo.

Fare...

Dire: "Ho creduto...", "Mi è sembrato...", "Ho visto...", "Ho pensato...".

Step 3: i fattori scatenanti

Definizione di "fattore scatenante": *Un vecchio livido che viene schiacciato, qualcosa che risale a prima della relazione, un evento del vostro passato che aveva generato una serie di emozioni simili.*

- *Innanzitutto*: Condividete cosa secondo voi ha fatto degenerare l'interazione. Quali eventi all'interno del litigio hanno scatenato in voi un'importante reazione?
- *Successivamente*: Mentre riavvolgete il video della vostra memoria, fermatevi a un punto in cui avete provato la stessa serie di senti-

menti in passato. Ora raccontate la storia di quel momento passato al vostro partner cosicché possa comprendere perché per voi questo sia un fattore scatenante.
- *Andando avanti*: Continuate a condividere le vostre storie; questo aiuterà il vostro partner a comprendervi. Mentre pensate alle vostre relazioni passate, alla vostra storia precoce o alla vostra infanzia, c'è un'altra storia che, a vostra memoria, si collega a ciò che si è scatenato in voi, alle vostre "vulnerabilità permanenti"? Il vostro partner ha bisogno di sapere queste cose così da potervi conoscere e poter essere maggiormente sensibile nei vostri confronti.

Alcuni fattori scatenanti potrebbero essere:

- Mi sono sentito giudicato. È qualcosa su cui sono molto sensibile.
- Mi sono sentito escluso. È qualcosa su cui sono molto sensibile.
- Mi sono sentito criticato. È qualcosa su cui sono molto sensibile.
- Mi sono sentito sommerso...
- Mi sono vergognato...
- Mi sono sentito solo...
- Mi sono sentito sminuito...
- Mi sono sentito non rispettato...
- Mi sono sentito impotente...
- Mi sono sentito fuori controllo...
- Il vostro: ....

Validazione:

- Una qualsiasi parte dei fattori scatenanti e della storia del vostro partner ha senso per voi? Ditelo.
  Esempio: "Ha senso che in quel momento tu ti sia sentito attaccato, considerato quello che hai vissuto nella tua relazione precedente."

Step 4: l'assunzione di responsabilità

In circostanze ideali, potreste aver affrontato meglio la questione. Che cosa vi ha portato ad avere questa cattiva comunicazione? Qual era il vostro stato d'animo? Condividete i motivi che vi hanno fatto entrare in questo conflitto?

- Sono stato molto stressato e irritabile.
- Non ho espresso grande apprezzamento nei tuoi confronti.
- Ti ho dato per scontato.
- Sono stato eccessivamente sensibile.
- Sono stato eccessivamente critico.
- Non ho condiviso molto del mio mondo interno.
- Non sono stato disponibile emotivamente.
- Mi sono allontanato di più.
- Mi sono agitato facilmente.
- Sono stato depresso.
- Ho avuto il dente avvelenato.
- Non sono stato molto affettuoso.
- Non ho trovato il tempo per delle cose belle tra noi.
- Non sono stato un buon ascoltatore.
- Non ho chiesto ciò di cui avevo bisogno.
- Mi sono sentito un martire.
- Ho avuto bisogno di stare da solo.
- Non mi sono voluto prendere cura di nessuno.
- Sono stato molto inquieto.
- Non ho avuto grande fiducia in me stesso.
- Ho girato a vuoto senza energie.

Leggete a voce alta i punti di questa lista che erano veri per voi.

Successivamente: *in particolare, di cosa vi pentite e nello specifico in che modo avete contribuito a questo litigio o episodio spiacevole? Per cosa desiderate scusarvi? Scusatevi nello specifico per ciò che vi pentite di aver detto o fatto. "Mi dispiace che..."*

- Ho esagerato quando (ho detto o fatto)...
- Ero davvero scontroso quando...
- Ero sulla difensiva quando...
- Ero molto negativo quando...
- Ti ho attaccato quando...
- Non ti ho ascoltato quando...
- Non sono stato rispettoso quando...
- Sono stato irragionevole quando...
- Il vostro...

Se accettate le scuse del partner, ditelo! In caso contrario, dite di che cosa avete ancora bisogno.

Step 5: i piani costruttivi

Qual è una cosa che il vostro partner può fare diversamente per evitare che un episodio del genere si ripeta in futuro? Condividete una cosa che il vostro partner può fare per migliorare, la prossima volta, una discussione su questo tema. Poi, mentre è ancora il vostro turno, condividete una cosa che VOI *potete fare per migliorarla la prossima volta. Siate quanto più possibile d'accordo con i piani proposti dal vostro partner.*

Promemoria per litigare bene

Non è mai troppo tardi per elaborare un litigio o un episodio spiacevole. Si può elaborare un litigio dopo un giorno o dopo decenni.

I momenti di conflitto e il fatto di non essere in sintonia sono, in fin dei conti, delle opportunità in ogni relazione.

Per conoscere meglio il nostro partner nel corso del tempo.

Ringraziamenti

Questo libro non sarebbe stato possibile senza l'aiuto incredibilmente importante che abbiamo ricevuto da tanti amici e colleghi. Innanzitutto, cominciamo ringraziando le finora quasi centomila coppie che hanno contribuito volontariamente a tutto ciò che sappiamo sulle relazioni d'amore. Vi siete coraggiosamente offerti di rivelare le parti più intime della vostra vita per la nostra revisione scientifica. Senza di voi, non avremmo nulla da offrire al mondo.

Partiamo con il riconoscere il contributo essenziale, vitale del nostro amico di tutta una vita, il dottor Robert Levenson, dell'Università di Berkeley in California. Senza Bob, nessuna di queste ricerche e di queste riflessioni avrebbe visto la luce. Nonostante i migliori consigli dei colleghi più anziani, che avevano suggerito a John e Bob di smettere di fare ricerca insieme e di lasciar perdere l'avventata pratica di analizzare l'interazione contemporanea di due persone, Bob ha accettato di dare ascolto alla curiosità insaziabile sua e di John su cosa determini il successo o il fallimento delle relazioni d'amore. Bob e John hanno iniziato a fare ricerca insieme senza formulare alcuna ipotesi, il che è una chiara violazione delle buone pratiche di ricerca. Quasi cinquant'anni dopo, possono affermare con orgoglio di aver iniziato a collaborare insieme felicemente nella più completa ignoranza. Per fortuna, sempre nella più completa ignoranza, sono stati fortunati e hanno trovato gli amori della propria vita, la dottoressa Julie Schwartz e la dottoressa Michelle (Lani) Shiota.

Utilizzando tutti i vasti dati delle sequenze temporali ottenuti da Bob e John, vogliamo riconoscere l'enorme contributo del dottor James Murray e dei suoi studenti nell'averci aiutato a creare dei modelli matematici non lineari e dinamici delle interazioni di coppia, i quali hanno a loro volta dato vita a numerosi articoli e al libro *The Mathematics of Marriage* della MIT Press nel 2002.

Negli ultimi trent'anni abbiamo beneficiato del contributo di molti colleghi del Gottman Institute (TGI), del Relationship Research Institute (RRI), e dell'Affective Software, Inc. (ASI) che ora si sono uniti in un'unica compagnia chiamata Gottman, Inc. (GI). Desideriamo rendere merito alla coraggiosa cofondatrice del Gottman Institute e nostra cara amica Etana Kunovsky; al nostro stimato precedente CEO e caro amico Alan Kunovsky; al nostro attuale, incredibile CEO e anch'egli caro amico Ed Sargent, che ora è anche a capo di tutto l'apprendimento. Desideriamo riconoscere l'enorme contributo del dottor Renay Bradley, che ha guidato brillantemente il Relationship Research Institute senza scopo di lucro per molti anni, realizzando numerosi studi clinici fondamentali. Vogliamo inoltre riconoscere l'inestimabile contributo della dottoressa Sybil Carrère, precedente direttrice del laboratorio di John presso l'Università di Washington; e il vasto contributo degli ex studenti di John, il dottor Lynn Katz, il dottor Jim Coan, la dottoressa Janice Driver, il dottor Howard Markman, il dottor Cliff Notarius, la dottoressa Regina Rushe, la dottoressa Amber Tabares e il dottor Dan Yoshimoto. Vogliamo ricordare inoltre il nostro defunto collega, il dottor Neil Jacobson e la sua vedova, la dottoressa Virginia Rutter, per il loro impagabile supporto, in particolar modo per quanto riguarda lo studio delle coppie violente in ambito domestico.

Lo staff del Gottman Institute, sia passato sia presente, ha sostenuto la nostra missione di portare un aiuto nelle relazioni a più di un milione di individui. Tra loro ci sono: Erin Cox, responsabile dello sviluppo professionale e del supporto tecnico; la dottoressa Carrie Cox, attuale direttrice della ricerca presso il Love Lab; il dottor Don Cole, direttore clinico; Crystal Cressey, responsabile del dipartimento per il supporto alle neocoppie, Emily Cripe, responsabile dei social media; Jen Dalby, dell'apprendimento online precoce; Caitlyn Donahue, nel marketing; Katelyn Ewen, che si occupa delle bellissime grafiche; Michael Fulwiler, direttore del marketing; Beth Goss, esperta trainer del nostro programma universale Bringing Baby Home; Belinda Gray, prima direttrice del dipartimento merci; Walter Guilty, precedente responsabile del servizio clienti; Kendra Han, direttrice del dipartimento per le coppie; Laura Heck, prima direttrice dello sviluppo clinico professionale e trainer certificata nell'erogazione del Metodo Gottman e del programma basato sui Sette principi per far funzionare un Matrimonio; Stacy Hubbard, trainer certificata nel Metodo Gottman, ha realizzato insieme a Dave Penner i Sette principi per i single; Kennedy James, responsabile delle operazioni; Sean Jeffries, responsabile dell'inventario; Amy Loftis, direttrice dello sviluppo professionale; Jennifer Luu, marketing, Vivian Lu, grafica, Torsten Oberst, direttore marketing; Sadie Peterson, responsabile delle operazioni di sviluppo professionale; Joni Parthemer, sviluppo e insegnamento del programma Bringing Baby Home; il dottor Dave Penner, l'incredibile direttore clinico e capo trainer per dodici anni (ha sviluppato insieme a Stacy il Programma dei Sette Principi e i Sette Principi per i single); Carolyn Pirak, per lo sviluppo e l'insegnamento del Bringing Baby Home e dei programmi di coaching emozionale; Katie Reynolds, relazioni pubbliche e con i media per il Gottman Institute e per la Gottman, Inc.; Becca Sangwin, marketing; Aziza Seykota, direttrice dello sviluppo del prodotto, Therese Soudant, sostegno al dipartimento coppie; Janani Subramanian, responsabile finanze e contabilità; Weston Triemstra, sviluppo del sito web e supporto tecnico; Keeley Trygstad, supporto tecnico e operativo; e Linda Wright, precedente direttrice del dipartimento coppie.

Negli ultimi sei anni, il nostro caro amico Rafael Lisitsa è stato il valoroso e perseverante CEO, prima della Affective Software, Inc. (ASI) e ora che la Affective e l'istituto Gottman si sono unite nella Gottman, Inc. (GI), ne è il brillante capo e CEO. È un uomo caratterizzato da una visione multidimensionale e da una leadership talentuosa in numerose aree della vita ed è molto avanti rispetto alla media nel nuovo rivoluzionario mondo dell'intelligenza artificiale. Desideriamo inoltre ringraziare Ed Sargent, precedente CEO dell'istituto Gottman e ora attuale responsabile dell'apprendimento alla Gottman, Inc. Ed apporta incredibili abilità, capacità di fare squadra e una profonda comprensione della nostra missione che ha consentito la diffusione del nostro lavoro in tutto il mondo. Ed è anche un nostro caro amico e un instancabile sostenitore del nostro lavoro. Inoltre, ci inchiniamo al genio e al duro lavoro del dottor Vladimir Brayman, dapprima responsabile tecnologico presso la Affective Software, Inc., che ora ricopre la medesima posizione presso la Gottman, Inc. È stato l'architetto di tutte le nostre creazioni e programmazioni basate sugli algoritmi, compresa la nostra validata Trust Metric ed è oltre a ciò diventato un caro amico. Il dottor Brayman è stato il pioniere di tutti i nostri sviluppi tecnologici in materia di *machine learning* (ML) e di intelligenza artificiale (AI), in quanto ha delineato una via mai tracciata prima nel campo dell'intelligenza artificiale verso una intelligenza artificiale di tipo assistenziale dotata di una intelligenza emotiva. Insieme, Rafael e Vladimir hanno creato delle innovazioni rivoluzionarie vincitrici di brevetti e delle invenzioni tecnologicamente degne di nota. Tra queste la creazione dei questionari online validati della Gottman Relationship Checkup, il fatto di aver utilizzato il *machine learning* per creare il Love Lab online, con l'incredibile e automatizzata Specific Affect Coding System (SPAFF), la rilevazione automatizzata del battito cardiaco per qualsiasi tonalità di pelle tramite l'utilizzo esclusivo della videografia e l'incredibilmente potente sistema di calcolo e software alla base del Gottman Connect per valutare le relazioni. Brayman e la sua squadra hanno anche integrato trentasette moduli e raccomandazioni valutative per perfezionare la valutazione e gli interventi.

L'obiettivo alla base della creazione di una piattaforma web è stato quello di democratizzare l'aiuto offerto alle coppie, cosicché chiunque, a prescindere dalla geografia, dall'orientamento sessuale, dal genere o dallo status socioeconomico, possa avere accesso al miglior tipo d'aiuto scientificamente fondato per le proprie relazioni. Siamo orgogliosi di annunciare che ora qualsiasi coppia nel mondo può valutare e *trattare* in modo completo i propri problemi relazionali da telefono, iPad o computer, nel comfort e nella privacy della propria casa. Rafael e Vladimir hanno avuto una grande squadra ad assisterli. Per questa ragione, desideriamo anche riconoscere il contributo di Connor Eaton alla realizzazione del nostro sistema di intelligenza artificiale, Steve Fan per i video di coaching sul Metodo Gottman, così come per i progetti videografici attualmente in corso; il dottor Dimitriy Drusvyatskit dell'Università di Washington per i suoi calcoli; Alexander Elguren per la sua brillante leadership nello sviluppo dei contenuti; Inna Brayman, la nostra calma e paziente responsabile del servizio clienti; oltre a numerose altre persone tra cui: John Fantell, il Dottor Yury Gulak della Rutgers University per i suoi calcoli; Sam Hage, Kendra Han, Sean Jeffries, Raleigh Keagan, Frans Keylard, Brianne Korthase, Alexander Miropolsky, Torsten Oberst, Letha Penhale, Vadim Popov, Philippe Post, Alexandra Spangler,

Braeden Stamas, Janani Subramanian e Lisa Tashjian. Se ci siamo dimenticati di menzionare qualcuno dei nostri zelanti collaboratori, vi preghiamo di perdonare l'errore, che è solo nostro.

Vogliamo anche esprimere la nostra sconfinata gratitudine per l'eccezionale contribuito dei nostri coinquilini e fantastici amici, esperti formatori e clinici: il dottor Don Cole, stimato direttore clinico, e la dottoressa Carrie Cole, direttrice della ricerca e responsabile del nostro nuovo Love Lab di psicofisiologia sociale a Seattle. Don e Carrie si sono coraggiosamente trasferiti da Houston a Seattle per diventare i nuovi volti della clinica e della ricerca presso il Gottman Institute, in quanto noi due un giorno, ma non a breve, abbiamo in programma di ritirarci dirigendoci verso il tramonto su Seaward, il nostro kayak biposto. Carrie ha dovuto padroneggiare molte cose insieme, tra cui imparare la psicofisiologia e come si gestisca un laboratorio molto complesso, mentre contemporaneamente stava conseguendo il dottorato. Non c'è nulla che quella donna non possa fare. Saremo per sempre grati a Don e Carrie.

Tra i nostri compagni all'interno del fare del bene nel mondo (Tikkum Olam) e all'interno della compagnia Idea Architects, innanzitutto ringraziamo il nostro brillante agente letterario, visionario e caro amico, Doug Abram; la nostra agente e impavida leader, Rachel Neumann, che ha contribuito a questo progetto con tutta la sua profonda esperienza e la sua visione cristallina; la nostra assistente di scrittura, estremamente dotata, Alyssa Knickerbocker. Con tutta la sua magia, Alyssa ha agitato la sua bacchetta magica per aiutare a creare e perfezionare il libro che ora avete in mano. Questo libro non esisterebbe senza la brillante Alyssa. Desideriamo inoltre ringraziare Bella Roberts, l'assistente curatrice che ha aiutato con la proposta e la programmazione, e Mellisa Kim, assistente esecutiva che ha aiutato con gli appunti. Vogliamo ringraziare anche le persone alla Brockman, Inc., in particolare la nostra agente, Katinka Matson, che per prima ha curato il nostro bestseller del *New York Times*, *The Seven Principles for Making Marriage Work*, scritto in collaborazione con Nan Silver, così come si è occupata dei nostri libri successivi.

E al nostro editore, Shannon Welch, siamo così grati di aver compreso il potenziale di questo progetto e di aver condiviso la nostra visione secondo cui è possibile aiutare le coppie a connettersi attraverso il conflitto. L'intera squadra di Harmony è stata indispensabile: Theresa Zoro, presidente; Diana Baroni, editore, e Gazi Gonzales vice-editore per la loro leadership; Mia Pulido, assistente editoriale per la risoluzione dei problemi e per il supporto costante; Christina Foxley, Odette Fleming e Tammy Blake per la loro instancabile e creativa attività di marketing e pubblicità; Anna Bauer, Irene Ng, Andrea Lau per l'incredibile lavoro di design che ha reso questo libro un oggetto bellissimo; e Joyce Wong, curatore della produzione, e Dustin Amick, direttore della produzione, per aver portato questo libro al traguardo.

Non avremmo mai potuto realizzare questo libro senza i nostri amici e sostenitori, assistenti di vita e compagni di viaggio: Cara e Philip Cohn per la loro guida spirituale e saggezza; Alison Shaw e Derek Jager, per i decenni di incrollabile amore e supporto e per l'incredibile cucina di Alison; e Mavis Tsai, per la sua amicizia duratura, come collega di ricerca e di creazioni, come saggia compagna di una vita e anche come partner preferita di Julie in tutte le attività avventurose.

Per ultima, ma non per questo meno importante, ringraziamo la nostra amata e stakanovista figlia, quasi medico, il suo adorato marito, che è un figlio a lungo cercato, e il nipote più incredibile di tutti, che hanno fortunatamente portato nelle nostre vite. Come potremo ringraziarvi a sufficienza per aver voluto far crescere vostro figlio all'interno di una famiglia multigenerazionale? Siamo profondamente onorati. Vi amiamo moltissimo.

Senza di voi, avremmo fallito miseramente. Perciò, a tutti i partner della nostra avventura lunga una vita, ci inchiniamo con profonda gratitudine.

Riferimenti bibliografici

ASHFORD, O.M., CHARNOCK, H., DRAZIN, P.G., HUNT, J.C.R., SMOKER, P., SUTHERLAND, I. (a cura di) (2009), *Collected Papers of Lewis Fry Richardson*, vol. 1: *Meteorology and Numerical Analysis*. Cambridge University Press, Cambridge, prima edizione (1993).

BABCOCK, J.C., GOTTMAN, J.M., RYAN, K.D., GOTTMAN, J.S. (2013), "A component analysis of a brief psycho-educational couples' workshop: One year follow-up results". In *Journal of Family Therapy*, 35, pp. 252-280.

BOWER, G.H. (2000), "A brief history of memory research" In TULVING, E., CRAIK, F.I.M. (a cura di), *The Oxford Handbook of Memory*. Oxford University Press, New York.

BUEHLMAN, K.T., GOTTMAN, J.M., KATZ, L.F. (1992), "How a couple views their past predicts their future: Predicting divorce from an oral history interview". In *Journal of Family Psychology*, 5, pp. 295-318.

CAMPOS, B., GRAESCH, A.P., REPETTI, R.L., BRADBURY, T., OCHS, E. (2009), "Opportunity for interaction? A naturalistic observation study of dual-earner families after work and school". In *Journal of Family Psychology*, 23, pp. 798-807.

CARRÈRE, S., GOTTMAN, J.M. (1999), "Predicting divorce among newlyweds from the first three minutes of a marital conflict discussion". In *Family Process*, 38, pp. 293-301.

CLEARY BRADLEY, R.P., GOTTMAN, J.M. (2012), "Reducing situational violence in low-income couples by fostering healthy relationship". In *Journal of Marital Family Therapy*, 38, pp. 187-198.

COAN, J., GOTTMAN, J.M. (2007), "The specific affect coding system (SPAFF)". In COAN, J.A., ALLEN, J.J.B. (a cura di), *Handbook of Emotion Elicitation and Assessment*. Oxford University Press, New York, pp. 267-285.

CONGER, R., ELDER, G.H., LORENZ, F.O., SIMONS, R.L., WHITBEC, L.B. (1994), *Families in Troubled Times: Adapting to Change in Rural America*. Aldine de Gruyter, New York.

DAVIDSON, R.J., EKMAN, P., SARON, C.D., SENULIS, J.A., FRIESEN, W.V. (1990), "Approach-withdrawal and cerebral asymmetry: Emotional expression and brain physiology". In *Journal of Personality and Social Psychology*, 58, pp. 330-341.

EBLING, R., LEVENSON, R.W. (2003), "Who are the marital experts?". In *Journal of Marriage and Family*, 65, pp. 130-142.

ESTLEIN, R., GEWIRTZ-MEYDAN, A., OPUDA, E. (2022), "Love in the time of Covid-19: A systematic mapping review of empirical research on romantic relationship one year into the Covid-19 pandemic". In *Family Process*, 61, pp. 1208-1228.

GALLUP (2022), "Americans' self-identification as lesbian, gay, bisexual, transgender or something other than heterosexual, 2012-2022. Sondaggio telefonico Gallup 2022.

GENDLIN, E.T. (1978), *Focusing. Interrogare il corpo per cambiare la psiche*. Tr. it. Astrolabio Ubaldini, Roma 2001.

GIGY, L., KELLY, J.B. (2008), "Reasons for divorce: Perspectives of divorcing men and women". In *Journal of Divorce and Remarriage*, 18, pp. 169-188.

GOTTMAN, J.M. (1979), *Marital Interactions: Experimental Investigations*. Acedemic Press, New York.

GOTTMAN, J.M. (1993), "The roles of conflict engagement, escalation and avoidance in marital interaction: A longitudinal view of five types of couples". In *Journal of Consulting and Clinical Psychology*, 61, pp. 6-15.

GOTTMAN, J.M. (1994), *What Predicts Divorce? The Relationship Between Marital Processes and Marital Outcomes*. Lawrence Erlbaum Associates, Mahwah, New Jersey.

GOTTMAN, J.M. (1995), "The mathematics of marital conflict: Qualitative dynamic mathematical modeling of marital interaction". In *Journal of Family Psychology*, 9, pp. 110-130.

GOTTMAN, J.M. (2011), *The Science of Trust*. Norton, New York.

GOTTMAN, J.M. (2014), *Principia Amoris: The New Science of Love*. Routledge, New York.

GOTTMAN, J.M., COAN, J., CARRÈRE, S., SWANSON, C. (1998), "Predicting marital happiness and stability from newlywed interactions". In *Journal of Marriage and Family*, 60, pp. 5-22.

GOTTMAN, J.M., DRIVER, J., TABARES, A. (2015), "Repair during marital conflict in newlyweeds: How couples move from attack-defend to collaboration". In *Journal of Family Psychotherapy*, 26, pp. 85-108.

GOTTMAN, J.M., GOTTMAN, J. (2017), "The natural principles of love". In *Journal of Family Theory and Review*, 9, pp. 7-26.

GOTTMAN, J.M., GOTTMAN, J., COLE, C., PRECIADO, M. (2020), "Gay, lesbians and heterosexual couples about to begin couples therapy: An online relationship assessment of 40,681 couples". In *Journal of Marital and Family Therapy*, 46, pp. 218-239.

GOTTMAN, J.M., KROKOFF, L.J. (1989), "The relationship between marital interaction and marital satisfaction: A longitudinal view". In *Journal of Consulting and Clinical Psychology*, 57, pp. 47-52.

GOTTMAN, J.M., LEVENSON, R.W. (1992), "Marital processes predictive of later dissolution: Behavior, physiology and health". In *Journal of Personality and Social Psychology*, 63, pp. 221-233.

GOTTMAN, J.M., LEVENSON, R.W. (1999), "What predicts change in marital interactions over time?". In *Family Process*, 38, pp. 143-158.

GOTTMAN, J.M., LEVENSON, R.W. (2000), "The timing of divorce: Predicting when a couple will divorce over a 14-year period". In *Journal of Marriage and Family*, 62, pp. 737-745.

GOTTMAN, J.M., LEVENSON, R.W. (2002), "A two-factor model for predicting when a couple will divorce". In *Family Process*, 41, pp. 83-96.

GOTTMAN, J.M., LEVENSON, R.W., GROSS, J., FREDERICKSON, B.L., MCCOY, K., ROSENTHAL, L., RUEF, A., YOSHIMOTO, D. (2003), "Correlates of gay and lesbian couples' relationship satisfaction and relationship dissolution". In *Journal of Homosexuality*, 45, pp. 23-43.

GRAEBER, D., WENGROW, D. (2021), *L'alba di tutto: Una nuova storia dell'umanità*. Tr. it. Rizzoli, Milano 2022.

HAASE, C.M., HOLLEY, S.R., BLOCH, L., VERSTAEN, A., LEVENSON, R.W. (2016), "Interpersonal emotional beahviors and physical health: A 20-year longitudinal study of long-term married couples". In *Emotion*, 16, pp. 965-977.

JACOBSON, N.S., GOTTMAN, J.M., GORTNER, E., BERNS, S., SHORTT, J.W. (1996), "Psychological factors in the longitudinal course of battering: When do couples split up? When does the abuse decrease?" In *Violence and Victims*, 11, 371-392.

JACOBSON, N.S., GOTTMAN, J.M. (1998), *When Men Batter Women: New Insights Into Ending Abusive Relationship*. Simon & Schuster, New York.

KROKOFF, L.J. (1987), "The correlates of negative affect in marriage: An exploratory study of gender differences". In *Journal of Family Issues*, 8, pp. 111-135.

LERNER, J.S., LI, Y., VALDESOLO, P., KASSAM, K.S. (2015), "Emotion and decision making". In *Annual Review of Psychology*, 66, pp. 799-823.

MEEGAN, D.V. (2010), "Zero-sum bias: Perceived competition despite unlimited resources". In *Frontiers in Psychology*, 1, pp. 1-7.

NASH, J. (1953), "Two-person cooperative games" In *Econometrica*, 21, pp. 128-140.

RAPOPORT, A. (1960), *Fights, Games and Debates*. University of Michigan Press, Ann Arbor, Michigan.

ROBERTS, N.A., LEVENSON, R.W. (2001), "The remains of the workday: Impact of job stress and exhaustion on marital interaction in police couples". In *Journal of Marriage and Family*, 63, pp. 1052-1067.

SHAPIRO, A.F., GOTTMAN, J.M., CARRÈRE, S. (2000), "The baby and the marriage: Identifying factors that buffer against decline in marital satisfaction after the first baby arrives". In *Journal of Family Psychology*, 14, pp. 59-70.

SPANIER, G.B. (1975), "Review of *Communication, conflict and marriage*". In *Journal of Marriage and Family*, 37, 1, pp. 236-238.

TRAMPE, D., QUOIDBACH, J., TAQUET, M. (2015),"Emotions in everyday life". In *Plos One*, 10, pp. 1-15.

U.S. DEPARTMENT OF HEALTH & HUMAN SERVICES, CENTER FOR BEHAVIORAL HEALTH STATISTICS AND QUALITY (2020), *National Survey on Drug Use and Health (NSDUH): Methodological Summary and Definitions*. Substance Abuse and Mental Health Services Administration. Rockville, Maryland.

WEDEKIND, C., SEEBACK, T., BETTENS, F., PAEPKE, A.J. (1995), "MHC-dependent mate preferences in humans". In *Proceedings: Biological Sciences*, 260, pp. 245-249.

ZEIGARNIK, B. (1938), "On finished and unfinished tasks". In ELLIS, W.E. (a cura di), *A Source Book of Gestalt Psychology*. Kegan Paul, Trench, Trubner, London (UK), pp. 300-314.

Indice analitico

Le conchiglie

A. Oliverio Ferraris, *Crescere*

M.J.A. Howe, *Bambini dotati*

L. Lütkehaus, *La solitudine del piacere*

A. Del Bo Boffino, L. Ravasi Bellocchio, *Un cerchio dopo l'altro*

M. Garber, *Interessi truccati*

E. Dio Bleichmar, *Il femminismo dell'isteria*

G. Ponti, U. Fornari, *Il fascino del male*

B. Cramer, *Segreti di donne*

L.J. Kaplan, *Voci dal silenzio*

C. Pape Cowan, P.A. Cowan, *Dall'alcova al nido*

V. Lingiardi, *Compagni d'amore*

M.F.R. Kets de Vries, *Leader, giullari e impostori*

E.S. Person, *Sogni a occhi aperti*

G. Buzzatti, A. Salvo, *Il corpo-parola delle donne*

B. Cramer, *Cosa diventeranno i nostri bambini?*

R. Michnick Golinkoff, K. Hirsh-Pasek, *Il bambino impara a parlare*

T.B. Brazelton, S.I. Greenspan, *I bisogni irrinunciabili dei bambini*

D. Schnarch, *La passione nel matrimonio*

C. Olievenstein, *Droga*

A. Miller, *Il risveglio di Eva*

A. Braconnier, *Piccoli o grandi ansiosi?*

D. Marcelli, *Il bambino sovrano*

J.E. Young, J.S. Klosko, *Reinventa la tua vita*

A. Miller, *La rivolta del corpo*

A. Braconnier, *Madri e figli*

S. Gerhardt, *Perché si devono amare i bambini*

S.I. Greenspan, S. Wieder, *Trattare l'autismo*

R.L. Leahy, *Sette mosse per liberarsi dall'ansia*

A. Braconnier, *Padri e figlie*

D. Lemish, *I bambini e la tv*

L. Cozolino, *Il cervello sociale*

B. Abdelilah-Bauer, *Il bambino bilingue*

P. Jeammet, *Adulti senza riserva*

B. Cyrulnik, *Autobiografia di uno spaventapasseri*

D.J. Siegel, *Mindfulness e cervello*

V. Reddy, *Cosa passa per la testa di un bambino*

D.J. Siegel, *Mindsight*

S.I. Greenspan, I. Greenspan, *Il bambino iperattivo*

S.O. Lilienfeld, S.J. Lynn, J. Ruscio, B.L. Beyerstein, *I grandi miti della psicologia popolare*

A. Ferro, G. Civitarese, M. Collovà, G. Foresti, F. Mazzacane, E. Molinari, P. Politi, *Psicoanalisi in giallo*

J. Baldaro Verde, *Illusioni d'amore*

D.J. Siegel, T. Payne Bryson, *12 strategie rivoluzionarie per favorire lo sviluppo mentale del bambino*

R.L. Leahy, *Come sconfiggere la depressione*

A. Naouri, *Le suocere, le nuore e altre relazioni pericolose*

G. Schofield, M. Beek, *Adozione, affido, accoglienza*

J.P. Gee, *Come un videogioco*

R.I. Simon, *I buoni lo sognano, i cattivi lo fanno* (Nuova edizione)

B. Abdelilah-Bauer, *Guida per genitori di bambini bilingui*

D.J. Siegel, *Mappe per la mente*

C.G. Fairburn, *Vincere le abbuffate*

D.J. Siegel, *La mente adolescente*

J. Kagan, *Lo sviluppo umano*

K. Asbury, R. Plomin, *G come geni*

J. Coleman, *Perché non mi parli?*

L.J. Kaplan, *Perversioni femminili* (Nuova edizione)

B. van der Kolk, *Il corpo accusa il colpo*

D.J. Siegel, T. Payne Bryson, *La sfida della disciplina*

D.J. Siegel, M. Hartzell, *Errori da non ripetere* (Nuova edizione)

A. Oliverio Ferraris, *Il terzo genitore* (Nuova edizione)

D.J. Siegel, T. Payne Bryson, *12 strategie rivoluzionarie per favorire lo sviluppo mentale del bambino. Guida pratica*

M. Alvesson, A. Spicer, *Il paradosso della stupidità*

D.J. Siegel, *I misteri della mente*

American Psychiatric Association, *Comprendere i disturbi mentali*

S. Gerhardt, *Perché si devono amare i bambini*

C. Fernyhough, *Le voci dentro*

D.J. Siegel, T. Payne Bryson, *Yes Brain*

S. Vicari, D. Menghini, *La dislessia*

L. Cozolino, *Oltre il tempo*

D.J. Siegel, *Diventare consapevoli*

D.L. Safer, S. Adler, P.C. Masson, *L'alimentazione emotiva*

R. Plomin, *L'impronta genetica*

B. Mazzoncini, L. Musatti, *Genitori sotto scacco*

D.J. Siegel, T. Payne Bryson, *Esserci*

L. Cozolino, *Neuroscienze per i clinici*

E. Tronick, C.M. Gold, *Il potere della discordia*

E. Cohn Stuntz, M.M. Linehan, *Affrontare il cancro*

D.J. Siegel, *Meditazione mindfulness*

N.S. Baron, *Come leggere*

S. Johnson, *Stringimi forte*

D. Mosquera, *Libera*

R.L. Leahy, *Senza rimpianti*

R.C. Schwartz, *Come allearsi con le parti "cattive" di sé*

M. Innamorati, *Hans e gli altri*

D.J. Siegel, *Tra me e noi*

P.L. Harris, *Psicologia del bambino*

T.F. Harrison, B.P. Forester, *Affrontare la demenza*

L. Cirillo, *Soffrire di adolescenza*

R.C. Schwartz, *Sei tu la persona che stai aspettando*